사랑의 길
The Path of Love

메허 바바 말씀
필리스 프레데릭 옮김

The Path of Love

This publication is not a profit-making or competitive venture and its object is solely to disseminate the discourses, messages, sayings and statements of AVATAR MEHER BABA for the benefit of the public.

본 출판물은 이익을 창출하거나 경쟁력 있는 사업을 위한 것이 아니며, 그 목적은 오로지 대중의 유익을 위해 아바타 메허 바바의 담화, 메시지, 말씀 및 진술을 전파하는 데 있습니다.

초판일	2024년 3월 22일
제3판	2024년 6월 20일
말 씀	메허 바바
옮긴이	필리스 프레데릭
번 역	바바나
참여인	나 용, 김남미, 황종원
편 집	김석조
교 정	서윤희, 이원희
봉사자	Korean Lovers
사 진	Meher Nazar
디자인	BabaNa Spania
펴낸곳	존재의 향기
주 소	경기도 광주시 초월읍 산이리51번길 26
전 화	031-8028-7652
등록일	2004. 7. 30. 제2015-19

대표 사이트 https://meherbabakorea.co.kr
https://cafe.naver.com/meherroshani
https://cafe.naver.com/avatarmeherbaba
https://www.youtube.com/@meher_baba

ISBN 979-11-93095-79-9(03180)

사랑의 길

Contents

Foreword 010

A Short Biography of Meher Baba 012

Part I : GOD AND GOD-MAN 016

God and the Creation 018
God as Truth 022
God as Bliss 026
The Universal Message 028
The Unconscious Infinite "I" 032
God 032
Fore-Knowledge 034
Omnipresence 036
On Being the Avatar 038
On Being Silent 040
Meher Baba's Call 042
I Am the Son of God the Father and God the Mother in One ... 054
There is Only ONE 058
The Circles of the Avatar 062
Action and Inaction 072
The Highest of the High 076

목 차

머리말 011
메허 바바의 짧은 전기 013

1부 : 하나님과 갓-맨 017

하나님과 창조 019
진리로서의 하나님 023
지복으로서의 하나님 027
우주적 메시지 029
무의식적인 무한한 "나" 033
하나님 033
선견지명先見之明 035
편재遍在 037
아바타가 되는 것에 대하여 039
침묵하는 것에 대하여 041
메허 바바의 부름 043
나는 하나이신 아버지 하나님과 어머니 하나님의 아들 055
오직 하나만이 존재 059
아바타의 서클 063
행위行爲와 무위無爲 073
높은 중에 가장 높은 존재 077

5

Part II : ASPECTS OF THE PATH 092

Baba Explains 094
Knowledge and Imagination 096
Mind Must Go 110
Man-O-Nash (The Annihilation of the Mind) 130
Bhakti Yoga 134
Love and God-Love 152
The Aura and the Halo 162
Real Birth and Real Death 172
Fana 174
On the Living Dead 178
Plane of Consciousness in the Next Incarnation 186
The Inexorable "Must" 188
The Play of the Ego 190
On Split Ego or Split "I" 198

Part III : THE ART OF DISCIPLESHIP 204

Twelve Ways of Realizing Me 206
The High Roads to God 212
Dissertation on Love 216
Sahavas 220
Seven Sahavas Sayings 224
On Obedience 226
Surrender 232
The Lover and the Beloved 234
Love and Devotion 236
Love is the Remedy 238
My Wish 240

2부 : 길道의 측면 093

바바의 설명 095
앎과 상상력 097
마음은 사라져야 합니다 111
만오나쉬(마음의 소멸) 131
박티 요가 135
사랑과 하나님-사랑 153
오라와 후광 163
진정한 탄생과 진정한 죽음 173
파나 175
산 채로 죽은 자에 대하여 179
다음 화신에서 의식의 경지 187
피할 수 없는 "필연" 189
에고의 놀이 191
분열된 에고 또는 분열된 "나"에 대해 199

3부 : 제자도의 기술 205

나를 깨닫는 열두 가지 방법 207
하나님께 이르는 높은 길 213
사랑에 관한 논문 217
사하바스 221
일곱 가지 사하바스의 명언 225
순종에 대하여 227
순복 233
러버와 비러벳 235
사랑과 헌신 237
치료법은 사랑 239
나의 소망 241

How to Love God 242
On Baba's Work. 244
How to Escape Illusion 248
The Master's Prayer 250
The Prayer of Repentance 256
On Worry 260
Baba's Sermon 270
My Dear Children 274
My Dear Workers 278
The Spiritual Potential of the Film World 282
The Song of the New Life 290
A Prayer for Baba's Lovers 294

Part Ⅳ : THE ART OF LOVE 296

Dinine Love and The Purpose of Life 298
Sixty Years after I drop my body 300
Two Types of Ego 302
God as Truth 306
The task for Spiritual Workers 308
Baba's "warning" 320
The Last Warning 338
What is Love? 342
Unconditional Love 350
How Baba Creates Love 354
Become Soldiers of God 358
Baba's Divine Love 362
The Depth of The New Life 380
Provisional Ego 382
To Make Your Hearts My Centers 384

하나님을 사랑하는 방법 243
바바의 사역에 대하여 245
환상에서 벗어나는 방법 249
스승의 기도 251
회개의 기도 257
걱정에 대해 261
바바의 설교 271
나의 사랑하는 자녀들 275
나의 친애하는 일꾼들 279
영화계의 영적 잠재력 283
새로운 삶의 노래 291
바바 러버들을 위한 기도 295

4부 : 사랑의 기술 297

신성한 사랑과 삶의 목적 299
내가 내 몸을 버린 지 60년이 지나면 301
두 가지 유형의 에고 303
진리로서의 하나님 307
영적 일꾼을 위한 과제 309
바바의 "경고" 321
마지막 경고 339
사랑이란 무엇인가? 343
조건 없는 사랑 351
바바가 사랑을 만드는 방법 355
하나님의 군사가 되세요 359
바바의 신성한 사랑 363
새로운 삶의 깊이 381
잠정적 에고 383
여러분의 가슴을 나의 센터로 삼으세요 385

Foreword

Meher Baba has said,

"I have come not to teach but to awaken."

Nevertheless, throughout the years, Meher Baba, the silent Avatar of the age, dictated on his alphabet board, and through his own unique mudras or hand gestures, a great deal of material about the various aspects of the Spiritual Path and its goal God-Realization. Much of this material he gave to the Awakener Magazine, founded in 1953 to carry his message of love and truth to the West. It is this material which we have the privilege of reprinting here.

While reading it, one must bear in mind that Meher Baba's viewpoint is not that of an ordinary philosopher, thinker, or even advanced soul on the Path. His point of view is that of one who has realized the truth of God's Infinite Knowledge, Power, and Bliss.

I believe it is for this reason his words not only teach, but awaken. One can absorb them on the intellectual level and gain wisdom; one can be inspired by them on the intuitive level and get a taste of that amrit or divine bliss which the Shining Ones insist is our ultimate inheritance.

Filis Frederick
Editor, The Awakener Magazine
October, 1975

머리말

메허 바바는 이렇게 말했습니다.

"나는 가르치러 온 것이 아니라 깨우러 왔습니다."

그럼에도 불구하고 이 시대의 침묵의 아바타인 메허 바바는 수년 동안 그의 알파벳 판에 쓴 글을 받아쓰게 하고, 그만의 독특한 무드라나 손동작을 통해 영적 길의 다양한 측면과 그 목표인 신성실현에 관한 많은 자료를 남겼습니다. 이 자료의 대부분은 사랑과 진리의 메시지를 서양에 전하기 위해 1953년에 창간된 어웨이크너 매거진에 제공했습니다. 이 자료는 우리가 여기에 재인쇄 할 수 있는 특권을 가지고 있습니다.

이 글을 읽으면서 메허 바바의 관점은 일반적인 철학자나 사상가, 심지어는 영적 길의 진보된 영혼의 관점이 아니라는 점을 명심해야 합니다. 그의 관점은 하나님의 무한한 앎과 힘 그리고 지복의 진리를 깨달은 사람의 관점입니다.

저는 그분의 말씀이 가르치는 것뿐만 아니라 깨어나는 것도 바로 이런 이유 때문이라고 믿습니다. 지적인 수준에서는 그 말씀을 흡수하여 지혜를 얻을 수 있고, 직관적인 수준에서는 그 말씀에서 영감을 받아 빛나는 자들이 우리의 궁극적인 유산이라고 주장하는 그 암리트[원천]나 신성한 지복을 맛볼 수 있습니다.

필리스 프레드릭
어웨이크너 매거진 편집자
1975년 10월

A Short Biography of Meher Baba

Merwan Sheriar Irani, known as Meher Baba, was born in Poona, India, on February 25, 1894, of Persian parents. His father, Sheriar Irani, was of Zoroastrian faith and a true seeker of God. Merwan went to a Christian high school in Poona and later attended Deccan College. In 1913, while in college, a momentous event occurred in his life... the meeting with Hazrat Babajan, an ancient Mohamedan woman and one of the five Perfect Masters of the Age.

Babajan gave him God-Realization and made him aware of his high spiritual destiny. Eventually he was drawn to seek out another Perfect Master, Upasni Maharaj, a Hindu who lived in Sakori.

During the next seven years Maharaj gave Merwan "Gnosis" or Divine Knowledge. Thus Merwan attained spiritual Perfection. His spiritual mission began in 1921 when he drew together his first close disciples. It was these early disciples who gave him the name Meher Baba, which means "Compassionate Father."

After years of intensive training of his disciples, Meher Baba established a colony near Ahmednagar that is called Meherabad. Here the Master's work embraced a free school where spiritual training was stressed, a free hospital and dispensary, and shelters for the poor. No distinction was made between the high castes and the untouchables; all mingled in common fellowship through the inspiration of the Master. To his disciples at Meherabad, who were of different castes and creeds, he gave a training of moral discipline, love for God, spiritual understanding and selfless service.

메허 바바의 짧은 전기

메허 바바로 알려진 메르완 셰리아르 이라니는 1894년 2월 25일 인도 푸나에서 페르시아계 부모 사이에서 태어났습니다. 그의 아버지 셰리아르 이라니는 조로아스터교 신앙을 가졌으며 하나님의 참된 구도자였습니다. 메르완은 푸나에 있는 기독교 고등학교에 다녔고 나중에 데칸 대학에 다녔습니다. 1913년 대학 재학 중 그의 인생에 중대한 사건이 일어났는데, 고대 무슬림 여성이자 이 시대의 다섯 명의 완전한 스승 중 한 명인 하즈랏 바바잔과의 만남이 바로 그것입니다.

바바잔은 그에게 하나님을 깨닫게 해주고 그의 높은 영적 운명을 깨닫게 해주었습니다. 최종적으로 그는 사코리에 살던 힌두교도인 우파스니 마하라지라는 또 다른 완전한 스승을 찾게 되었습니다.

그 후 7년 동안 마하라지는 메르완에게 "그노시스[영적 지식]", 즉 신성한 지식을 전수했습니다. 그리하여 메르완은 영적 완전함에 도달했습니다. 그의 영적 사명은 1921년에 처음으로 가까운 제자들을 모으면서 시작되었습니다. 이 초기 제자들이 그에게 "자비로운 아버지"라는 뜻의 메허 바바라는 이름을 지어주었습니다.

메허 바바는 수년간의 집중적인 제자 훈련 끝에 아메드나가르 근처에 메허라바드라는 주거지를 설립했습니다. 여기에서 스승님의 사업에는 영적 훈련이 강조된 무료 학교, 무료 병원과 진료소, 가난한 사람들을 위한 쉼터가 포함되었습니다. 상류의 카스트와 불가촉천민을 구분하지 않고 모두가 스승의 영감을 통해 공동의 동료애로 어울렸습니다. 메허 바바는 다양한 카스트와 신조를 지닌 제자들에게 도덕적 훈육, 하나님에 대한 사랑, 영적 이해, 이타적 봉사의 훈련을 가르쳤습니다.

Meher Baba told his disciples that from July 10, 1925 he would observe Silence. From that day until he dropped the body on January 31, 1969, he maintained this Silence. His many spiritual discourses and messages have been dictated by means of an alphabet board. Much later the Master discontinued the use of the board and reduced all communication to hand gestures unique in expressiveness and understandable to many.

Meher Baba traveled to the Western world six times, first in 1931, when he contacted his early Western disciples. His last visit to America was in 1958 when he and his disciples stayed at the Center established for his work at Myrtle Beach, S.C.

In India as many as one hundred thousand people came in one day to seek his Darshan, or blessing; many from all over the world journeyed to spend a few days, even a single day, in his presence. An important part of Meher Baba's work through the years was to personally contact and to serve hundreds of those known in India as "masts." These are advanced pilgrims on the spiritual path who have become spiritually intoxicated from direct awareness of God. For this work he traveled many thousands of miles to remote places throughout India and Ceylon. Other vital work was the washing of the lepers, the washing of the feet of thousands of poor and the distribution of grain and cloth to the destitute.

Meher Baba has asserted that he is the same Ancient One, come again to redeem man from his bondage of ignorance and to guide him to realize his true Self which is God. He is acknowledged by his many followers all over the world as the Avatar of the Age. Meher Baba said, "I had to come, and I have come. I am the Ancient One."

메허 바바는 제자들에게 1925년 7월 10일부터 침묵을 지킬 것이라고 말했습니다. 그날부터 1969년 1월 31일 그의 몸을 떨어뜨릴 때까지 그는 이 침묵을 지켰습니다. 그의 많은 영적 담화와 메시지는 알파벳 판을 통해 구술되었습니다. 훨씬 후에 스승은 글자판 사용을 중단하고 모든 의사소통을 표현력이 독특하고 많은 사람들이 이해할 수 있는 손동작으로 줄였습니다.

메허 바바는 서양 세계를 여섯 번 여행했는데, 1931년에 처음으로 서양의 초기 제자들과 접촉했습니다. 그의 마지막 미국 방문은 1958년 그와 그의 제자들과 함께 사우스캐롤라이나주 머틀 비치에 설립한 센터에 머물렀을 때였습니다.

인도에서는 하루에 무려 십만 명에 달하는 사람들이 그의 다르샨, 즉 축복을 구하기 위해 찾아왔고 전 세계에서 많은 사람들이 며칠, 심지어는 그의 면전에서 단 하루를 보내기 위해 여행을 떠났습니다. 수년 동안 메허 바바의 활동에서 중요한 부분은 인도에서 "머스트[신에 도취된 자]"로 알려진 수백 명의 사람들과 개인적으로 접촉하고 섬기는 것이었습니다. 이들은 하나님에 대한 직접적인 인식으로부터 영적으로 도취된 영적인 길을 걷는 진보된 순례자들입니다. 이 일을 위해 그는 인도와 실론[스리랑카] 전역의 외딴곳을 찾아 수천 마일을 여행했습니다. 다른 중요한 일은 나병 환자들을 씻겨 주고, 수천 명의 가난한 사람들의 발을 씻겨 주며 궁핍한 자들에게 곡식과 옷감을 나눠주는 일이었습니다.

메허 바바는 자신이 바로 에인션트 원[옛적부터 있었던 고대의 존재]이며, 사람을 무지의 속박에서 구원하고 자신의 진정한 참나인 하나님을 깨닫도록 인도하기 위해 다시 왔다고 주장했습니다. 그는 전 세계의 많은 추종자들에 의해 시대의 아바타로 인정받고 있습니다. 메허 바바는 말했습니다. "나는 와야만 했으며, 나는 왔습니다. 나는 에인션트 원입니다."

Part I

GOD AND GOD-MAN

Meher Baba has elucidated many of the fine points of the ultimate goal of the creation God-Realization.

He has explained how man becomes God, after the long journey of evolving and involving consciousness; and also how God, uniquely and periodically, becomes man - Avatar, Messiah or Rasool. In essence the consciousness of all Perfect Ones is one and the same; but the burden and duty of the Avatar is greater in circumference. It is for this reason that His effect on the creation, and on mankind in particular, is so profound. The following messages, given at different times, illumine some of these points.*

---

* For further information, it is suggested one read the Discourses and God Speaks, by Meher Baba.

1 부

하나님과 갓-맨

메허 바바는 신성실현神性實現 창조의 궁극적 목표의 많은 세부 사항들을 설명했습니다.

그는 사람이 의식의 외적진화와 내적진화의 긴 여정 후에, 어떻게 하나님이 되는지, 또한 하나님이 어떻게 독특하고 주기적으로 아바타, 메시아 또는 라술인 사람이 되는지를 설명했습니다. 본질적으로 모든 완전한 존재들의 의식은 하나이며 동일하지만, 아바타의 짐과 의무는 범주가 더 큽니다. 이것은 창조물, 특히 인류에 대한 그의 영향이 매우 깊은 이유입니다. 다른 시간에 주어진 다음의 메시지들은 이러한 요점 중 몇 가지를 조명합니다.*

---

* 자세한 내용은 메허 바바의 '담화'와 '갓 스픽스'를 참조하세요.

God and the Creation

God is infinite reality, whereas cosmos is infinite illusion. But both are not infinite in the same sense.

God is One Infinite, and illusion is infinite in numbers.
God is infinite unity, and Illusion, infinite duality.
Always God is. All along Illusion IS NOT.

Illusion or no illusion, God remains beginningless and endless, while Illusion has a beginning in illusion and it also ends in Illusion.

The infinite Illusion includes an infinite number of suns, stars, moons, planets and worlds. The whole of the creation goes on evolving ad infinitum in Illusion. Take for instance the head of a man with innumerable hairs growing over it.

하나님과 창조

하나님은 무한한 실재인 반면 우주는 무한한 환상입니다. 그러나 둘 다 같은 의미에서 무한하지는 않습니다.

하나님은 무한한 한 분이시며 환상은 수적으로 무한합니다.
하나님은 무한한 단일성이며 환상은 무한한 이원성입니다.
언제나 하나님은 존재합니다. 모든 환상은 존재하지 않습니다.

환상이든 환상이 아니든, 하나님은 시작이 없고 끝이 없는 반면, 환상은 환상 안에서 시작이 있고 또한 환상 안에서 끝이 납니다.

무한한 환상은 무한히 많은 태양, 별, 달, 행성 및 세계를 포함합니다. 창조물 전체는 환상 속에서 계속 진화하고 있습니다. 즉 무수한 머리카락이 자라고 있는 사람의 머리를 예로 들 수 있습니다.

When all the hair is shaved off, the growth of hair does not cease; the hairs reappear and cover the head all over again. Even when the head becomes bald, it is only the hair which disappears, the head remains head.

Against the one head, although innumerable, the hairs have next to no value. They may appear and disappear without any difference to the value of the head as such. The value most attached to the hair is but decorative, as a means of attraction and as a lure of self-satisfaction.

Similarly, the individual mind that generates infinite thoughts may be compared with the individual head that has a growth of innumerable hairs. The individual mind is capable of containing, emanating and absorbing an infinite number of thoughts. In fact, all energy and all matter are but the outcome of the mind itself.

To understand the all-importance of God Who is the only Reality, now let us compare Him with the mind, and let the hair over the head be compared to the creation. The illustration would at once suggest that compared with the hair on the head, the mind alone is infinitely valuable.

Similarly, I say that God is infinitely valuable when compared with the whole of the creation, which has no value other than that of hair - the hair that lures, and the hair that creates illusory self-satisfaction.

머리카락을 모두 깎아도 털의 성장은 멈추지 않고 머리카락이 다시 자라고 머리 전체를 다시 덮습니다. 머리가 대머리가 되어도 사라지는 것은 머리카락뿐이고 머리는 머리로 남아 있습니다.

한 머리에 머리카락은 셀 수 없이 많지만, 머리카락은 아무런 가치도 없습니다. 그것들은 머리의 가치에 비해 아무런 특징도 없이 나타났다가 사라질 수 있습니다. 머리카락에 가장 애착을 갖는 가치는 매력의 수단이자 자기만족의 유혹으로서 장식적인 것에 불과합니다.

마찬가지로 무한한 생각을 일으키는 개인의 마음은 무수한 머리카락이 자라는 개인의 머리에 비유할 수 있습니다. 개인의 마음은 무한한 수의 생각을 담고 발산하고 흡수할 수 있습니다. 사실 모든 에너지와 모든 물질은 마음 그 자체의 결과일 뿐입니다.

유일한 실재인 하나님의 모든 중요성을 이해하기 위해 이제 하나님을 마음과 비교하고 머리카락을 피조물에 비유해 봅시다. 이 비유는 머리에 난 머리카락과 비교하면, 마음만으로도 무한히 가치가 있다는 것을 단번에 암시할 것입니다.

마찬가지로, 나는 머리카락, 즉 유혹하는 머리카락과 환상적인 자기만족을 만들어 내는 머리카락 외에는 가치가 없는 피조물 전체와 비교할 때 하나님은 무한히 가치 있다고 말합니다.

God as Truth

Ultimately everyone and every thing is God and that God, as Truth, can be realized through the guru or the Master. Generally in this country, Vedantism is associated with this rendering of the Most High. Now I am not concerned with Vedantism or Sufism or any other "ism," but only with God as Truth, as He comes into our experience, after the disappearance of the limited and limiting ego-mind. God is an unshakable and eternal Truth. He reveals Himself and communicates Himself to those who love Him, seek Him and surrender themselves to Him, either in His impersonal aspect, which is beyond name, form and time, or in His personal aspect. He is more easily accessible to ordinary man through the God-men, who have always come and will always come, to impart light and truth to struggling humanity, which is groping mostly in darkness.

Because of his complete union with God, the God-man eternally enjoys the "I-am-God" state, which equally corresponds to the Vedantic Aham Brahmasmi and the Sufi Anal-Haq or Christ's declaration, "I and my Father are one." In the experience of the Sufis, Anal-haq, or the "I-am-God" state is a culmination of Hama-Oost, which means everything is God and nothing else exists. Since in this approach, only "God without a second" is contemplated, there is no room for love for God or longing for God.

The soul has the intellectual conviction that it is God. But in order to experience that state actually, it goes through intense concentration or meditation on the thought. "I am not the body, I am not the mind; I am neither this nor that; I am God." The soul then experiences through meditation what it has assumed itself to be. But this mode of experiencing God is not only hard but dry.

진리로서의 하나님

궁극적으로 모든 사람과 만물은 하나님이며, 진리로서의 하나님은 구루 또는 스승을 통해 깨달을 수 있습니다. 일반적으로 이 나라에서 베단티즘은 지극히 높은 분에 대한 이 표현과 연관되어 있습니다. 이제 나는 베단티즘이나 수피즘, 그 밖의 어떤 "이즘[학설]"에도 관심이 없지만, 오직 진리로서의 하나님인 유한하고 제한적인 에고적 마음이 사라진 후 우리의 경험에 들어오는 그분에 대해서만 관심이 있습니다. 하나님은 확고부동한 영원한 진리입니다. 그분은 이름과 모습과 시간을 초월한 그분의 비인격적인 면이나 인격적인 면에서 그를 사랑하는 사람들에게 자신을 드러내고 그분을 찾고 그에게 순복하는 사람들에게 자신을 전합니다. 그분은 대부분 어둠 속에서 더듬거리고 고군분투하는 인류에게 빛과 진리를 전하기 위해 항상 오고 앞으로도 올 갓-맨을 통해 평범한 사람에게 더 쉽게 다가갑니다.

왜냐하면 하나님과의 완전한 결합으로 인해 갓-맨은 "나는 하나님이다." 상태를 영원히 향유하는데, 이는 베단타의 아함 브라마스미와 수피의 아날-하크 또는 그리스도의 선언인 "나와 내 아버지는 하나입니다."에 동등하게 해당합니다. 수피의 아날-하크 즉 "나는 하나님이다." 상태의 경험은 하마-우스트의 정점으로 모든 것이 하나님이고 다른 것은 존재하지 않는다는 뜻입니다. 이 접근 방식에서는 "둘도 없는 하나님"만 응시하기 때문에 하나님에 대한 사랑이나 하나님에 대한 갈망의 여지가 없습니다.

영혼은 자신이 신이라는 지적인 확신을 가지고 있습니다. 그러나 실제로 그 상태를 체험하기 위해서는 생각에 대한 강렬한 집중이나 명상을 거쳐야 합니다. "나는 몸이 아니고, 마음도 아니며, 이것도 아니고 저것도 아닙니다. 나는 하나님입니다." 그런 다음 영혼은 자신이 가정한 것을 명상을 통해 체험합니다. 그러나 하나님을 체험하는 이 방식은 어려울 뿐만 아니라 무미건조합니다.

The Path is more realistic and joyous when there is ample play of love and devotion for God, which postulates temporary and apparent separateness from God and longing to unite with Him. Such provisional and apparent separateness from God is affirmed by the soul in the two Sufi conceptions, Hama az Oost, which means Everything is from God and Hama Doost, which means Everything is for the Beloved God. In both these conceptions, the soul realizes that its separateness from God is only temporary and apparent and it seeks to restore this lost unity with God, through intense love which consumes all duality. The only difference between these two states is that whereas the soul, in the state of Hama Doost, rests content with the Will of God as the Beloved, in the state of Hama az Oost, the soul longs for nothing but union with God.

Since the soul, which is in bondage, can be redeemed only through Divine Love, even Perfect Masters, who attain complete unity with God and experience Him as the only reality, often apparently step into the domain of duality and talk the language of love, worship and service of God in his Unmanifest Being as well as in all the numberless forms through which He manifests Himself.

Love Divine, as sung by Hindu saints like Tukaram, as taught by Christian mystics like St. Francis, as preached by Zoroastrian saints like Azer Kaivan, and as made immortal by Sufi poets like Hafiz, harbours no thought of the self at all. It consumes all wants and frailties, which nourish the bondage and illusion of duality. Ultimately, it unites the soul with God thus bringing to the soul true Self-knowledge, abiding happiness, unassailable peace, unbounded understanding and unlimited power. Be ye inheritors of this life eternal, which comes to those who seek!

이 길은 하나님으로부터의 일시적이고 명백한 분리를 가정하고 그분과의 합일에 대한 갈망을 전제로 하는 하나님에 대한 사랑과 헌신이 충분히 발휘될 때 더욱 현실적이고 기쁨이 넘칩니다. 하나님으로부터의 이러한 잠정적이고 명백한 분리는 모든 것이 하나님으로부터 온다는 의미의 하마 아즈 우스트(Hama az Oost)와 모든 것이 사랑하는 하나님을 위한 것이라는 의미의 하마 두스트(Hama Doost)라는 두 가지 수피 개념에서 영혼에 의해 확인됩니다. 이 두 개념에서 영혼은 하나님과의 분리가 단지 일시적이고 명백한 것임을 깨닫고 모든 이원성을 소멸시키는 강렬한 사랑을 통해 하나님과의 잃어버린 일체성을 회복하려고 노력합니다. 이 두 상태의 유일한 차이점은 하마 두스트 상태에서 영혼은 비러벳[사랑하는 대상]으로서 하나님의 뜻에 만족하는 반면, 하마 아즈 우스트 상태에서는 영혼이 하나님과의 합일 외에는 아무것도 갈망하지 않는다는 것입니다.

속박 상태에 있는 영혼은 오직 신성한 사랑을 통해서만 구원받을 수 있기 때문에, 하나님과 완전한 일치를 이루고 그분을 유일한 실재로서 경험하는 완전한 스승들조차도 종종 분명히 이원성의 영역으로 들어가서 그분의 비현현적 존재와 그분 자신을 드러내는 모든 무수한 형태들 안에서 사랑의 언어를 말하고, 하나님을 경배하고 섬깁니다.

투카람 같은 힌두교 성인들이 노래하고, 성 프란시스 같은 기독교 신비주의자들이 가르치고, 아제르 카이반 같은 조로아스터교 성자들이 설교하고, 하피즈 같은 수피 시인이 불멸의 존재로 만든 사랑은 자아에 대한 생각을 전혀 품지 않습니다. 사랑은 이원성의 속박과 환상을 키우는 모든 욕망과 연약함을 소멸시킵니다. 궁극적으로 사랑은 영혼을 하나님과 결합시켜 영혼에 진정한 참나-지식과 지속적인 행복, 불가침의 평화, 무한한 이해 및 끝없는 힘을 가져다줍니다. 구하는 자에게 임하는 이 영원한 삶의 상속자가 되세요!

God as Bliss

Everywhere, in every walk of life, man, without exception, is thirsting for happiness. From the diverse allurements of the sensual life and from the many possessions and attainments that feed and tickle the ego, as also from the numberless experiences which stimulate the intellect, excite the mind, calm down the heart or energize the spirit ... from all these he seeks happiness of diverse kinds. But he seeks it in the world of duality and in the passing shadows of the Mayavic Illusion, which we call the universe. And he finds that the happiness which he gets therein is so transient that it has almost disappeared in the very moment of experience. And after it disappears, what remains is a bottomless vacuity, which no multiplication of similar experiences can ever completely fill.

But true Bliss can come only to one who would take courage in his hands and become free of all attachment to forms, which are nothing but the illusions of duality. Only then can he get united with his true Beloved, who is God as the eternal and abiding Truth behind all forms, including what he regards as his own body.

The endless and fathomless Ocean of Bliss is within everyone. There is no individual entirely devoid of happiness in some form; for there is no individual who is entirely cut off from God as the Ocean of Bliss. Every type of pleasure which he ever has is ultimately a partial and illusory reflection of God as Ananda. But pleasure, which is sought and experienced in ignorance, ultimately binds the soul to endless continuation of the false life of the ego and leaves the soul exposed to the many sufferings of the ego-life. The pleasures of the illusory world are comparable to the many rivers of mirage that apparently pour themselves into the ocean. Divine Bliss is everfresh, everlasting, continuous, and is endlessly experienced as self-sustaining and infinite joy of God. Be ye united with your Real Beloved, who is God as Ananda or Bliss!

지복으로서의 하나님

모든 곳에서, 삶의 모든 걸음마다 인간은 예외 없이 행복에 목말라 있습니다. 감각적인 삶의 다양한 유혹들로부터, 그리고 에고를 먹이고 자극하는 많은 소유물과 성취로부터, 또한 지성을 자극하고, 마음을 흥분시키고, 가슴을 진정시키고, 정신에 활력을 불어넣는 수많은 경험들로부터도... 이 모든 것에서 인간은 다양한 종류의 행복을 추구합니다. 그러나 그는 그것을 이원성의 세계와 우리가 우주라고 부르는 마야의 환상의 스쳐 지나가는 그림자 속에서 찾습니다. 그리고 그는 자신이 얻는 행복이 너무 일시적이어서 경험하는 바로 그 순간에 거의 사라진다는 것을 발견합니다. 그리고 그것이 사라지고 나면 남는 것은 바닥이 없는 공허함만 남게 되는데, 이 공허함은 비슷한 경험을 아무리 많이 반복해도 완전히 채워질 수 없습니다.

그러나 진정한 지복은 용기를 내어 이원성의 환상에 불과한 형상에 대한 모든 집착에서 벗어나는 사람에게만 올 수 있습니다. 그래야만 비로소 그가 자신의 몸으로 간주하는 것을 포함하여 모든 형상 뒤에 영원하고 변치 않는 진리로서 하나님인 진정한 비러벳과 합일할 수 있습니다.

끝이 없고 헤아릴 수 없는 지복의 바다는 모든 사람 안에 있습니다. 어떤 형태로든 행복이 전혀 없는 사람은 없습니다; 지복의 바다인 하나님과 완전히 단절된 사람은 없기 때문입니다. 그가 가진 모든 종류의 쾌락은 궁극적으로 아난다로서의 하나님의 부분적이고 환상적인 반영입니다. 그러나 무지 속에서 추구하고 경험하는 쾌락은 궁극적으로 영혼을 에고의 거짓된 삶의 끝없는 지속에 묶어두고 영혼을 에고적 삶의 많은 고통에 노출시킵니다. 환상적 세계의 쾌락은 겉보기에는 바다로 그것들을 쏟아붓는 많은 신기루의 강과 비슷합니다. 신성한 지복은 항상 신선하고, 영원하며, 지속적이며, 자생적이고 무한한 하나님의 기쁨으로 끝없이 경험됩니다. 아난다 즉, 지복으로서의 하나님인, 여러분의 진정한 비러벳과 하나가 되세요!

The Universal Message

I have come not to teach but to awaken. Understand therefore that I lay down no precepts. Throughout eternity I have laid down principles and precepts, but mankind has ignored them. Man's inability to live God's words makes the Avatar's teaching a mockery.

Instead of practicing the compassion He taught, man has waged crusades in His name. Instead of living the humility, purity and truth of His words, man has given way to hatred, greed and violence.

우주적 메시지

　나는 가르치러 온 것이 아니라 깨우기 위해 왔습니다. 그러므로 내가 어떤 계율도 정하지 않았음을 이해하세요. 영원토록 나는 원칙과 지침을 주었지만, 사람들은 그것을 무시해 왔습니다. 하나님의 말씀대로 살지 못하는 인간의 무능함은 아바타의 가르침을 조롱거리로 만듭니다.

　그분이 가르친 연민을 실천하는 대신, 인간은 그분의 이름으로 십자군 전쟁을 벌였습니다. 그분의 말씀에 담긴 겸손함, 순수함과 진실함을 사는 대신 사람들은 증오심, 탐욕과 폭력으로 나아갔습니다.

Because man has been deaf to the principles and precepts laid down by God in the past, in this present Avataric Form I observe Silence. You have asked for and been given enough words - it is now time to live them. To get nearer and nearer to God you have to get further and further away from "I," "my," "me" and "mine."

You have not to renounce anything but your own self. It is as simple as that, though found to be almost impossible. It is possible for you to renounce your limited self by my Grace. I have come to release that Grace. I repeat, I lay down no precepts. When I release the tide of Truth which I have come to give, men's daily lives will be the living precept. The words I have not spoken will come to life in them.

I veil myself from man by his own curtain of ignorance, and manifest my Glory to a few. My present Avataric Form is the last incarnation of this cycle of time, hence my Manifestation will be the greatest.

When I break my Silence, the impact of my Love will be universal and all life in creation will know, feel and receive of it. It will help every individual to break himself free from his own bondage in his own way.

I am the Divine Beloved who loves you more than you can ever love yourself. The breaking of my Silence will help you to help yourself in knowing your real Self.

All this world confusion and chaos was inevitable and no one is to blame. What had to happen has happened; and what has to happen will happen. There was and is no way out except through my coming in your midst. I had to come, and I have come. I am the Ancient One.

사람들은 과거에 하나님이 내려주신 원칙과 교훈에 귀를 기울이지 않았기 때문에, 나는 현재 아바타적 형태를 통해 침묵을 지키고 있습니다. 여러분은 요구했고, 이미 충분한 말씀을 받았습니다. 이제는 그 말씀들로 살아가야 할 때입니다. 여러분이 하나님께 더 가까이 다가가기 위해서는 "나", "나의", "나를" 그리고 "나의 것"으로부터 점점 더 멀리 떨어져 있어야 합니다.

여러분은 오직 여러분 자신의 자아 외에는 어떤 것도 포기해서는 안 됩니다. 비록 그것은 거의 불가능한 것으로 여겨지지만 그것은 또한 단순합니다. 나의 은총에 의해 여러분의 제한된 자아를 포기할 수 있습니다. 나는 그 은총을 베풀기 위해 왔습니다. 거듭 말하지만, 나는 어떤 계율[지침]도 정하지 않습니다. 내가 와서 주고자 하는 진리의 물결을 내가 발산할 때, 사람들의 일상의 삶은 살아 있는 교훈이 될 것입니다. 내가 말하지 않았던 그 말들이 그들 속에서 살아날 것입니다.

나는 그들 자신의 무지의 장막으로 사람에게서 나 자신을 숨기고 나의 영광을 소수에게 나타낼 것입니다. 나의 현재 아바타의 형태는 이 주기의 마지막 화신이며, 그런 이유로 나의 발현은 가장 위대할 것입니다.

내가 나의 침묵을 깨뜨릴 때, 내 사랑의 영향력은 전 우주적이 될 것이고 창조계의 모든 생명은 그것을 알게 되고 느끼며 받을 것입니다. 그것은 모든 개인이 그들 자신의 길에서 그들 자신의 속박으로부터 벗어날 수 있도록 도울 것입니다.

나는 여러분이 여러분 자신을 사랑할 수 있는 것보다 더 여러분을 사랑하는 신성한 비러벳입니다. 나의 침묵이 깨어지는 것은 여러분이 자신의 진정한 참나를 알게 하는 데 도움을 줄 것입니다.

이 세상의 모든 혼란과 혼돈은 불가피한 것이며, 누구의 탓도 아닙니다. 일어났어야 할 일이 일어났던 것이며 일어나야 할 일이 일어날 것입니다. 여러분들 안으로 내가 오는 것 외에는 달리 방법이 없었습니다. 나는 와야만 했고 나는 왔습니다. 나는 '에인션트 원'입니다.

The Unconscious Infinite "I"

Due to the Original Lahar (whim), the Unconscious Infinite "I" was simultaneously confronted with 1) Consciousness; 2) "Who am I"; and 3) Illusion; - and manifested into innumerable finite "I's," and "said", "I am stone" –"I am metal" – "I am vegetable" – "I am worm" – "I am fish" – "I am bird" – "I am animal" –"I am man" – "I am woman" – "I ambody" – "I am energy"–"I am mind". When Illusion disappears, the Infinite "I," with Consciousness retained, says "I am God."

God

In the sub-human stage, the consciousness of false self or false "I," which is very slight, provides scope for evolution.

In the human form the evolution of consciousness is completed and the consciousness becomes full.
Love comes into play actively for the first time.

As love plays the part more actively and fully, the false "I" begins to get consumed more and more. Eventually, when love is at its zenith, the false "I" gets totally consumed by love; this results in consummation of both lover and love at the altar of the Beloved.

Neither does the lover remain in love, nor does love reign supreme over the lover: the goal is attained.

The Beloved is supreme over his self: there is nothing except the Beloved: everything else is consumed.

무의식적인 무한한 "나"

원초적인 라하르(변덕)로 인해 무의식의 무한한 "나"는 (1) 의식; (2) "나는 누구인가"; 그리고 (3) 환상과 동시에 직면하게 되었습니다; 그리고 무수히 많은 유한한 "나로" 나타나 "나는 돌이다", "나는 금속이다", "나는 식물이다", "나는 벌레이다", "나는 물고기이다", "나는 새이다", "나는 동물이다", "나는 남자이다", "나는 여자이다", "나는 몸이다", "나는 에너지이다", "나는 마음이다"라고 말했습니다. 환상이 사라지면 무한한 "나"는 의식을 간직한 채 "나는 하나님이다"라고 말합니다.

하나님

인간 이전의 단계에서는 아주 미미한 거짓 자아 또는 거짓 "나"의 의식이 진화의 여지를 제공합니다.

인간의 형태에서 의식의 진화가 완성되고 의식이 충만해집니다.
사랑은 처음으로 활발하게 작용합니다.

사랑이 더 적극적이고 완전하게 역할을 할수록 거짓된 "나"는 점점 더 많이 태워지기 시작합니다. 결국 사랑이 절정에 달할 때, 거짓된 "나"는 완전히 사랑에 의해 소멸됩니다. 이는 비러벳의 제단에서 러버와 사랑의 완성으로 귀결됩니다.

러버는 사랑 안에 머물러 있지 않으며, 사랑이 러버를 위에서 지배하지도 않습니다: 목표는 달성되었습니다.

비러벳은 자신의 자아보다 우위에 있습니다: 비러벳 외에는 아무것도 없습니다: 다른 모든 것은 소멸됩니다.

Fore-Knowledge

A. The fore-knowledge possessed by an ordinary person depends on memory based on past experiences:

(a) When a person sees a man on a mountaintop, the person has fore-knowledge that if the man falls down the mountain he will surely die.

(b) When a person sees a row of horses at the starting point on a race course, the person has fore-knowledge that the horses will run as soon as the "start" signal is given.

(c) When a person sees a bottle of whiskey, he has foreknowledge that the liquid will give intoxication. He associates whiskey with intoxication. Thousands of such examples could be given of foreknowledge in an ordinary person.

B. Fore-knowledge of Perfect Masters (Qutubs or Sadgurus) depends on the everlasting indivisible experience:

(a) Everlasting = without break in continuity;

(b) Indivisible = no scope for past, present and future to determine themselves even relatively. Thus it is that Perfect Masters and Avatars assert: "I know everything."

It is due to their everlasting indivisible experience that there is no scope left for anything other than their infinite, indivisible, omnipresent, all-pervading individual Self (the Existence Eternal).

선견지명先見之明

A. 평범한 사람이 가지고 있는 선견지명은 과거 경험에 기초한 기억에 달려 있습니다.

(a) 어떤 사람이 산꼭대기에 있는 사람을 볼 때, 그 사람이 산에서 떨어지면 반드시 죽을 것이라는 선견지명을 가지고 있습니다.

(b) 어떤 사람이 경주 코스의 출발점에서 줄지어 있는 말들을 볼 때, 그 사람은 "출발" 신호가 떨어지자마자 말이 달릴 것이라는 것을 미리 알고 있습니다.

(c) 어떤 사람이 위스키 한 병을 볼 때, 그는 그 액체가 취하게 할 것이라는 선견先見을 가지고 있습니다. 그는 위스키를 취한 상태와 연관시킵니다. 평범한 사람의 예지豫知에는 수천 가지의 예가 주어질 수 있습니다.

B. 완전한 스승(쿠툽 또는 사드구루)의 선견지명은 영원히 계속되는 나눌 수 없는 경험에 달려 있습니다:

(a) 영원성 = 연속성이 끊어지지 않음;

(b) 불가분성 = 과거, 현재, 미래가 상대적으로라도 자신을 결정할 수 있는 범위가 없습니다. 따라서 완전한 스승과 아바타는 "나는 모든 것을 알고 있다"라고 주장합니다.

그것은 그들의 무한하고, 나눌 수 없고, 편재하며, 모든 곳에 스며 있는 개인의 참나(영원한 현존) 외에는 어떤 것도 남아 있지 않다는 그들의 영원한 불가분의 경험으로 인한 것입니다.

Omnipresence

There cannot be anything hidden from One who is omnipresent. And as there cannot be hidden anything from such a One, He must be omniscient. He is all-knowing, knowing everything.

Thus, it follows that He must be knowing how to do everything.
He will say:
I know how to create everything;
I know how to destroy everything;
I know how to preserve everything;
I know how to do everything.

Thus He who is omniscient is inevitably omnipotent. His being omnipresent made Him omniscient and this also made Him omnipotent.

In short, to be omnipresent is to be both omniscient and omnipotent simultaneously. All three attributes of God are linked with one another, giving rise to the infinite bliss of God. One who is omnipresent, omniscient and omnipotent, cannot help but be in the infinitely blissful state.

편재 遍在

어디에나 있는 존재에게 숨길 수 있는 것은 아무것도 없습니다. 그리고 그러한 존재에게는 어떤 것도 숨길 수 없기 때문에 그는 전지全知할 수밖에 없습니다. 그는 모든-앎이며, 모든 것을 알고 있습니다.

따라서 그는 모든 것을 어떻게 하는지 알고 있을 것입니다.
그는 말할 것입니다:
나는 모든 것을 창조하는 방법을 안다;
나는 모든 것을 파괴하는 방법을 안다;
나는 모든 것을 보존하는 방법을 안다;
나는 모든 것을 행하는 방법을 안다.

따라서 전지한 자는 필연적으로 전능全能합니다. 그는 어디에나 존재하기 때문에 전지하며, 이것이 또한 그를 전능하게 만듭니다.

요컨대, 편재한다는 것은 전지함과 전능함을 동시에 지니고 있다는 것입니다. 하나님의 세 가지 속성은 모두 서로 연결되어 하나님의 무한한 지복을 낳습니다. 편재하며 전지하고 전능한 사람은 무한히 더없이 행복한 상태에 있을 수밖에 없습니다.

On Being the Avatar

When I say I am the Avatar, there are a few who feel happy, some who feel shocked, and many who, hearing me claim this, would take me for a hypocrite, a fraud, a supreme egoist, or just mad. If I were to say everyone of you is an Avatar, a few would be tickled, and many would consider it a blasphemy or a joke. The fact that God being One, indivisible, and equally in us all, we can be nought else but one, is too much for the duality-conscious mind to accept. let each of us is what the other is. I know I am the Avatar in every sense of the word, and that each of you is an Avatar in one sense or the other.

It is an unalterable and universally recognized fact since time immemorial that God knows everything, God does everything, and that nothing happens but by the will of God.

Therefore it is God who makes me say I am the Avatar, and that each one of you is an Avatar. Again, it is He who is tickled through some, and through others is shocked.

It is God who acts and God who reacts. It is He who scoffs and He who responds. He is the Creator, the Producer, the Actor and the Audience in His own Divine Play.

아바타가 되는 것에 대하여

내가 아바타라고 말할 때, 기뻐하는 사람도 있고 충격을 받는 사람도 있고 내 주장을 듣고 나를 위선자, 사기꾼, 최고의 이기주의자나 그냥 미친 사람으로 받아들일 사람들도 많습니다. 만약 여러분 모두가 아바타라고 말한다면 일부는 자극받을 것이고, 많은 사람은 이것을 신성모독이나 농담으로 여길 것입니다. 하나님은 한 분이며 나눌 수 없고, 우리 모두에게 똑같이 존재하고, 우리가 하나가 아닌 다른 무엇이 될 수 없다는 사실은 이원성을 의식하는 마음이 받아들이기에는 무리입니다. 우리 각자는 서로의 모습 그대로입니다. 나는 말의 모든 의미에서 내가 아바타라는 것을 알고 있으며, 여러분 각자가 어떤 의미에서든 아바타라는 것을 알고 있습니다.

하나님은 모든 것을 알고, 하나님은 모든 것을 행하며, 하나님의 뜻이 아니면 어떤 일도 일어나지 않는다는 사실은 태곳적부터 변할 수 없는 보편적인 사실입니다.

그러므로 내가 아바타요, 여러분 각자가 아바타임을 말하게 하는 분은 바로 하나님입니다. 다시 말하지만, 어떤 이에게는 자극받고 또 어떤 이에게는 충격을 주는 이가 바로 하나님입니다.

행동하는 분도 하나님이고 반응하는 분도 하나님입니다. 비웃는 분도 그분이고 응답하는 분도 그분입니다. 그분은 자신의 신성한 연극에서 창조주이며 제작자, 배우이자 관객입니다.

On Being Silent

If you were to ask me why I do not speak, I would say I am not silent, and that I speak more eloquently through gestures and the alphabet board.

If you were to ask me why I do not talk, I would say, perhaps for three reasons.

Firstly, I feel that through you all I am talking eternally.

Secondly, to relieve the boredom of talking incessantly through your forms, I keep silence in my personal physical form.

And thirdly, because all talk, in itself, is idle talk. Lectures, messages, statements, discourses of any kind, spiritual or otherwise, imparted through utterances or writings, is just idle talk when not acted upon or lived up to.

If you were to ask when I will break my Silence, I would say when I feel like uttering the only real Word that was spoken in the beginningless beginning, as that Word alone is worth uttering. The time for the breaking of my outward Silence to utter that Word, is very near.

침묵하는 것에 대하여

왜 말을 하지 않느냐고 내게 묻는다면, 나는 침묵하지 않으며 몸짓과 알파벳 판을 통해 더 유창하게 말한다고 대답할 것입니다.

내가 말을 하지 않는 이유를 묻는다면, 나는 아마도 세 가지 이유 때문이라고 말하고 싶습니다.

첫째, 나는 여러분을 통해 영원히 이야기하고 있다고 느낍니다.

둘째, 여러분의 형태를 통해 끊임없이 이야기하는 지루함을 해소하기 위해 나는 개인적인 육체적 형태에서 침묵을 지킵니다.

그리고 셋째, 모든 대화는 그 자체로 쓸데없는 말이기 때문입니다. 말이나 글을 통해 전달되는 모든 종류의 강의, 메시지, 진술, 담화, 영적인 것이든 그렇지 않은 것이든 행동으로 옮기거나 실천하지 않으면 그저 공허한 말일 뿐입니다.

만약 여러분이 내가 언제 침묵을 깰 것인지 묻는다면, 나는 시작 없는 태초에 말한 오직 실재하는 말을 전하고 싶을 때라고 말할 것입니다. 그 말만이 말할 가치가 있기 때문입니다. 그 말을 전하기 위해 나의 외적인 침묵을 깨뜨릴 때가 매우 가까워졌습니다.

Meher Baba's Call

Age after age, when the wick of Righteousness burns low, the Avatar comes yet once again to rekindle the torch of Love and Truth. Age after age, amidst the clamour of disruptions, wars, fear and chaos, rings the Avatar's call: "Come all unto me."

Although, because of the veil of illusion, this Call of the Ancient One may appear as a voice in the wilderness, its echo and re-echo nevertheless pervades through time and space, to rouse at first a few, and eventually millions, from their deep slumber of ignorance. And in the midst of illusion, as the Voice behind all voices, it awakens humanity to bear witness to the manifestation of God amidst mankind.

The time is come. I repeat the Call, and bid all come unto me. This time-honored Call of mine thrills the hearts of those who have patiently endured all in their love for God, loving God only for love of God. There are those who fear and shudder at its reverberations, and would flee or resist. And there are yet others who, baffled, fail to understand why the Highest of the High, who is all-sufficient, need necessarily give this Call to humanity.

메허 바바의 부름

시대를 거듭할수록, 정의의 심지에 불꽃이 줄어들면, 아바타는 다시 한 번 사랑과 진실의 성화를 되살리기 위해 돌아옵니다. 거듭되는 시대마다, 분열과 전쟁, 공포와 혼돈의 소란 속에서, 아바타의 부름이 울려옵니다; "모두 나에게 오세요."

비록, 환상의 베일 때문에 '에인션트 원[옛적부터 있었던 존재]'의 이 부름은 광야에서 들려오는 소리처럼 보일 수도 있지만, 그럼에도 불구하고 그 울림과 메아리는 시간과 공간을 통해 구석구석 스며들고, 처음에는 몇 명을, 그리고 나중에는 수백만 명을 그들 무지의 깊은 잠에서 깨웁니다. 그리고 환상의 한가운데에서, 모든 소리의 이면에 있는 음성처럼, 그것은 인류를 깨워, 인류 가운데서 하나님의 발현을 목격할 수 있게 합니다.

때가 왔습니다. 나는 부름을 반복하고, 모든 사람이 나에게 오라고 말합니다. 이 영광스러운 시간에 나의 부름은, 하나님을 위한 그들의 사랑 안에서, 오직 하나님의 사랑만을 위해 하나님을 사랑하며 모든 것을 끈기 있게 견뎌온 이들의 가슴을 울립니다. 이 반향을 두려워하고 전율하며 도망치거나 저항하는 사람들이 있습니다. 그리고 모든 것을 충족시키는 높은 이들 중 가장 높은 존재가 왜 인류에게 부득이 이 부름을 전해야 하는지 이해하지 못하고, 아직 혼란스러운 이들도 있습니다.

Irrespective of doubts and convictions, and for the Infinite Love I bear for one and all, I continue to come as the Avatar, to be judged time and again by humanity in its ignorance, in order to help man distinguish the Real from the false. Invariably muffled in the cloak of the infinitely true humility of the Ancient One, the Divine Call is at first little heeded, until, in its Infinite strength it spreads in volume to reverberate and keep on reverberating in countless hearts as the Voice of Reality.

Strength begets humility, whereas modesty bespeaks weakness. Only he who is truly great can be really humble. When, in the firm knowledge of it, a man admits his true greatness, it is in itself an expression of humility. He accepts his greatness as most natural and is expressing merely what he is, just as a man would not hesitate to admit to himself and others the fact of his being man.

For a truly great man, who knows himself to be truly great, to deny his greatness would be to belittle what he indubitably is. For whereas modesty is the basis of guise, true greatness is free from camouflage. On the other hand, when a man expresses a greatness he knows or feels he does not possess, he is the greatest hypocrite.

Honest is the man who is not great, and, knowing and feeling this, firmly and frankly states that he is not great. There are more than a few who are not great, yet assume a humility in the genuine belief of their own worth. Through words and actions they express repeatedly their humbleness, professing to be servants of humanity. True humility is not acquired by merely donning a garb of humility. True humility spontaneously and continually emanates from the strength of the truly great. Voicing one's humbleness does not make one humble. For all that a parrot may utter, "I am a man," it does not make it so.

의심과 확신에 개의치 않고, 무한한 사랑을 위해 나는 각자와 모두를 위해 책임을 집니다. 사람들이 실재함과 거짓됨을 제대로 구별하도록 돕기 위해서 나는 계속해서 아바타로 돌아와, 무지 속에 있는 인류에 의해 또다시 비판받을 것입니다. '에인션트 원'의 무한히 진실된 겸허함의 미명 속에 항상 가려져 있는 신성한 부름은 처음에는 소수만이 주의를 기울이지만, 그것의 무한한 힘을 발휘할 때까지, 그 무한한 힘으로 볼륨이 퍼져 반향을 일으키고, 그 실재함의 목소리로 수많은 가슴속에 계속해서 울려 퍼져 나갑니다.

강인함은 겸허함을 가져오는 반면, 겸손함은 나약함을 시사합니다. 진정으로 위대한 사람만이 실제로 겸허할 수 있습니다. 그것에 대한 확고한 이해 속에서, 사람이 자신의 진정한 위대함을 인정할 때, 그것은 그 자체로 겸허함의 표현입니다. 그분은 자신의 위대함을 가장 자연스러운 것으로 받아들이고, 그 자신이 하나의 인간이고 다른 사람들도 그의 존재가 보통 사람이라는 사실을 주저하지 않고 바로 인정하는 것처럼, 단지 있는 그대로의 자신임을 표현할 뿐입니다.

진정으로 위대한 사람이, 자신이 정말로 위대하다는 것을 알면서도, 스스로의 위대함을 부인하는 것은 의심할 여지 없이 자신의 존재를 경시하는 것밖에 되지 않습니다. 겸손은 허세의 기반인 반면, 진정한 위대함은 어떠한 위장(僞裝)이 필요 없기 때문입니다. 반면에, 자신이 위대하지 않음을 느끼고 알면서도 위대한 척을 할 때, 그는 가장 위대한 위선자입니다.

정직한 사람은 위대하지 않아도 이것을 알고 느끼기에, 자신이 위대하지 않다는 것을 단호하고 솔직하게 말하는 사람입니다. 그렇지만 위대하지 않으면서도, 그들 자신의 가치에 대한 진정한 믿음 속에 겸허함을 가장하는 사람이 한두 명이 아닐 정도로 많습니다. 그들은 자신이 인류의 종임을 자처하면서, 말과 행동을 통해 그들의 겸손을 반복해서 표현합니다. 진정한 겸허함은 단지 겸허함의 옷을 걸쳤다고 얻어지는 것이 아닙니다. 진정한 겸허함은 참으로 위대하신 분의 힘에서 저절로 그리고 지속해서 나오는 것입니다.

Better the absence of greatness than the establishing of a false greatness by assumed humility. Not only do these efforts at humility on man's part not express strength, they are, on the contrary, expressions of modesty born of weakness, which springs from a lack of knowledge of the truth of Reality.

Beware of modesty. Modesty, under the cloak of humility, invariably leads one into the clutches of self-deception. Modesty breeds egoism and man eventually succumbs to pride through assumed humility.

The greatest greatness and the greatest humility go hand in hand naturally and without effort. When the Greatest of all says, "I am the Greatest," it is but a spontaneous expression of an infallible Truth. The strength of His greatness lies, not in raising the dead, but in His great humiliation when He allows Himself to be ridiculed, persecuted and crucified at the hands of those who are weak in flesh and spirit.

Throughout the ages, humanity has failed to fathom the true depth of the humility underlying the greatness of the Avatar, gauging his divinity by its acquired limited religious standards. Even real saints and sages, who have some knowledge of the Truth, have failed to understand the Avatar's greatness when faced with his real humility.

Age after age history repeats itself when men and women, in their ignorance, limitations and pride, sit in judgement over the God-incarnated man who declares his Godhood, and condemn him for uttering the Truths they cannot understand. He is indifferent to abuse and persecution for, in His true compassion He understands, in His continual experience of Reality He knows, and in His infinite mercy He forgives.

겸손하게 말한다고 해서 겸허해지는 것이 아닙니다. 앵무새가 "나는 사람이다"라고 말할 수 있다고 해서 사람이 되는 것은 아닙니다. 가장된 겸허함으로써 거짓된 위대함을 내세우는 것보다 차라리 위대함이 없는 것이 더 낫습니다. 이러한 겸허함의 노력들은 사람들의 부분적인 강인함을 표현하는 것이 아닙니다. 반대로 그것들은 실재함의 진실에 대한 지식의 결핍으로부터 나온 나약함에서 비롯된 겸손의 표현일 뿐입니다.

겸손을 주의하세요. 겸손은 겸허함의 미명 아래 언제나 자기-기만의 손아귀로 사람을 이끕니다. 겸손은 이기주의를 낳고, 인간은 결국 가장된 겸허함을 통해 교만에 굴복하게 됩니다.

가장 위대한 위대함과 가장 위대한 겸허함은 노력하지 않아도 자연스럽게 어우러집니다. 가장 위대한 이가 "내가 가장 위대하다."라고 발언할 때, 그것은 절대적인 진리를 자연스럽게 표현하신 것입니다. 그분의 위대함의 힘은 죽은 자를 살리는 데 있는 것이 아니라, 육체적이고 영적인 것에 약한 자들의 손에 조롱당하도록 내버려 두며, 박해를 받고, 십자가에 못 박히도록 허용하는 그분의 엄청난 굴욕 속에 있는 것입니다.

시대를 통틀어 인류는 아바타의 위대함에 바탕을 둔 그 겸허함의 진정한 깊이를 헤아리지 못했습니다. 그들이 습득한 한정된 종교적 기준으로 아바타의 신성神性을 측정하려 합니다. 심지어 진리에 대해 어느 정도 알고 있는 진정한 성자와 현자들조차도 그의 진정한 겸허함에 직면했을 때 아바타의 위대함을 이해하지 못했습니다.

시대를 거듭할수록, 역사는 또다시 반복되어 그 자신이 남자건 여자건, 그들의 한계와 자만심의 무지 속에서, 그분[하나빔]의 신성神性을 선언하는 하나님-화신(God-incarnated)의 강림을 비판하며, 그들이 이해할 수 없는 진리를 말한 것에 대해 그[아바타]를 규탄합니다. 그는 진정한 연민으로 이해하고, 실재에 대한 지속적인 경험으로 알고 있고, 무한한 자비로 용서하기 때문에 학대와 박해에 무관심합니다.

God is all. God knows all, and God does all. When the Avatar proclaims he is the Ancient One, it is God who proclaims His manifestation on earth. When man utters for or against the Avatarhood it is God who speaks through him. It is God alone who declares Himself through the Avatar and mankind.

I tell you all with my Divine authority, that you and I are not "we," but "one." You unconsciously feel my Avatarhood within you; I consciously feel in you what each of you feel. Thus everyone of us is Avatar, in the sense that everyone and everything is everyone and everything, at the same time, and for all time.

There is nothing but God. He is the only Reality, and we all are one in the indivisible Oneness of this absolute Reality. When the One who has realized God says, "I am God. You are God, and we are all one," and also awakens this feeling of Oneness in His illusion-bound selves, then the question of the lowly and the great, the poor and the rich, the humble and the modest, the good and the bad, simply vanishes. It is his false awareness of duality that misleads man into making illusory distinctions and filing them into separate categories.

I repeat and emphasize that in my continual and eternal experience of Reality, no difference exists between the worldly rich and the poor. But, if ever such a question of difference between opulence and poverty were to exist for me, I would deem him really poor who, possessing worldly riches, possesses not the wealth of Love for God. And I would know him truly rich who, owning nothing, possesses the priceless treasure of his Love for God. His is the poverty that kings could envy, and that makes even the King of kings his slave.

하나님은 모든 것입니다. 하나님은 모든 것을 알고, 모든 것을 행합니다. 아바타가 자신이 '에인션트 원'이라고 선언할 때, 지상에서 자신의 현시를 선언하는 분은 하나님입니다. 사람들이 아바타의 신성에 대해 찬양하거나 반대할 때, 그들을 통해 말하는 분은 하나님입니다. 아바타와 인류를 통해 그분 자신을 선언하는 분은 오직 하나님뿐입니다.

나는 나의 신성한 권위로, 여러분과 내가 "우리(WE)"가 아니라 "하나(ONE)"라는 사실을 여러분 모두에게 말합니다. 여러분은 무의식적으로 여러분 안에서 나의 아바타적 신성을 느끼고, 나는 여러분 각자가 느끼는 것을 의식적으로 여러분 안에서 느낍니다. 따라서 동시에 그리고 영원히, '모든 사람과 모든 것'은 결국 '모든 사람과 모든 것'이라는 의미에서, 우리 모두는 아바타[하나님의 화신]입니다.

하나님 외에는 그 무엇도 존재하지 않습니다. 그분이 유일한 실재이며, 우리는 모두 이 절대적인 실재의 나눌 수 없는 일원성(Oneness) 안에서 하나(One)입니다. 하나님을 깨달은 이가, "나는 하나님입니다. 여러분은 하나님이고, 우리는 모두 하나입니다."라고 말하면서 환상에 사로잡힌 자아들 안에서 이러한 일원성의 느낌을 일깨울 때, 비천한 자와 위대한 자, 가난한 자와 부유한 자, 겸허한 자와 겸손한 자, 선(善)한 자와 악(惡)한 자의 문제는 간단히 사라집니다. 이원성에 대한 그의 잘못된 인식은 환상에 불과한 구별을 하게끔 사람들을 호도하고 그들을 분리된 범주로 나누게 합니다.

다시 한번 반복하여 강조합니다. 나의 이 지속적이고 영원한 실재의 체험 속에서, 세상의 부자와 가난한 자 사이에는 차이가 존재하지 않습니다. 그러나 만약 나에게 부유함과 가난함의 차이에 대한 질문이 존재한다면, 나는 세상의 부(富)를 소유하고 있지만 하나님에 대한 사랑의 부(富)를 소유하지 않은 그를 진정으로 가난한 사람으로 여길 것입니다. 그리고 아무것도 소유하지 않으면서도, 그의 하나님에 대한 사랑의 귀(貴)한 보물을 지닌 그를 진정한 부유한 사람으로 여길 것입니다. 그의 가난은 왕들도 부러워할 만한 가난이며, 그것은 왕 중의 왕조차도 그의 노예가 되게 합니다.

Know therefore, that in the eyes of God, the only difference between the rich and the poor is not of wealth and poverty, but in the degrees of intensity and sincerity in the longing for God.

Love for God alone can annihilate the falsity of the limited ego, the basis of life ephemeral. It alone can make one realize the Reality of one's Unlimited Ego, the basis of Eternal Existence. The divine Ego, as the basis of Eternal Existence, continually expresses Itself; but, shrouded in the veil of ignorance, man misconstrues his Indivisible Ego and experiences and expresses it as the limited, separate ego.

Pay heed when I say with my Divine Authority, that the Oneness of Reality is so uncompromisingly Unlimited and All-pervading that not only "We are one," but even this collective term of "we" has no place in the Infinite Indivisible Oneness.

Awaken from your ignorance, and try at least to understand that in the uncompromisingly Indivisible Oneness, not only is the Avatar God, but also the ant and the sparrow, just as one and all of you are nothing but God. The only apparent difference is in the states of consciousness. The Avatar knows that that which is a sparrow is not a sparrow, whereas the sparrow does not realize this, and, being ignorant of its ignorance, identifies itself as a sparrow.

Live not in ignorance. Do not waste your precious life span in differentiating and judging your fellowmen, but learn to long for the love of God. Even in the midst of your worldly activities, live only to find and realize your true Identity with your Beloved God.

Be pure and simple, and love all because all are one.
Live a sincere life; be natural, and be honest with yourself.

그러므로, 하나님의 눈으로 볼 때 부자와 가난한 자의 유일한 차이는 부유함과 가난함 사이의 차이가 아니라, 하나님을 향한 갈망의 강렬함과 진실함의 정도에 있음을 알아야 합니다.

하나님에 대한 사랑만이 삶의 덧없는 기반인, 제한된 자아의 거짓됨을 소멸시킬 수 있습니다. 그것만으로도 영원한 존재의 근간인, 자신의 무한한 에고(Unlimited Ego)의 실재함을 깨닫게 해줄 수 있습니다. 영원한 존재의 근간인 이 신성적 에고(divine Ego)는 지속해서 그 자신을 표현합니다; 그러나 인간은 무지의 베일에 싸여 자신의 이 불가분의 에고를 착각하여, 제한적이고 분리된 자아처럼 체험하고 표현합니다.

나의 신성한 권위로 실재의 일원성[단일성]은 타협할 수 없을 정도로 너무나 무한하고 모든 것에 스며들어 있어서 "우리는 하나이다."뿐만 아니라 "우리"라는 이 집합적 용어조차도 무한하고 나눌 수 없는 일원성[단일성] 안에서 설 자리가 없다고 말할 때, 이것에 주목하세요.

여러분의 무지에서 깨어나 적어도 타협할 수 없는 불가분의 일원성 안에서, 아바타 하나님뿐만 아니라 개미와 참새도 여러분 한 사람 한 사람 모두와 마찬가지로 하나님일 뿐이라는 사실을 이해하려고 노력하세요. 유일하고 명백한 차이점은 의식의 상태에 있습니다. 아바타는 참새가 실제로는 참새가 아니라는 것을 알고 있는 반면, 참새는 이 사실을 깨닫지 못합니다. 그리고 자신의 무지를 모른 채 참새로 있는 것입니다.

무지 속에서 살지 마세요. 여러분의 귀중한 삶을 동료들을 분별하고 판단하는 데 낭비하지 말고, 하나님의 사랑을 갈망하는 법을 배우세요. 심지어 세속적인 활동 중에도, 오직 여러분의 비러벳인 하나님과의 진정한 정체성을 찾고 깨닫기 위해 살아가세요.

순수하고 단순해지세요. 그리고 모두가 하나이기에 모두를 사랑하세요. 참다운 삶을 사세요; 자연스러워지고, 여러분 자신에게 정직하세요.

Honesty will guard you against false modesty and will give you the strength of true humility. Spare no pains to help others. Seek no other reward than the gift of Divine Love. Yearn for this gift sincerely and intensely, and I promise in the name of my Divine Honesty, that I will give you much more than you yearn for.

Unity in the midst of diversity can be made to be felt only by touching the very core of the heart. That is the work for which I have come.

I have come to sow the seed of love in your hearts so that, in spite of all superficial diversity which your life in illusion must experience and endure, the feeling of oneness, through love, is brought about amongst all the nations, creeds, sects and castes of the world.

I give you all my blessing that the spark of my Divine Love may implant in your hearts the deep longing for Love of God.

-Message of September 12, 1954, Lord Meher Online, pp.3352-3354

정직은 거짓된 겸손으로부터 여러분을 지켜줄 것이고, 여러분에게 진정한 겸허함의 힘을 줄 것입니다. 타인을 돕기 위해 마지막 고통도 감내하세요. 신성한 사랑의 선물 말고는 다른 보상을 구하지 마세요. 이 신성한 사랑의 선물을 진심으로 간절하게 갈망하세요. 그러면 나는 신성한 정직의 이름으로 약속합니다. 여러분이 갈망하는 것보다 훨씬 더 많은 것을 여러분에게 줄 것입니다.

다양성의 한복판에서 일체감은 오직 가슴의 바로 그 정곡을 찔러야 느낄 수 있습니다. 그것이 내가 온 목적입니다.

나는 여러분의 가슴에 사랑의 씨앗을 심기 위해 왔습니다. 그로 인해 환상 속에서 여러분의 삶이 반드시 체험하고 견뎌야만 하는 모든 표면적인 다양성에도 불구하고, 사랑을 통해 이 세상의 모든 국가, 교리, 종파, 그리고 사회적 계급들 사이에서 일체감을 가져올 것입니다.

나의 신성한 사랑의 불꽃이 하나님의 사랑에 대한 깊은 갈망을 여러분의 가슴속에 심을 수 있도록 여러분 모두에게 나의 축복을 드립니다.

-1954년 9월 12일 메시지, 로드 메허 온라인 3352-3354페이지

I Am the Son of God the Father and God the Mother in One

God is One. He is both father and mother in One. He is in everyone and in everything; but God is beyond this too. I will tell you about God in the Beyond state. In the Beyond state God is both God the father and God the mother simultaneously.

Now we will discuss the worldly father and mother. Suppose a couple has seven sons. It is natural for the father to love those sons who are useful to him, who are healthy, intelligent, brilliant - obviously, the father will remain pleased with such sons.

Now the six sons of this worldly father are healthy, strong, intelligent and good in all respects; the seventh son is a disabled weakling, innocent, simple and guileless (Bhola).

The father has no love for this seventh son and loves only his six sons. But the mother loves her seventh son the most; more so, because he is weak, sick, disabled, simple and guileless.

나는 하나이신 아버지 하나님과 어머니 하나님의 아들

하나님은 하나이십니다. 그분은 한 분이신 아버지이자 어머니입니다. 그분은 모든 사람과 모든 것 안에 계십니다; 그러나 하나님은 이것 또한 초월해 계십니다. 초월 상태에 계신 하나님에 대해 말씀드리겠습니다. 초월 상태에서 하나님은 동시에 아버지 하나님이자 어머니 하나님입니다.

이제 우리는 세상적인 아버지와 어머니에 대해 이야기할 것입니다. 어떤 부부에게 일곱 아들이 있다고 가정해 봅시다. 아버지가 자신에게 유용하고, 건강하고, 지적이며, 총명한 아들을 사랑하는 것은 자연스러운 일입니다. 분명히 아버지는 그러한 아들을 계속해서 기뻐할 것입니다.

이제 이 세상적인 아버지의 여섯 아들은 건강하고, 강하고, 총명하고, 모든 면에서 선량합니다. 일곱째 아들은 장애가 있는 나약하고 순진하며 단순하고 순박합니다(브홀라).

아버지는 이 일곱째 아들을 사랑하지 않고 여섯 아들만 사랑합니다. 그러나 어머니는 일곱째 아들을 가장 사랑합니다. 왜냐하면 그는 약하고 병들고 장애가 있고 단순하며 순수하기 때문입니다.

God is both the father and the mother in One. The Avatars are Sons of the Father in the Beyond state. All past Avataric periods witnessed the presence of the Avatar as the healthy, bright, wise Son of God. All this means that the Avatar always remained the Beloved Son of the Father.

Note that the Avatar always takes a male form and mingles with mankind as a man.

Hitherto, God in the Beyond state did not have occasion to play the part of God the mother. In this Avataric period, God the Father is very pleased with me at my being infinitely bright, wise, efficient and perfect in all respects (Ustad or "shrewd") as my Father wants me to be; and I am the beloved Son of my Father. At the same time, in this form I am physically disabled. In America, in 1952, I was injured on the left side of my physical frame from leg to face. In India, in 1956, I injured my right side from the head down to the leg. Besides being physically disabled I am also infinitely simple and guileness (Bhola). Thus, I am also the wellbeloved Son of my God the Mother. So, in this Incarnation of the Avatar, God has the occasion, as it were, to play the part of both father and mother.

I give you my love, and this love will help you find the Truth.

—Meher Baba

하나님은 하나이신 아버지이자 어머니입니다. 아바타는 초월 상태에 있는 아버지의 아들입니다. 과거의 모든 아바타 시대는 아바타가 건강하고 밝고 현명한 하나님의 아들로 존재하는 것을 목격했습니다. 이 모든 것은 아바타가 항상 아버지의 사랑하는 아들로 남아 있었다는 것을 의미합니다.

아바타는 항상 남성의 형태를 취하고 사람으로서 인류와 어울린다는 것을 주목하세요.

지금까지 초월 상태의 하나님은 어머니 하나님의 역할을 할 기회가 없었습니다. 이 아바타 시대에 아버지 하나님은 내가 아버지께서 바라시는 것처럼 모든 면(우스타드 또는 "통찰력이 있는")에서 무한히 밝고, 지혜롭고, 능률적이며, 완전한 존재라는 것을 매우 기뻐하십니다; 그리고 나는 아버지의 사랑받는 아들입니다. 동시에, 이 형태로 나는 신체적으로 장애가 있습니다. 1952년 미국에서 나는 다리부터 얼굴까지 신체 왼쪽에 부상을 입었습니다. 1956년 인도에서는 머리부터 다리까지 오른쪽 부분을 다쳤습니다. 신체적으로 장애가 있는 것 외에도 나는 또한 한없이 단순하고 순수합니다(브홀라). 따라서, 나는 또한 어머니 하나님의 사랑받는 아들이기도 합니다. 그래서 이 아바타의 화신에서, 하나님은 말하자면, 아버지와 어머니의 역할을 모두 수행할 수 있는 기회를 갖게 되었습니다.

나는 여러분에게 내 사랑을 주며, 이 사랑은 여러분이 진리를 찾는 데 도움이 될 것입니다.

－메허 바바

There is Only ONE

In the Beyond-State of God, sex does not exist. There, only the One, Indivisible Existence prevails. It is in the realm of the illusory phenomenon called the universe, that sex asserts itself.

Babajan, the Perfect Master, who in less than an instant, made me experience my Ancient Infinite State, had the Muslim form of a woman. Upasni Maharaj, who brought me down to normal consciousness, had the Hindu-form of a man. As a young and beautiful girl, Babajan, who was of a noble and rich family, renounced the world just before she was going to be married, because of her great love for God and the urge to be One with God.

It was at Poona, with one kiss on my forehead, that Babajan made me know that I am the Ancient One. She was then about an hundred years old, sitting under a tree like a true Faquir.

Everyone of you, man or woman, of any caste, creed, or colour, has an equal right to attain Divinity. It has been possible for man to become God through love of God. External renunciation is not at all necessary. Each and all, man or woman, whilst attending to all duties in the everyday walk of life, can attain to Divine Fatherhood and Universal Motherhood through honest love for God.

오직 하나만이 존재

하나님의 초월 상태에서는 성(性)이 존재하지 않습니다. 거기에는 오직 하나, 불가분의 존재만이 지배합니다. 성(性)은 스스로 주장하는 우주라는 환상적 현상의 영역 안에 있습니다.

순식간에 나에게 고대의 무한 상태를 경험하게 해준 완전한 스승 바바잔은 이슬람교도 여성의 모습을 하고 있었습니다. 나를 정상적인 의식으로 끌어내린 우파스니 마하라지는 힌두교도 남자의 모습을 하고 있었습니다. 젊고 아름다운 소녀로서 고귀하고 부유한 가문이였던 바바잔은 결혼하기 직전에 세상과의 인연을 끊었습니다. 이는 신에 대한 그녀의 큰 사랑과 신과 하나가 되고자 하는 열망 때문이었습니다.

푸나에서 바바잔이 나의 이마에 키스 한 번으로 내가 고대의 존재라는 것을 알게 해준 것은 바로 그때였습니다. 그때 그녀는 백 살쯤 되었는데, 진정한 파키르[Fakir: 이슬람교의 고행자(苦行者)]처럼 나무 아래에 앉아 있었습니다.

남자든 여자든, 계급, 신조, 피부색에 관계없이 여러분 모두는 신성을 성취할 동등한 권리를 가지고 있습니다. 사람은 하나님에 대한 사랑을 통해 하나님이 될 수 있습니다. 외적인 포기는 전혀 필요하지 않습니다. 각자 그리고 모두는 남성이든 여성이든, 일상생활에서 삶의 모든 의무를 다하는 동안 하나님에 대한 정직한 사랑을 통해 신성한 부성(父性)과 보편적 모성(母性)에 도달할 수 있습니다.

To express your love for God, you must live a life of love, honesty and self-sacrifice. Merely to chant the Arti*, to perform Puja*, to offer flowers, fruits and sweets and to bow down, can never mean that you love God as He ought to be loved. Similarly, merely giving darshan to masses, having crowds flocking around, delivering messages to multitudes, and performing so-called miracles may be conventionally accepted attributes of a Divine Personage in your midst, but I say with Divine Honesty that all this is not necessarily a sign of true Divinity.

God is not to be lured, but is to be loved. God is not to be preached, but is to be lived. Only those who live the life of love, honesty and self-sacrifice, can know me as the Ancient One.

I can say with Divine Authority that I experience eternally, consciously and continually, being One with you all, and One in you all. Any worship or obedience to any deity - animate or inanimate - to any saint, master, advanced soul, or yogi, eventually comes to me. By offering pure unadulterated love to anyone and to anything you will be loving me, as I am in every one and in everything, and also beyond everything. I want you all to know that whatever you do, good or bad, the one thing not forgiven by God is to pose as that which you really are not.

With Divine Authority I repeat that we are all One. Being rich or poor, literate or illiterate, or high caste or low caste, need not interfere with your loving God - the Supreme Beloved. I give you all my blessings for the understanding that loving God, in any form, in any way, will make you eternally FREE.

---

* Hindu prayer ceremonies

하나님에 대한 사랑을 표현하려면 사랑, 정직, 자기희생의 삶을 살아야 합니다. 단순히 아르티[찬양가]*를 외우고, 푸자[만트라 기도]*를 부르짖고, 꽃과 과일, 감미로운 것을 바치고, 절을 하는 것만으로는 결코 그분을 사랑해야 할 만큼 하나님을 사랑한다고 말할 수 없습니다. 마찬가지로, 단순히 대중에게 다르샨을 주고, 군중이 몰려들게 하고, 많은 사람에게 메시지를 전하고, 소위 기적을 행하는 것은 여러분 가운데서 일반적으로 받아들여지는 신성한 인격체의 속성일지 모르지만, 이 모든 것이 반드시 진정한 신성의 표시가 아니라는 것을 신성한 정직함으로 말씀드립니다.

하나님은 유혹으로 꾀어내는 분이 아니라 사랑받아야 하는 분입니다. 하나님은 설교로 전도되는 것이 아니라 생명으로 살아 있는 분입니다. 사랑과 정직, 그리고 희생의 삶을 사는 사람들만이 나를 고대의 존재로 알 수 있습니다.

나는 신성한 권위로 내가 여러분 모두와 하나이고 여러분 모두 안에서 하나라는 것을 영원히, 의식적으로 그리고 지속해서 경험하여 안다고 말할 수 있습니다. 생물이든 무생물이든, 모든 성인, 스승, 진보된 영혼, 수행자에 대한 숭배나 순종은 결국 나에게 다가옵니다. 모든 사람과 모든 것, 그리고 모든 것 너머에 있는 나처럼 여러분도 모든 사람과 모든 것에 순수한 사랑을 바침으로써 나를 사랑하게 될 것입니다. 나는 여러분이 무엇을 하든, 좋든 나쁘든 하나님께 용서받지 못하는 한 가지는 진정으로 자신이 아닌 것처럼 가장하는 것임을 알기를 바랍니다.

신성한 권위를 가지고 나는 우리 모두는 하나임을 반복합니다. 부유하거나 가난하거나, 글을 읽었든 못 읽었든, 높은 계급이든 낮은 계급이든, 그것이 지고의 비러벳인 하나님을 사랑하는데 방해가 될 필요는 없습니다. 어떤 형태로든 어떤 방식으로든 하나님을 사랑하는 것이 여러분을 영원히 자유롭게 할 것이라는 것을 이해하도록 나의 모든 축복을 드립니다.

---

* 힌두교의 기도 의식

The Circles of the Avatar

Absolute oneness prevails in Reality. Space and time are but illusory. They are merely the effect of the reflection of God's Infinitude. When man realizes Reality, the reflection which has estranged him from Reality, vanishes, and he experiences the absoluteness of the Absolute Oneness of God. And, when such a man continues to live his life in illusion, he leads the life of the Man-God or Perfect Master on earth. With his abiding experience of the Absolute Reality, he serves as the pivot point around which rotates the entire cosmic universe. Every point in the cosmos is equidistant from the Perfect Master, who abides in illusion as the nucleus of the cosmos.

Although the Perfect Master remains in illusion as the center of the cosmic periphery, and radiates his influence uniformly over the entire universe, in his lifetime he gathers round him twelve men to directly have their center of interest in his individuality. These men, through their constant and close association with him in the past, right from the evolutionary stages of consciousness, reap the greatest benefit now when their past close associate has become a Perfect Master.

아바타의 서클

The AVATAR'S CIRCLES

(원형 다이어그램: 12 MEN / 8 MEN AND 4 MEN / 8 MEN AND 4 WOMEN / 6 MEN AND 8 WOMEN / 10 MEN AND 6 WOMEN / AND 4 WOMEN / AND 2 WOMEN / 2 WOMEN)

    실재에서는 절대적인 하나됨[일체성]이 우세합니다. 공간과 시간은 환상에 불과합니다. 그것들은 단지 하나님의 무한성이 반영된 결과일 뿐입니다. 사람이 실재를 깨달을 때, 실재로부터 그를 멀어지게 했던 반영은 사라지고, 그는 하나님의 절대적 하나됨의 절대성을 경험합니다. 그리고 그러한 사람이 계속해서 환상 속에서 삶을 살 때, 그는 지상에서 맨-갓(Man-God) 또는 완전한 스승(Perfect Master)의 삶을 살아갑니다. 절대적 실재에 대한 지속적인 경험을 통해 그는 전체 우주를 회전시키는 구심점 역할을 합니다. 우주의 모든 지점은 우주의 핵[중심 부분]으로서 환상 속에 머무는 완전한 스승으로부터 같은 거리에 있습니다.

    비록 완전한 스승이 우주 주변부의 중심으로서 환상 속에 남아 전체 우주에 걸쳐 균일하게 그의 영향력을 발산하고 있지만, 그의 생애 동안 그는 자신의 개성에 관심의 중심을 직접적으로 두기 위해 그의 주위에 12명의 남성을 모았습니다. 이 사람들은 과거 의식의 진화 단계에서부터 그와 지속적이고 긴밀한 관계를 맺어 왔으며, 과거의 가까운 동료가 완전한 스승이 된 지금 가장 큰 혜택을 누리고 있습니다.

Such a group of 12 men is called the "Circle" of a Perfect Master. However, besides this group of twelve men, there is an appendage of two women to complete the Circle of a Perfect Master in all its aspects. These two women also owe their position in regard to the Circle, to their past connection with the Perfect Master.

One or more of these fourteen close ones associated with the Perfect Master realizes the God-state during or after the lifetime of the Perfect Master; and in some instances, after one or a few more reincarnations.

However, the Perfect Master fulfills his obligations by establishing his Circle during his lifetime, and the greatest good he bestows is God-realization with all its Perfection to at least one from among his circle of twelve men.

In the case of the Avatar it is different. He has ten Circles in all, as shown in the accompanying diagram. The first or Inner Circle of the Avatar consists of twelve men with an appendage of two women; and each of the following nine Outer Circles consists of twelve persons, both men and women. In all there are 120 persons in the ten circles of the Avatar, plus the two women of the Inner Circle who are but the appendage to that particular Circle (122 in all).

Either one or more of the 108 members of the nine Outer Circles realize the God-state during or after the life-span of the Avatar; and some in the next incarnation or after a few more reincarnations.

As in the case of the Perfect Master's Circle, the Inner Circle of the Avatar consists of only twelve men, with an appendage of two women.

이러한 12명의 남성 그룹을 완전한 스승(Perfect Master)의 "서클"이라고 합니다. 그러나 이 12명의 남성 그룹 외에도 모든 면에서 완전한 스승의 서클을 완성하기 위해 두 명의 여성이 부수적으로 존재합니다. 이 두 여성은 또한 완전한 스승과의 과거 인연으로 인해 서클과 관련하여 자신의 위치를 차지하게 되었습니다.

완전한 스승과 관련된 이 14명의 가까운 이들 중 한 명 또는 그 이상이 완전한 스승의 생애 동안 또는 그 이후에 하나님의 상태를 깨닫습니다; 그리고 어떤 경우에는, 한 번 또는 몇 번 더 환생한 후에 하나님의 상태를 깨닫습니다.

그러나 완전한 스승은 그의 생애 동안 자신의 서클을 설립함으로써 자신의 의무를 이행하며, 그가 부여하는 가장 위대한 선善은 그의 서클의 12명의 남성 중 적어도 한 명에게 모든 완전성을 베푸는 신성실현神性實現입니다.

아바타의 경우는 다릅니다. 첨부된 도표에서와 같이 그는 모두 10개의 서클을 가지고 있습니다. 아바타의 첫 번째 또는 내부 서클은 두 명의 여성과 함께 12명의 남성으로 구성되며, 다음 9개의 외부 서클은 각각 남성과 여성 모두 12명으로 구성됩니다. 아바타의 10개 서클에는 총 120명의 사람이 있고, 내부 서클에는 그 특정 서클의 부속인 두 명의 여성(총 122명)이 있습니다.

아홉 개의 외부 서클의 108명의 구성원 중 한 명 또는 그 이상이 아바타의 수명 동안 또는 그 이후에 하나님-상태를 실현하고; 일부는 다음 화신 또는 몇 번의 환생 후에 실현합니다.

완전한 스승의 서클의 경우와 마찬가지로, 아바타의 내부 서클은 두 명의 여성과 함께 12명의 남성으로 구성되어 있습니다.

The difference between the Circle of the Perfect Master and the Inner Circle of the Avatar is that the Perfect Master establishes his Circle from amongst those who were closely connected with him right from the evolutionary stages of their consciousness; but the Avatar who, in his recurrent advents, neither passes through the process of evolution, reincarnation, nor involution, does not therefore have the same links of association to establish anew his Inner Circle with every advent.

In short, whereas the Perfect Master establishes his Circle, the Avatar is directly allied with his Inner Circle, which is always the same in all his advents. With his descent on earth, the Avatar, as it were, brings along with him the association of his Inner Circle.

The connection of the Inner Circle in relation to the Avatar may be compared to that of a man who directly associates himself with the fourteen parts of his own body; two eyes, two ears, two nostrils, one mouth, two hands, two legs and the trunk of the body itself; plus the external genitals and anus that act as the appendage to the body as a whole. As soon as man is born, he directly makes use of these fourteen parts of his body, and these parts in turn respond to his dictates individually or collectively.

Similarly, with the advent of the Avatar on earth, His Inner Circle of the same twelve individualities and the appendage of the same two individualities directly begin to function, individually and collectively, according to the dictates of the Avatar himself.

With every advent of the Avatar on earth, the 12 men of the Inner Circle and its appendage of two women, gather round the personality of the Avatar, as the self-same 14 types of individualities. These fourteen different individualities, in the shape of different personalities, always occupy their respective offices, whenever the Avatar manifests on earth; and during and after the life-span of the Avatar, they individually and collectively function in the same way as their predecessors, who had held, and functioned in, the same offices of the Inner Circle during the past advents of the Avatar.

완전한 스승의 서클과 아바타의 내부 서클의 차이점은 완전한 스승은 의식의 진화 단계에서 바로 그와 밀접하게 연결된 사람들 중에서 자신의 서클을 설정한다는 것입니다; 그러나 반복되는 강림에서 진화와 환생이나 내적진화의 과정을 거치지 않는 아바타는 강림할 때마다 새로운 내부 서클을 구축하기 위한 동일한 연결 고리를 갖지 않습니다.

요컨대, 완전한 스승이 자신의 서클을 구축하는 반면, 아바타는 자신의 모든 강림에서 항상 동일한 내부 서클과 직접적으로 연합합니다. 지상에 내려오면서 아바타는 말하자면 그의 내부 서클과의 연합을 가져옵니다.

아바타와 관련된 내부 서클의 연결은 자신의 신체의 14개 부분과 직접적으로 연관시키는 사람의 연결과 비교할 수 있습니다; 즉 두 개의 눈, 두 개의 귀, 두 개의 콧구멍, 한 개의 입, 두 개의 손, 두 개의 다리 및 몸통인 신체 그 자체입니다; 게다가 신체 전체에 부속된 역할을 하는 외부 생식기와 항문이 있습니다. 사람이 태어나자마자 그는 신체의 이 14개 부분을 직접 사용하고, 이 부분들은 차례로 그의 지시에 개별적으로 또는 집단적으로 반응합니다.

마찬가지로 아바타가 지상에 출현함에 따라 동일한 12개의 개성을 가진 그의 내부 서클과 동일한 두 명의 개성을 부촉하는 일은 아바타 그분 자신의 명령에 따라 개별적으로 그리고 집단적으로 직접 기능하기 시작합니다.

아바타가 지구상에 출현할 때마다 내부 서클의 12명의 남성과 그에 부촉된 두 명의 여성은 아바타의 인격을 중심으로 주위에 모여 14가지 유형의 개성을 형성합니다. 아바타가 지상에 나타날 때마다 각기 다른 인격을 가진 14명의 개성은 항상 각자의 직책을 맡게 됩니다; 그리고 아바타의 수명 동안과 그 이후에, 그들은 개별적으로 그리고 집단적으로 아바타의 과거 출현 당시 내부 서클의 동일한 직책을 맡고 활동했던 그들의 전임자들과 같은 방식으로 기능합니다.

Therefore it would not be wrong to say that with Christ's coming again, come Peter, Judas, and all his apostles. But this can never mean that the very same Peter, or the selfsame Judas, reincarnates again and again. These can never reincarnate, as all of the twelve individual personalities of the Avatar's Inner Circle attain God-realization in every Avataric period, either during or soon after the life span of the Avatar.

Once God-realization is attained, reincarnation is impossible. The only exception to this rule is the Avatar himself, who comes again and again to redeem humanity.

It is not the same individualized personalities of the Inner Circle that reincarnate; it is the individualities of their particular offices that come with every advent of the Avatar. It is because in all the Avatar's advents each of the twelve men and two women of the Inner Circle hold exactly the same office and function in exactly the same manner, that it is said the Avatar always brings with him the same Circle.

As soon as the veil, with which the Avatar descends on earth, is rent, by the then-living Perfect Master or Masters, and the Avatar realizes his Avatarhood, the twelve men and two women automatically group round the personality of the Avatar to occupy their respective positions in the Inner Circle and to function as usual according to the dictates of the Avatar of the Age.

The position of the Avatar in regard to the Inner Circle and its function may be compared to a man asleep. As soon as the man is made to wake up through some external agency, and no sooner is he awake, than he spontaneously finds that all the fourteen parts of his body, as mentioned before, are already there in their individual roles, ready to function at the slightest wish of the man. Similarly, as soon as the Avatar is made to realize his Avatarhood through one or two or more of the five Perfect Masters of the time, he also realizes that the 14 personalities, in their characteristic roles of the Inner Circle, are ready at hand to discharge their duties.

그러므로 그리스도의 재림과 함께 베드로와 유다, 그리고 그의 모든 사도가 온다고 말해도 틀린 말이 아닙니다. 그러나 이것은 결코 똑같은 베드로나 똑같은 유다가 계속해서 환생한다는 것을 의미할 수 없습니다. 아바타 내부 서클의 12명의 개별 인격 모두가 아바타의 수명 동안이나 그 직후에 모든 아바타 시대에서 신성실현을 달성하기 때문에 이들은 결코 환생할 수 없습니다.

일단 신성실현이 이루어지면 환생은 불가능합니다. 이 규칙의 유일한 예외는 인류를 구원하기 위해 몇 번이고 찾아오는 아바타 그 자신입니다.

환생하는 것은 내부 서클의 동일한 개별화된 개성들이 아닙니다; 아바타의 모든 출현과 함께 오는 것은 특정 직무를 맡은 개성들입니다. 왜냐하면 모든 아바타의 출현에서 내부 서클의 남성 12명과 여성 2명은 각각 정확히 동일한 직책과 동일한 방식으로 기능하기 때문에 아바타가 항상 동일한 서클을 동반한다고 말합니다.

아바타가 지상에 내려오는 베일이 당시 살아 있는 완전한 스승이나 마스터들에 의해 찢어지고 아바타가 자신의 아바타성을 깨닫자마자, 12명의 남성과 2명의 여성은 자동적으로 아바타의 인격을 중심으로 그룹화되어 내부 서클에서 각자의 위치를 차지하고 시대의 아바타의 지시에 따라 평소와 같이 기능하게 됩니다.

내부 서클과 그 기능과 관련하여 아바타의 위치는 잠자는 사람과 비교할 수 있습니다. 사람이 어떤 외부 기관을 통해 깨어나자마자, 그는 앞서 언급했듯이 신체의 14개 부위가 이미 각자의 역할을 수행하며 그 사람의 아주 작은 소망에도 작동할 준비가 되어 있다는 것을 자연스럽게 알게 됩니다. 마찬가지로, 아바타가 당시 다섯 명의 완전한 스승 중 한 명 또는 두 명 이상을 통해 자신의 아바타성을 깨닫게 되자마자, 그는 또한 내부 서클의 특징적인 역할에 따라 14명의 인격이 그들의 임무를 수행할 준비가 되어 있음을 깨닫게 됩니다.

To explain in detail why only these 14 particular personalities hold such positions in every advent of the Avatar would take a volume of explanations. Who can become the fourteen members and how do they become attached to the Inner Circle of the Avatar? these questions would require more volumes of explanation.

Suffice it to say that each of these fourteen particular personalities, when occupying the office and function of the Inner Circle, not only must resemble the characteristic individuality of his or her predecessor in the previous advents of the Avatar, but must be exactly similar in all respects. For example, one of the offices of the Inner Circle of Jesus Christ was held by Peter. At the second advent of Christ, this particular office must be held by another Peter, who may be named "A," but having the same quality of mind and heart and other characteristics as of the Peter. The same applies to the office held by Judas, John, James, etc., of the Inner Circle in the time of Christ.

All fourteen members of the Avatar's Inner Circle realize God by the grace of the Avatar, during the same Avataric period, which is one hundred years' duration after the Manifestation of the Avatar on earth.

Regarding the Outer Circles of the Avatar, none of the 108 persons in the nine circles holds any office similar to that held by those of the Inner Circle; and all of these 108 persons attain God-realization by the grace of the Avatar, but not necessarily during the Avataric period.

These 108 persons of the Outer Circle have their respective places in the nine Circles in accordance with their past connections with the members of the Circle ahead of them. For example, the members of the Second Circle of twelve persons, next to the Inner Circle, are grouped round the Avatar in accordance with their past connections with the members of the Inner Circle. Similarly, the twelve persons of the Third Circle, next to the second Circle, are grouped round the Avatar in accordance with their past connections with the members of the Second Circle; and so on, with all the remaining seven Circles.

아바타가 출현할 때마다 왜 이 14명의 특정 인물만이 그러한 직책을 맡게 되었는지를 자세히 기술하려면 많은 설명이 필요할 것입니다. 누가 14명의 멤버가 될 수 있으며 그들은 어떻게 아바타의 내부 서클에 속하게 될까요? 이러한 질문에는 더 많은 양의 설명이 필요할 것입니다.

이 14명의 개별 인격이 각각 내부 서클의 직책과 기능을 맡을 때, 아바타의 이전 출현에서 전임자의 특징적인 개성과 닮아야 할 뿐만 아니라, 모든 면에서 정확히 유사해야 한다고 말해도 충분합니다. 예를 들어, 예수 그리스도의 내부 서클의 직분 중 하나는 베드로가 맡았습니다. 그리스도의 재림 때, 이 특별한 직분은 "A"라는 이름을 가진 다른 베드로가 맡아야 하며, 그 베드로와 정신과 마음 및 기타 특성이 동일해야 합니다. 그리스도 시대에 내부 서클의 유다, 요한, 야고보 등이 맡았던 직분에도 동일하게 적용됩니다.

아바타 내부 서클의 멤버 14명은 모두 아바타의 은총에 의해 하나님을 깨닫습니다. 이 시기는 아바타가 지구상에서 나타난 후 같은 아바타 시기 동안, 100년의 기간 동안 지속됩니다.

아바타의 외부 서클과 관련하여, 9개의 서클에 속한 108명 중 어느 누구도 내부 서클과 유사한 직책을 가지고 있지 않습니다; 그리고 이 108명 모두가 아바타의 은총으로 신성실현을 얻지만, 반드시 아바타 기간 동안은 아닙니다.

이 108명의 외부 서클 구성원들은 그들 앞에 있는 서클 구성원들과의 과거 인연에 따라 9개의 서클에서 각자의 위치를 차지합니다. 예를 들어, 내부 서클 옆에 있는 12명으로 구성된 두 번째 서클의 구성원들은 내부 서클 멤버와의 과거 연결에 따라 아바타 주위로 그룹화됩니다; 마찬가지로, 두 번째 서클 옆에 있는 세 번째 서클의 12명은 두 번째 서클 구성원들과의 과거 인연에 따라 아바타 주위에 그룹화되며, 나머지 7개의 서클도 이와 같은 방식으로 그룹화됩니다.

Action and Inaction

I. In the Beyond-Beyond state of God there is: "Unconscious Inaction."

II. In the state of God-realization, there is: "Conscious Inaction." This is not the state of Perfection but of liberation (Najaat). In this state there is absolute tranquility which gives rise to infinite power, knowledge and bliss.

III. In the Intermediate state (between I & II) there is: "Conscious Action." Actions promote sanskaras (impressions). Sanskaras in turn breed more actions and create bindings: in this state there is bondage.

IV. In the state of a Majzoob of a 7th plane there is: "Unconscious Action."

V. In the state of Perfect Masters there is: "Conscious Active Inaction."

Perfect Masters are free of sanskaras: they have no impressions. As such, there cannot be room for actions of their own: their life is one of inaction but made active because of the prevailing environmental circumstances. Actions of the Perfect Masters are prompted by the environment-atmosphere prevailing then.

행위行爲와 무위無爲

1. 하나님의 초월-너머의 상태에는 "무의식적인 무위無爲"가 있습니다.

2. 신성실현한 상태에서는 "의식적인 무위無爲"가 있습니다.
  이것은 완전함의 상태는 아니지만, 해방(나자트)의 상태입니다. 이 상태에는 무한한 힘, 지식 및 지복을 낳는 절대적인 평온함이 있습니다.

3. (1과 2 사이의) 중간 상태에는 "의식적인 행위行爲"가 있습니다. 행위는 산스카라(인상들)를 촉진시킵니다. 산스카라는 차례로 더 많은 행위를 낳고 구속력을 만들어 냅니다. 이 상태에는 속박이 있습니다.

4. 일곱 번째 경지의 마주브의 상태에는 "무의식적인 행위行爲"가 있습니다.

5. 완전한 스승들의 상태에는 "의식적인 활동의 무위無爲"가 있습니다.

완전한 스승들은 산스카라로부터 자유롭습니다. 그들은 인상을 가지고 있지 않습니다. 따라서, 그들 자신의 행위를 위한 여지는 있을 수가 없습니다. 그들의 삶은 무위無爲에 속하지만, 지배적인 환경적 상황 때문에 활동적입니다. 완전한 스승의 행위는 주변 환경, 즉, 당시 지배적인 분위기에 의해 유발됩니다.

EXAMPlES:

I. The Beyond-Beyond state of God may be compared with a child fast asleep in a cradle: it is an example of "Unconscious Inaction."

II. The state of the God-realized person (not a Perfect Master) may be compared with a child wide awake but still in the cradle: this is an example of "Conscious Inaction."

III. The state in between I & II may be compared with a child awake and out of the cradle: it is an example of "Conscious Action."

IV. The state of a Majzoob of a 7th plane may be compared with a somnambulist: the somnambulist walks about or performs other actions in sleep and is not aware of what he does in this state. Similarly the Majzoob of the 7th plane does actions and is not conscious of them. His is "Unconscious Action": he eats, drinks, speaks, etc. But all this is his "Unconscious Action."

V. The state of a Perfect Master may be compared with a child wide awake but inside the cradle that is continuously rocked by mankind. It is "Conscious Active Inaction." Inaction is being inside the cradle: and active inaction is the rocking of the cradle by others.

God is Conscious Inaction indeed. And the tranquility of this "Conscious Inaction" is so very profound that it gives God the attributes of Infinite Power, Infinite Knowledge and Infinite Bliss.

예:

1. 하나님의 초월-너머의 상태는 요람에서 곤히 잠든 아이에 비유될 수 있습니다. 이것이 "무의식적인 무위無爲"의 한 예입니다.

2. 신성실현한 사람(완전한 스승이 아닌)들의 상태는 완전히 깨어 있지만 여전히 요람 안에 있는 아이에 비유될 수 있습니다. 이것이 "의식적인 무위無爲"의 한 예입니다.

3. 1과 2 사이에 있는 상태에서는 아이가 깨어 요람에서 나오는 상태와 비유될 수 있습니다. 이것이 "의식적인 행위行爲"의 한 예입니다.

4. 일곱 번째 경지의 마주브의 상태는 몽유병자에 비유될 수 있습니다. 몽유병자는 잠든 채로 걸어 다니거나 여러 행동을 행하며 이 상태에서 자신이 무엇을 했는지 알지 못합니다. 마찬가지로 일곱 번째 경지의 마주브는 행동을 하지만, 그 행위를 의식하지 못합니다. 그는 무의식적으로 행동합니다: 그는 먹고, 마시고, 말하는 등을 하지만, 이 모든 것은 그의 "무의식적인 행위行爲"입니다.

5. 완전한 스승의 상태는 완전히 깨어 있는 아이와 비유될 수 있지만, 인류에 의해 끊임없이 흔들리는 요람 안에 있습니다. 이것이 "의식적인 활동의 무위無爲"입니다. 무위는 요람 안에 있는 것이고, 활동적 무위無爲는 다른 사람들에 의해 요람이 흔들리는 것입니다.

하나님은 실제로 행동하지 않는 "의식적인 무위無爲"입니다. 그리고 이 의식적인 무위無爲의 평온함은 너무나 심오해서 하나님에게 무한한 힘, 무한한 앎, 무한한 지복의 속성을 부여합니다.

The Highest of the High

Dehra Dun, India
7th September, 1953

On the morning of the 7th of September, it being the anniversary of Zoroaster's birth, Meher Baba gave the following message:

CONSCIOUSLY or unconsciously, directly or indirectly, each and every creature, each and every human being - in one form or the other - strives to assert individuality. But when eventually man consciously experiences that he is Infinite, Eternal and Indivisible, then he is fully conscious of his individuality as God, and as such experiences Infinite Knowledge, Infinite Power and Infinite Bliss. Thus Man becomes God, and is recognized as a Perfect Master, Sadguru, or Kutub. To worship this Man is to worship God.

When God manifests on earth in the form of man and reveals His Divinity to mankind, He is recognized as the Avatar - the Messiah - the Prophet. Thus God becomes Man.

높은 중에 가장 높은 존재

인도 데라 둔
1953년 9월 7일

조로아스터 탄생 기념일인 9월 7일 아침, 메허 바바는 다음과 같은 메시지를 전했습니다:

의식적이든 무의식적이든, 직접적이든 간접적이든, 모든 생명체와 인간은 어떤 형태로든 각자의 개성을 주장하기 위해 노력합니다. 그러나 결국 인간은 자신이 무한하고 영원하며 나눌 수 없음을 의식적으로 경험할 때, 그때 그는 하나님으로서의 개성을 완전히 의식하고 그러한 무한한 앎, 무한한 힘, 무한한 지복을 경험합니다. 그리하여 인간은 하나님이 되고, 완전한 스승, 사드구루 또는 쿠툽으로 인정받습니다. 이 사람을 숭배하는 것은 하나님을 숭배하는 것입니다.

하나님이 사람의 모습으로 지상에 나타나 인류에게 그의 신성을 드러낼 때, 그는 아바타-메시아-선지자로 인정받습니다. 따라서 하나님은 사람이 됩니다.

And so Infinite God, age after age, throughout all cycles, wills through His Infinite Mercy to effect His presence amidst mankind by stooping down to human level in the human form, but His physical presence amidst mankind not being apprehended, He is looked upon as an ordinary man of the world. When He asserts, however, His Divinity on earth by proclaiming Himself the Avatar of the Age, He is worshipped by some who accept Him as God; and glorified by a few who know him as God on Earth. But it invariably falls to the lot of the rest of humanity to condemn Him, while He is physically in their midst.

Thus it is that God as man, proclaiming Himself as the Avatar, suffers Himself to be persecuted and tortured, to be humiliated and condemned by humanity for whose sake His Infinite Love has made him stoop so low, in order that humanity, by its very act of condemning God's manifestation in the form of Avatar should, however, indirectly, assert the existence of God in His Infinite Eternal state. The Avatar is always one and the same, because God is always One and the Same, the Eternal, Indivisible, Infinite One, who manifests Himself in the form of man as the Avatar, as the Messiah, as the Prophet, as the Ancient One the Highest of the High. This Eternally One and the Same Avatar repeats His manifestation from time to time, in different cycles, adopting different human forms and different names, in different places, to reveal Truth in different garbs and different languages, in order to raise humanity from the pit of ignorance and help free it from the bondage of delusions.

Of the most recognized and much worshipped manifestations of God as Avatar, that of Zoroaster is the earliest - having been before Ram, Krishna, Buddha, Jesus and Mohammed. Thousands of years ago, he gave to the world the essence of Truth in the form of three fundamental precepts - Good Thoughts, Good Words, and Good Deeds. These precepts were and are constantly unfolded to humanity in one form or another, directly or indirectly in every cycle, by the Avatar of the Age, as he leads humanity imperceptibly towards the Truth.

그리하여 무한하신 하나님은 모든 주기에 걸쳐 그의 무한한 자비를 통해 인간의 모습으로 인간의 수준으로 낮춰서 인류 가운데 임재하기를 원하지만, 인류 가운데 그분의 육체적 임재는 인식되지 않고 세상의 평범한 사람으로 여겨집니다. 그러나 그분이 자신을 시대의 아바타라고 선포함으로써 지상에서 그분의 신성을 주장할 때, 그분을 하나님으로 받아들이는 일부 사람들에 의해 숭배되고 지상에서 그를 하나님으로 아는 소수의 사람에 의해 찬양을 받습니다. 그러나 그분이 육체적으로 그들 가운데 계시는 동안 그분을 정죄하는 것은 항상 나머지 인류의 몫입니다.

그러므로 사람으로서의 하나님은 자신을 아바타로 선언하고 박해와 고문을 당하고, 그의 무한한 사랑이 그를 너무나도 낮은 자세로 굽힌 이유로 인류에게 굴욕과 비난을 받는 고통을 겪습니다. 그러나 인류가 아바타의 형태로 나타난 하나님의 발현을 비난하는 바로 그 행위로 인해 간접적으로, 하나님의 무한한 영원 상태의 존재를 주장합니다. 하나님은 항상 하나이고 동일하며, 영원하고, 나눌 수 없고, 무한한 분이기 때문에, 아바타도 항상 하나이고 똑같습니다. 그분은 아바타로서, 메시아로서, 선지자로서, 고대의 존재인 높은 중에 가장 높은 존재로서 사람의 모습으로 자신을 드러내시기 때문입니다. 이 영원히 한 분이며 동일한 아바타는 때때로 다른 주기에 다른 인간 형태와 다른 이름을 채택하여 다른 장소에서 그분의 현현을 되풀이하여 다른 복장과 다른 언어로 진리를 드러내고, 인류를 무지의 구덩이에서 끌어올려 망상의 속박에서 자유롭게 합니다.

아바타로서 가장 잘 알려져 있고 많은 숭배를 받는 하나님의 현현 중 조로아스터의 현현은 라마, 크리슈나, 부처, 예수, 모하메드보다 먼저 나타났습니다. 수천 년 전, 그는 선한 생각, 선한 말, 선한 행동이라는 세 가지 기본 계율의 형태로 진리의 본질을 세상에 주었습니다. 이러한 계율들은 시대의 아바타가 인류를 눈에 띄지 않게 진리를 향해 인도할 때, 매 주기마다 직간접적으로 어떤 형태로든 인류에게 펼쳐졌고, 지금도 끊임없이 펼쳐지고 있습니다.

To put these precepts of Good Thoughts, Good Words and Good Deeds into practice is not as easily done as it would appear, though it is not impossible. But to live up to these precepts honestly and literally is as apparently impossible as it is to practice a living death in the midst of life.

In the world there are countless Sadhus, Mahatmas, Mahapurushas, Saints, Yogis and Walis, though the number of genuine ones is very, very limited. The few genuine ones are, according to their spiritual status, in a category of their own, which is neither on a level with the ordinary human being nor on a level with the state of the Highest of the High. I am neither a Mahatma nor a Mahapurush, neither a Sadhu nor a Saint, neither a Yogi or a Wali. Those who approach me with the desire to gain wealth or to retain their possessions, those who seek through me relief from distress and suffering, those who ask my help to fulfill and satisfy mundane desires, to them I once again declare that, as I am not a Sadhu, a Saint or a Mahatma, Mahapurush or Yogi, to seek these things through me is but to court utter disappointment, though only apparently; for eventually this disappointment is itself invariably instrumental in bringing about the complete transformation of mundane wants and desires.

The Sadhus, Saints, Yogis, Walis and such others who are on the via media, can and do perform miracles and satisfy the transient material needs of individuals who approach them for help and relief.

The question therefore arises that if I am not a Sadhu, not a Saint, not a Yogi, not a Mahapurusha nor a Wali, then what am I? The natural assumption would be that I am either just an ordinary human being, or I am the Highest of the High. But one thing I say definitely, and that is that I can never be included amongst those having the intermediary status of the real Sadhus, Saints, Yogis and such others.

선^善한 생각, 선^善한 말, 선^善한 행동이라는 이러한 계율들을 실천하는 것은 불가능하지는 않지만, 보이는 것만큼 쉽게 실행되지는 않습니다. 그러나 이러한 계율을 정직하고 문자 그대로 실천하는 것은 삶의 한가운데서 살아 있는 죽음을 실천하는 것만큼이나 분명히 불가능합니다.

세상에는 수많은 사두, 마하트마, 마하푸루샤, 성자, 요기, 왈리가 있지만, 진정한 존재들의 수는 매우 제한적입니다. 소수의 진정한 존재들은 평범한 인간과 같은 수준도 아니고 높은 중에 가장 높은 존재의 상태와 같은 수준도 아닌 그들의 영적 지위에 따라 그들 자신의 범주에 속합니다. 나는 마하트마도, 마하푸루쉬도, 사두도, 성자도, 요기도, 왈리도 아닙니다. 재물을 얻거나 소유물을 유지하려는 욕망으로 나에게 다가오는 사람들, 나를 통해 괴로움과 고통으로부터 구원을 구하는 사람들, 세속적인 욕망을 성취하고 만족시키기 위해 나의 도움을 요청하는 사람들, 나는 그들에게 내가 사두, 성자나 마하트마, 마하푸루쉬나 요기가 아니기 때문에, 나를 통해 이러한 것들을 추구하는 것은 단지 겉보기일지라도 완전한 실망을 초래할 뿐이라는 것을 한 번 더 선언합니다. 결국 실망 그 자체가 세속적인 욕구와 욕망의 완전한 변화를 가져오는 데 도움이 되기 때문입니다.

사두, 성자, 요기, 왈리 및 미디어를 통해 활동하는 사람들은 기적을 행할 수 있고 행하며, 도움과 구원을 위해 그들에게 다가가는 사람들의 일시적인 물질적 필요를 충족시킬 수 있으며 실제로 그렇게 합니다.

따라서 내가 사두도 아니고, 성자도 아니고, 요기도 아니고, 마하푸루샤도 아니고, 왈리도 아니라면 나는 누구인가? 하는 의문이 생깁니다. 자연스럽게 짐작할 수 있는 것은, 내가 단지 평범한 인간이거나, 아니면 높은 중에 가장 높은 존재라는 것입니다. 그러나 한 가지 분명하게 말씀드릴 수 있는 것은, 나는 진정한 사두, 성자, 요기 등의 중간적 지위를 가진 사람들 사이에는 결코 포함될 수 없다는 것입니다.

Now, if I am just an ordinary man, my capabilities and powers are limited - I am no better or different from an ordinary human being. If people take me as such then they should not expect any supernatural help from me in the form of miracles or spiritual guidance; and to approach me to fulfill their desires would also be absolutely futile.

On the other hand, if I am beyond the level of an ordinary human being, and much beyond the level of Saints and Yogis, then I must be the Highest of the High. In which case, to judge me with your human intellect and limited mind and to approach me with mundane desires would not only be the height of folly but sheer ignorance as well; because no amount of intellectual gymnastics could ever understand my ways or judge my Infinite State.

If I am the Highest of the High my Will is Law, my Wish governs the Law, and my Love sustains the Universe. Whatever your apparent calamities and transient sufferings, they are but the outcome of my Love for the ultimate good. Therefore, to approach me for deliverance from your predicaments, to expect me to satisfy your worldly desires, would be asking me to do the impossible - to undo what I have already ordained.

If you truly and in all faith accept your Baba as the Highest of the High, it behooves you to lay down your life at His feet, rather than to crave the fulfillment of your desires. Not your one life but your millions of lives would be but a small sacrifice to place at the feet of One such as Baba, who is the Highest of the High; for Baba's unbounded love is the only sure and unfailing guide to lead you safely through the innumerable blind alleys of your transient life.

이제, 만약 내가 평범한 사람이라면, 나의 능력과 힘은 제한되어 있습니다. 나는 평범한 인간 존재보다 더 낫거나 다르지 않습니다. 사람들이 나를 그렇게 받아들인다면, 그들은 기적이나 영적 인도의 형태로 나에게 초자연적인 도움을 기대해서는 안 됩니다. 그리고 그들의 욕구를 충족시키기 위해 나에게 접근하는 것도 완전히 헛된 일이 될 것입니다.

반면에 내가 평범한 인간의 수준을 넘어서 성자와 요기의 수준을 훨씬 넘어선다면, 나는 높은 중에 가장 높은 존재가 틀림없습니다. 그렇다면, 여러분의 인간적인 지성과 제한된 마음으로 나를 판단하고 세속적인 욕망으로 나에게 접근하는 것은 어리석음의 극치일 뿐만 아니라 완전한 무지일 것입니다. 왜냐하면 아무리 지적인 노력을 기울인다 해도 나의 방식을 이해하거나 나의 무한한 상태를 판단할 수 없기 때문입니다.

내가 높은 중에 가장 높은 존재라면 나의 의지는 법이고, 나의 소원은 법을 다스리며, 나의 사랑은 우주를 지탱합니다. 여러분의 명백한 재난과 일시적인 고통이 무엇이든 간에, 그것들은 궁극적인 선을 위한 나의 사랑의 결과일 뿐입니다. 그러므로 여러분의 곤경에서 구원받기 위해 나에게 다가오고, 내가 여러분의 세속적인 욕망을 만족시켜 줄 것을 기대하는 것은 내가 이미 정한 것을 되돌리기 위해 불가능한 일을 하도록 요청하는 것입니다.

여러분이 진정으로 그리고 모든 믿음으로 여러분의 바바를 높은 중에 가장 높은 존재로 받아들인다면, 여러분은 욕망의 성취를 갈망하기보다는 그의 발 앞에 여러분의 삶을 내려놓는 것이 마땅합니다. 여러분의 한 번의 삶이 아니라 수백만 번의 삶이 높은 중에 가장 높은 존재인 바바와 같은 분의 발 앞에 놓이는 작은 희생에 불과할 것입니다. 바바의 무한한 사랑은 덧없는 삶의 셀 수 없이 많은 막다른 골목길을 안전하게 인도할 수 있는 유일한 확실하고 변함없는 안내자이기 때문입니다.

They cannot obligate me, who, surrendering their all (body, mind, possessions) - which perforce they must discard one day - surrender with a motive; surrender because they understand that to gain the everlasting treasure of Bliss they must relinquish ephemeral possessions. This desire for greater gain is still clinging behind their surrender, and as such the surrender cannot be complete.

Know you all that if I am the Highest of the High, my role demands that I strip you of all your possessions and wants, consume all your desires and made you desireless rather than satisfy your desires. Sadhus, Saints, Yogis and Walis can give you what you want; but I take away your wants and free you from attachments and liberate you from the bondage of ignorance. I am the One to take, not the One to give, what you want or as you want.

Mere intellectuals can never understand me through their intellect. If I am the Highest of the High, it becomes impossible for the intellect to gauge me nor is it possible for my ways to be fathomed by the limited human mind.

I am not to be attained by those who, loving me, stand reverentially by in rapt admiration. I am not for those who ridicule me and point at me with contempt. To have a crowd of tens of millions flocking around me is not what I am for. I am for the selected few, who scattered amongst the crowd, silently and unostentatiously surrender their all - body, mind and possessions - to me. I am still more for those who, after surrendering their all, never give another thought to their surrender. They are all mine who are prepared to renounce even the very thought of their renunciation and who, keeping constant vigil in the midst of intense activity, await their turn to lay down their lives for the cause of Truth at a glance or sign from me.

그들이 언젠가는 반드시 버려야만 하는 모든 것(몸, 마음, 소유물들)을 포기하고, 동기를 가지고 순복하는, 즉 영원한 지복의 보물을 얻기 위해서는 일시적인 소유물들을 포기해야 한다는 것을 이해하기 때문에 순복하는 사람들은 나에게 의무를 지울 수 없습니다. 더 큰 이익에 대한 이 욕망이 그들의 순복 뒤에 여전히 달라붙어 있고, 따라서 순복은 완전할 수 없습니다.

내가 높은 중에 가장 높은 존재라면, 나의 역할은 여러분의 모든 소유물과 원하는 것을 빼앗고, 여러분의 모든 욕망을 소멸하고, 여러분의 욕망을 충족시키기보다는 욕망을 잃게 만드는 것을 요구한다는 것을 여러분 모두 알고 있습니다. 사두, 성자, 요기, 왈리들은 여러분에게 원하는 것을 줄 수 있지만, 나는 여러분의 욕망을 없애고, 여러분을 집착으로부터 자유롭게 하고, 무지의 속박에서 여러분을 해방시킵니다. 나는 여러분이 원하는 것이나 여러분이 원하는 대로 주는 존재가 아니라 빼앗는 존재입니다.

단순한 지식인들은 결코 그들의 지성을 통해 나를 이해할 수 없습니다. 내가 높은 중에 가장 높은 존재라면, 지성으로 나를 가늠하는 것도 불가능하고, 제한된 인간의 마음으로 나의 방식을 헤아리는 것도 불가능합니다.

나는 나를 사랑하여 경건하게 서서 넋을 놓고 감탄하는 사람들에 의해 성취될 수 없습니다. 나는 나를 비웃고 경멸스럽다는 듯이 나를 손가락질하는 사람들을 위해 있지 않습니다. 수천만 명의 군중이 내 주위에 몰려드는 것은 내가 원하는 바가 아닙니다. 나는 군중 속에 흩어져 묵묵히 그리고 순박하게 자신의 몸과 마음과 소유물을 포함한 모든 것을 나에게 바치는 선택된 소수를 위해 있습니다. 나는 자신의 모든 것을 포기한 후에도 자신의 포기에 대해 생각하지 않는 사람들을 위해 여전히 그들을 더 지지합니다. 자신의 포기에 대한 생각조차 포기할 준비가 되어 있고, 격렬한 활동 속에서도 끊임없이 경계를 지키며, 진리의 대의를 위해 자신의 목숨을 바칠 차례를 기다리는 사람들은 모두 나의 사람들입니다.

Those who have indomitable courage to face willingly and cheerfully the worst calamities, who have unshakable faith in me, eager to fulfil my slightest wish at the cost of their happiness and comfort, they indeed, truly love me.

From my point of view, far more blessed is the atheist who confidently discharges his worldly responsibilities, accepting them as his honorable duty, than the man who presumes he is a devout believer in God, yet shirks the responsibilities apportioned to him through Divine Law and runs after Sadhus, Saints and Yogis, seeking relief from the suffering which ultimately would have pronounced his eternal Liberation.

To have one eye glued on the enchanting pleasures of the flesh and with the other expect to see a spark of Eternal Bliss is not only impossible but the height of hypocrisy.

I cannot expect you to understand all at once what I want you to know. It is for me to awaken you from time to time throughout the ages, sowing the seed in your limited minds, which must in due course and with proper heed and care on your part, germinate, flourish and bear the fruit of that True Knowledge which is inherently yours to gain.

If on the other hand, led by your ignorance, you persist in going your own way, none can stop you in your choice of progress; for that too is progress which, however slow and painful, eventually and after innumerable incarnations, is bound to make you realize that which I want you to know now. To save yourself from further entanglement in the maze of delusion and self-created suffering which owes its magnitude to the extent of your ignorance of the true Goal, awake now. Pay heed and strive for Freedom by experiencing ignorance in its true perspective. Be honest with yourself and God. One may fool the world and one's neighbors, but one can never escape from the knowledge of the Omniscient - such is the Divine Law.

불굴의 용기를 가지고 기꺼이 최악의 재난에 맞서는 사람들, 나에 대한 흔들리지 않는 믿음, 그들의 행복과 안락함을 대가로 나의 작은 소망을 들어주기를 간절히 바라는 사람들, 그들은 나를 진정으로 사랑합니다.

  내가 보기에, 자신이 하나님을 독실하게 믿는다고 생각하지만, 신성한 율법을 통해 자신에게 부여된 책임을 회피하고, 사두와 성자와 요기들을 좇아다니며, 궁극적으로 영원한 해방을 선언했을 고통으로부터의 구원을 추구하는 사람보다, 자신의 세속적인 책임을 명예로운 의무로 받아들이면서 자신 있게 수행하는 무신론자가 훨씬 더 축복받은 사람입니다.

  한쪽 눈을 육신의 황홀한 쾌락에 고정시키고, 다른 쪽 눈으로 영원한 지복의 불꽃을 보기를 기대하는 것은 불가능할 뿐만 아니라 위선의 극치입니다.

  나는 내가 여러분이 알기를 원하는 것을 여러분이 한번에 모두 이해하기를 기대할 수는 없습니다. 나는 시대에 걸쳐 때때로 여러분을 깨우고, 적절한 때에 여러분 편에서 적절한 주의와 보살핌으로 여러분의 제한된 마음에 씨를 뿌리고, 싹을 틔우며, 번성하게 하여 본질적으로 여러분이 얻을 수 있는 참된 지식의 열매를 맺게 합니다.

  반면에 여러분이 자신의 무지에 이끌려 여러분 자신의 길을 고집한다면, 그 누구도 여러분이 선택한 진보를 막을 수 없습니다. 왜냐하면 그것 역시 아무리 느리고 고통스럽더라도 결국 무수한 환생 후에 지금 내가 여러분이 알기를 원하는 것을 여러분으로 하여금 깨닫게 할 진보이기 때문입니다. 진정한 목표에 대한 무지로 인해 발생하는 망상과 스스로 만든 고통의 미로에 한층 더 이상 얽매이지 않도록 여러분 자신을 구하기 위해서는 지금 깨어 있으세요. 참된 관점에서 무지를 경험함으로써 자유를 위해 주의를 기울이고 노력하세요. 여러분 자신과 하나님에게 정직하세요. 사람은 세상과 이웃을 속일 수는 있어도 전지하신 분의 앞에서 결코 벗어날 수는 없습니다. 이러한 것이 바로 신성한 법입니다.

I declare to all of you who approach me, and to those of you who desire to approach me, accepting me as the Highest of the High, that you must never come with the desire in your heart which craves for wealth and worldly gain, but only with the fervent longing to give your all- body, mind and possessions - with all their attachments.

Seek me not in order to extricate you from your predicaments, but find me in order to surrender yourself wholeheartedly to my Will.

Cling to me not for worldly happiness and short-lived comforts, but adhere to me, through thick and thin, sacrificing your own happiness and comforts at my feet.

Let my happiness be your cheer and my comforts your rest. Do not ask me to bless you with a good job, but desire to serve me more diligently and honestly without expectation of reward.

Never beg of me to save your life or the lives of your dear ones, but beg of me to accept you and permit you to lay down your lives for me.

Never expect me to cure you of your bodily afflictions but beseech me to cure you of your Ignorance.

Never stretch out your hands to receive anything from me, but hold them high in praise of me whom you have approached as the Highest of the High.

If I am the Highest of the High, nothing is then impossible to me; and though I do not perform miracles to satisfy individual needs - the satisfaction of which would result in entangling the individual more and more into the net of ephemeral existence - yet time and again at certain periods I manifest the Infinite Power in the form of miracles, but only for the spiritual upliftment and benefit of humanity and all creatures.

나는 나에게 다가오는 여러분 모두에게, 그리고 나를 높은 중에 가장 높은 존재로 받아들이면서 나에게 다가오고자 하는 사람들에게 여러분은 결코 부와 세속적인 이득을 갈망하는 여러분 가슴속의 욕망을 가지고 와서는 안 되며, 오직 여러분의 모든 것, 즉 몸과 마음과 소유물들을 그것들의 모든 애착과 함께 넘겨주고자 하는 강렬한 갈망을 가지고 와야 한다고 선언합니다.

여러분을 곤경에서 구출하기 위해 나를 찾지 말고, 내 뜻에 온 마음을 다해 내맡기기 위해 나를 찾으세요.

세상의 행복과 덧없는 안락을 위해 나를 붙들지 말고 내 발 앞에서 여러분의 행복과 안락함을 희생하면서 무슨 일이 있어도 나를 붙드세요.

나의 행복이 여러분의 기쁨이 되게 하고 나의 위로가 여러분의 휴식이 되게 하세요. 좋은 일로 축복해 달라는 부탁이 아니라, 보상을 바라지 말고 더 성실하고 정직하게 나를 섬기기를 원하세요.

여러분이나 사랑하는 사람들의 생명을 구해달라고 애원하지 말고, 여러분을 받아들이고 나를 위해 목숨을 바칠 수 있도록 허락해 달라고 간청하세요.

내가 여러분의 육체적 고통을 치료해 줄 것이라고 기대하지 말고 여러분의 무지를 치료해 달라고 간청하세요.

내게서 무언가를 받으려고 손을 내밀지 말고, 여러분이 다가온 높은 중에 가장 높은 존재로서의 나를 손을 높이 들어 찬양하세요.

내가 높은 중에 가장 높은 존재라면, 나에게 불가능한 것은 없습니다. 그리고 비록 내가 개인의 필요를 충족시키기 위해 기적을 행하지는 않지만 - 그 만족은 개인을 덧없는 존재의 그물에 점점 더 얽히게 할 것입니다 - 그래도 때때로 기적의 형태로 나는 무한한 힘을 드러냅니다. 하지만 오직 인류와 모든 창조물의 영적 고양과 유익을 위해서만 그렇게 합니다.

However, miraculous experiences have often been experienced by individuals who love me and have unswerving faith in me, and these have been attributed to my nazar or Grace on them. But I want all to know that it does not befit my lovers to attribute such individual miraculous experiences to my state of the Highest of the High.

If I am the Highest of the High I am above these illusory plays of Maya in the course of the Divine Law. Therefore, whatever miraculous experiences are experienced by my lovers who recognize me as such, or by those who love me unknowingly through other channels, they are but the outcome of their own firm faith in me. Their unshakable faith often superceding the course of the play of Maya gives them those experiences which they call Miracles. Such experiences derived through firm Faith eventually do good and do not entangle the individuals who experience them into further and greater bindings of Illusion.

If I am the Highest of the High, then a wish of my Universal Will is sufficient to give, in an instant, God-Realization to one and all, and thus free every creature in creation from the shackles of Ignorance. But blessed is Knowledge that is gained through the experience of Ignorance, in accordance with the Divine Law. This Knowledge is made possible for you to attain in the midst of Ignorance by the guidance of Perfect Masters and surrenderance to the Highest of the High.

그렇지만 종종 기적적인 체험들이 나를 사랑하고 나에 대한 확고한 믿음을 가진 사람들에 의해 경험되어 왔으며, 이러한 체험들은 나의 나자르 또는 그들에게 가해진 은총에 기인했습니다. 그러나 나는 나의 러버들이 그러한 개인의 기적적인 체험을 나의 높은 중에 가장 높은 존재 상태의 덕분으로 보는 것은 적절하지 않다는 것을 모두가 알기를 원합니다.

내가 높은 중에 가장 높은 존재라면, 나는 신성한 법의 과정에서 마야의 이러한 환상적 놀이를 초월합니다. 그러므로 나를 그렇게 알아보는 러버들이나 다른 경로를 통해 자신도 모르게 나를 사랑하는 사람들이 경험하는 기적적인 체험들이 무엇이든 간에, 그것들은 나에 대한 그들 자신의 확고한 믿음의 결과일 뿐입니다. 그들의 흔들리지 않는 믿음은 종종 마야의 놀이 과정을 능가하여 그들이 기적이라고 부르는 그러한 체험을 그들에게 제공합니다. 확고한 믿음을 통해 얻은 그러한 체험들은 결국 선을 행하게 하고, 기적을 경험하는 사람들을 점점 더 커지는 환상의 속박에 얽히지 않도록 합니다.

내가 높은 중에 가장 높은 존재라면, 나의 우주적 의지의 소망은 순식간에 모든 사람에게 신성실현神性實現을 주고, 따라서 창조 세계의 모든 창조물을 무지의 굴레에서 자유롭게 하기에 충분합니다. 그러나 신성한 법에 따라 무지의 경험을 통해 얻은 지식은 축복받은 것입니다. 이 지식은 여러분이 완전한 스승들의 인도를 통해 그리고 높은 중에 가장 높은 존재에게 순복함으로써 무지의 한가운데서 성취할 수 있습니다.

Part II

ASPECTS OF THE PATH

There are many roads, but only one Path. Once consciousness, in man, is full, it must experience every aspect of life, through many incarnations. And once consciousness is full of experience, it inevitably reaches the turning point, and begins to seek its Source. The prodigal soul must return to its Father, and start the homeward journey.

This is essentially a journey through self towards the real Self, towards God, and union with Him. It is on this return journey, a journey still in illusion, but through the brilliant illusion of the spiritual Planes, that we seek the guidance of One who knows the way.

2 부

길^道의 측면

길은 많지만, 경로^道는 하나뿐입니다. 일단 사람의 의식이 충만해지면 많은 환생을 통해 삶의 모든 측면을 경험해야 합니다. 그리고 일단 의식이 경험으로 가득 차면, 그것은 필연적으로 전환점에 도달하고 그 근원을 찾기 시작합니다. 탕자는 아버지에게 돌아가 집으로 돌아가는 여정을 시작해야 합니다.

이것은 본질적으로 자아를 통한 진정한 참나인 하나님을 향해, 그리고 그분과의 합일을 향한 여정입니다. 이 귀환 여정에서, 여전히 환상 속에 있지만 영적 차원들의 찬란한 환상을 통해 우리는 길을 아는 분의 인도를 구합니다.

Baba Explains

ABOUT MIRACLES...

Why should we produce petty imitation illusions in the already created mighty Infinite Illusion? Unless absolutely necessary, for the spiritual purpose of a general collective drawing of mankind towards Self realization, miracles performed unnaturally or supernaturally can interfere with GOD's ordained evolutionary process.

ABOUT HEALING...

Real healing is spiritual healing, whereby the soul, becoming free from desires, doubts and hallucinations, enjoys the eternal bliss of GOD. Untimely physical healing might retard the spiritual healing. If borne willingly, physical and mental suffering can make one worthy of receiving spiritual healing. Consider mental and physical suffering as gifts from GOD, which, if accepted gracefully, lead to everlasting happiness.

ABOUT SILENCE...

GOD has been everlastingly working in silence, unobserved, unheard, except by those who experience His Infinite Silence.

If my Silence cannot speak, of what avail would be speeches made by the tongue? The very moment when He thinks my speaking would be heard universally, GOD will make me break my Silence.

바바의 설명

기적에 대하여...

이미 창조된 강력한 무한한 환상 속에서 왜 우리는 사소한 모방 환상을 만들어야 하나요? 절대적으로 필요하지 않은 한, 자아실현을 향한 인류의 일반적인 공동의 이목인 영적 목적을 위해, 부자연스럽거나 초자연적으로 행해진 기적은 하나님이 정한 진화 과정을 방해할 수 있습니다.

치유에 대하여...

진정한 치유는 영혼이 욕망과 의심, 환각에서 벗어나 하나님의 영원한 축복을 누리는 영적 치유입니다. 시기 적절하지 않은 육체적 치유는 영적 치유를 지연시킬 수도 있습니다. 기꺼이 감수한다면 육체적, 정신적 고통은 영적 치유를 받기에 합당하게 만들 수 있습니다. 정신적, 육체적 고통을 하나님의 선물로 여기고 은혜롭게 받아들이면 영원한 행복으로 이어집니다.

침묵에 대하여...

하나님은 그분의 무한한 침묵을 경험하는 사람들을 제외하고는 관찰되지 않고 들리지 않는 침묵 속에서 영원히 일하고 계십니다.

만약 내 침묵이 말을 할 수 없다면 혀로 하는 말이 무슨 소용이 있을까요? 내 말이 보편적으로 들릴 것이라고 생각하는 바로 그 순간에 하나님은 나의 침묵을 깨뜨리게 하실 것입니다.

Knowledge and Imagination

On the one hand, Divine Knowledge (Dnyan or Marefat) is a thing which cannot be had even after going through numberless forms for countless ages; and on the other hand, when it comes, it comes. It would not be correct to say that Knowledge comes quickly. To say that it comes suddenly, or that it comes unawares and so on still does not correctly express the "Flash of Becoming" which is beyond description, because Knowledge is beyond the range if imagination.

Imagination has a tremendous range and an almost unlimited scope and man has a very strong imagination. For example, it would not be impossible for a man to imagine a rat having a million heads. The whole world is created and carried on by the force of the imagination. But in spite of being apparently unlimited, imagination reaches the limit when checked by Knowledge itself. By the power of imagination no man can ever understand or explain the beginnningless beginning or the endless end. In other words, Eternity is beyond the reach of all imagination, and Knowledge is Knowledge of Eternity.

God is without beginning and without end, and there can never be any question of time and space in Infinity as, otherwise, that would mean a limitation against God's infinitude. No amount of imagination can, therefore, ever think of Infinity, because where there is no beginning, the very question as to what was in the beginning cannot arise at all.

앎과 상상력

한편으로는 신성한 앎(드난 또는 마레팟)은 무수한 세월 동안 수많은 형태를 거쳐도 얻을 수 없는 것이지만, 다른 한편으로 그것이 오면 오게 되어 있습니다. 앎이 빨리 온다고 말하는 것은 옳지 않습니다. 갑자기 온다느니, 자기도 모르게 온다느니 하는 말들은 여전히 설명할 수 없는 '창조의 섬광'을 제대로 표현하지 못하는데, 이것은 앎이 상상의 범위를 넘어서는 것이기 때문입니다.

상상력은 엄청난 범위와 거의 무제한적인 범위를 가지고 있으며 인간은 매우 강력한 상상력을 지니고 있습니다. 예를 들어, 사람이 백만 개의 머리를 가진 쥐를 상상하는 것은 불가능한 일이 아닙니다. 온 세상은 상상력의 힘에 의해 창조되고 지속됩니다. 그러나 상상력은 겉으로 보기에는 무한한 것 같지만, 앎 자체에 의해 확인될 때 한계에 도달합니다. 시작되기 이전의 시작이나 끝이 없는 끝을 상상의 힘으로 이해하거나 설명할 수 있는 사람은 아무도 없습니다. 다시 말해, 영원은 모든 상상의 범위를 넘어서는 것이며, 앎은 영원에 대한 앎입니다.

하나님은 시작도 없고 끝도 없으며, 무한 안에서는 시간과 공간에 대한 질문이 있을 수 없습니다. 그렇지 않다면 하나님의 무한성에 대한 한계를 의미하기 때문입니다. 그러므로 시작이 없는 곳에서는 태초에 무엇이 있었는지에 대한 의문이 전혀 생길 수 없기 때문에 아무리 상상력을 발휘해도 무한에 대해 생각할 수 없습니다.

For example, let us repeat that before God, there was God, and before that, there was God, and before that there was God; or repeat that after God, is God, and after that, God is, and after that God is: and all this would convey nothing to the imagination. That is why Knowledge is said to be even beyond the reach of Rishis and Munis (the advanced Saints). Hafiz also advises against the futility of trying to catch the "Falcon" of Knowledge when he says that nothing but "emptiness" can every come into "the net of imagination." Thus, the most powerful mind in imagination is entirely helpless against Knowledge, because it comes only after all power of imagination is completely and absolutely exhausted and ended. For imagination to go, mind must go; and for Knowledge to come, consciousness must remain. Only when the mind disappears does consciousness get freed of all imaginary "this and that" and "I and you." The moment consciousness is freed from all imagination, this "consciousness of nothing" is all at once transformed into the "Knowledge of Everything" i.e., Dnyan or Marefat.

Even Vedanta and Sufism cannot reach or explain Knowledge. One may try to imagine a shoreless ocean with numberless drops, and think of it in various terms of comparison and contrast, but just as "no beginning - no end" would always remain "no beginning - no end," so, Knowledge can never be imagined. If that be so, and if I were a listener amongst you, I would have asked "Then why all this headache over explaining a thing which can neither be explained nor grasped?"

Ordinary Swayambhu-Knowledge or the ordinary selfknowledge does not depend upon any process of reasoning or imagination. A man, woman or child neither acquires nor has any need to acquire the knowledge or one's individual existence from sources outside existence itself. A woman knows that she is a woman. This knowledge is not received. It is self-knowledge of womanhood; and the same is the case with the self-knowledge of manhood and childhood for a man and a child.

예를 들어, 하나님 이전에 하나님이 계셨고, 그 이전에 하나님이 계셨고, 그 이전에 하나님이 계셨다고 반복합시다; 또는 하나님 이후에 하나님이 있고, 그 이후에 하나님이 있고, 그 이후에 하나님이 있다고 반복합시다: 그리고 이 모든 것이 상상력에 아무것도 전달되지 않을 것입니다. 그렇기 때문에 앎은 리시(an accomplished and enlightened person: 사물을 통달하고 영적 공부를 끝낸 사람)들과 무니(진보된 성인)들의 손이 닿지 않는 곳에 있다고 합니다. 하피즈는 또한 "상상의 그물"에는 "공허"만이 들어올 수 있다고 말하면서 지식의 "매"를 잡으려는 노력의 헛됨에 대해 조언합니다. 따라서 상상력에서 가장 강력한 마음은 앎에 전적으로 속수무책입니다. 왜냐하면 그것은 모든 상상력이 완전하고 절대적으로 소진되고 끝난 후에야 오기 때문입니다. 상상이 사라지려면 마음이 사라져야 하고, 앎이 오려면 의식은 남아 있어야 합니다. 마음이 사라져야 비로소 의식은 모든 상상의 "이것과 저것" 그리고 "나와 너"로부터 자유로워집니다. 의식이 모든 상상으로부터 해방되는 순간, 이 "무^無에 대한 의식"은 단번에 "모든 것^有에 대한 지식", 즉 드냔 또는 마레팟으로 전환됩니다.

베단타와 수피즘조차도 앎에 도달하거나 설명할 수 없습니다. 사람들은 무수히 많은 물방울이 떨어지는 끝이 없는 바다를 상상해 보고, 비교와 대조의 다양한 관점에서 생각하려고 할 수도 있지만, "시작도 끝도 없는 바다"는 언제나 "시작도 끝도 없는 바다"로 남을 수밖에 없듯이, 앎도 결코 상상할 수 없습니다. 만약 그렇다면, 그리고 내가 여러분 가운데 듣는 사람이었다면, "그렇다면 설명할 수도 없고 파악할 수도 없는 것을 왜 이렇게 설명하느라 골머리를 앓는가?"라고 물었을 것입니다.

보통의 스와얌부(Swayambhu)-앎 또는 보통의 자기 인식은 추론이나 상상의 과정에 의존하지 않습니다. 남성, 여성 또는 아이는 존재 자체 외의 근원으로부터 지식이나 자신의 개별적 존재를 획득하지도 않고 획득할 필요도 없습니다. 여성은 자신이 여성이라는 것을 알고 있습니다. 이 지식은 받아들여지지 않습니다. 그것은 여성성에 대한 자기 인식이며, 남성과 아이가 남성성과 어린 시절에 대한 자기 인식의 경우도 마찬가지입니다.

Similarly, Divine Swayambhu-Knowledge is Divine Knowledge of Power, Beauty and Bliss. When one gets such Dnyan or Irfaan, one not only feels oneself in everyone and in everything, but one then actually lives the free life of God. This Knowledge can come even at a moment when one is attending to a call of nature, as has actually happened in certain cases, including that of Upasni Maharaj. That is because a Master can give Knowledge any moment, instantaneously, provided there is sufficiently deep and strong connection with him, or there is complete surrender to his will. The only other way is complete annihilation of "imagination," like the attempt to prove that "nothing" is really "nothing," which amounts to the annihilation of a mind by itself and as such, it is next to impossible.

Granting that as a very, very rare case, a man succeeds in breaking through his imagination by himself and achieves union with the Truth, still, such a one cannot make any use of the knowledge and so he can not become a Dnyani or A'riff. That is why Masters like Tukaram and Dnyaneshwar, Hafiz and Rumi, all say that there is no way out of imagination or ignorance, except with the help and by the Grace of a Perfect Master.

The fact is that God alone is real, and everything is in God. We all are one with Him, but owing to our ignorance, we feel ourselves separate from God. We always were. What was before us? We. Before "we?" We! We! We! Only when we get Knowledge, we know what this BEING means. Then instantly, everything is absolutely clear in the twinkling of an eye; but such a "Flash of Being" is even quicker than the twinkling of an eye! There is therefore no question of becoming God, since we are already God; and so, on the other hand, we have to cease to be God. In order to do that, we have got to get more and more away from God through prayers, fasting, etc., as otherwise, what can God do for God?

마찬가지로 신성한 스와얌부-앎은 힘, 아름다움과 지복에 대한 신성한 지식입니다. 이러한 드냔 또는 이르판을 얻으면 모든 사람과 모든 것에서 자신을 느낄 뿐만 아니라 실제로 하나님의 자유로운 삶을 살게 됩니다. 이러한 지식은 우파스니 마하라지의 경우처럼 자연의 부름에 귀를 기울이고 있는 순간에도 올 수 있습니다. 왜냐하면 스승과 충분히 깊고 강한 연결이 있거나 스승의 뜻에 완전히 순복한다면 스승은 어느 순간에나 즉시 앎을 줄 수 있기 때문입니다. 다른 유일한 방법은 "무^{無}"가 실제로 "무^{無}"임을 증명하려는 시도와 같이 "상상력"을 완전히 소멸시키는 것인데, 이는 마음 자체가 소멸되는 것과 같아서 거의 불가능에 가깝습니다.

아주 드문 경우이긴 하지만 스스로 자신의 상상을 깨고 진리와 합일하는 데 성공하는 사람도 있지만, 그런 사람은 지식을 전혀 활용할 수 없으므로 드냐니[아는 자] 또는 아리프가 될 수 없습니다. 그렇기 때문에 투카람(Tukaram)과 드냐네쉬와르(Dnyaneshwar), 하피즈와 루미와 같은 스승들은 모두 완전한 스승의 도움과 은총이 아니면 상상이나 무지에서 벗어날 길이 없다고 말합니다.

사실 하나님만이 실재하고 모든 것이 하나님 안에 있습니다. 우리 모두는 그분과 하나이지만, 우리의 무지로 인해 우리는 하나님과 분리되어 있다고 느낍니다. 우리는 항상 그랬습니다. 우리 앞에는 무엇이 있었습니까? 우리입니다. "우리" 이전에? 우리! 우리! 우리! 오직 우리가 앎을 얻을 때만 우리는 이 존재가 무엇을 의미하는지 압니다. 그러면 순식간에 모든 것이 눈 깜짝할 사이에 완전히 분명해집니다. 그러나 그러한 "존재의 섬광"은 눈 깜짝할 사이보다 훨씬 빠릅니다! 그러므로 우리는 이미 하나님이기 때문에 하나님이 되는 데 문제가 없으며, 다른 한편으로 우리는 하나님이기를 그쳐야 합니다. 그러기 위해서는 기도, 금식 등을 통해 하나님으로부터 점점 더 멀어져야 합니다. 그렇지 않으면 하나님이 하나님을 위해 무엇을 할 수 있을까요?

That is why Knowledge cannot come to one and all individuals because we all are God, and God being in everyone, who is to give and to whom? Only when God is perfectly Individualized as Most Perfect Dnyani or Most Perfect A'riff. can he impart Knowledge to other individuals. The question may yet be asked as to why should the Master then not impart Knowledge to all individuals instead of giving Knowledge to some, and not giving it to others?

This is a question of Law Divine, commonly known as the Law of Karma, or Law of Bindings, or Law of Cause and Effect. Except the Perfect Dnyani or Perfect A'riff. no other individual can under any circumstances escape this law and its consequences. Therefore when the Master gives Knowledge to certain individuals and does not give it to all, that is not because of the Master's incapacity to give to all, but because of the incapacity of one and all to receive Knowledge. The latter incapacity is due to the lack of a sufficiently deep and strong connection with the Master or for want of complete surrender to his will, or on account of the absence of the required degree of preparedness on the part of the individuals concerned.

Under these circumstances, it would be like throwing pearls before swine for the Master to offer Knowledge to one and all irrespective of the individual's receptivity. The fact is that scores of Masters have come without beginning and scores of Masters will come without end, and still it would be quite true to say that there is no question of any time at all in spite of the countless epochs involved. If Knowledge cannot come within the purview of one's imagination, how can one be able to imagine the One possessing Knowledge? On one side, Knowledge is so very, very small that it may be likened to a mustard seed; and on the other, it contains and covers everything in existence, including the "nothing" or "ignorance of Maya." This Dnyan, which in Sufism is termed Marefat, lies in the certainty of "becoming."

그렇기 때문에 우리 모두가 하나님이고, 하나님이 모든 사람 안에 계시니, 누가 누구에게 앎을 주겠습니까? 하나님이 가장 완전한 드냐니 또는 가장 완전한 아리프로 완벽하게 개인화되어야만 다른 사람들에게 앎을 전할 수 있습니다. 그렇다면 왜 스승은 일부에게만 앎을 주고 다른 사람들에게는 주지 않으며 모든 개인에게 앎을 전달하지 말아야 하는가에 대한 질문이 여전히 제기될 수 있습니다.

이것은 일반적으로 카르마의 법칙, 구속력의 법칙 또는 원인과 결과의 법칙으로 알려진 신성한 법칙의 문제입니다. 완전한 드냐니 또는 완전한 아리프를 제외하고는 어떤 상황에서도 이 법과 그 결과에서 벗어날 수 있는 사람은 없습니다. 그러므로 스승이 특정 개인에게 앎을 주고 모두에게 주지 않는 것은 스승이 모든 사람에게 줄 능력이 없기 때문이 아니라, 모든 사람이 앎을 받을 수 있는 자격이 없기 때문입니다. 후자의 자격이 없음은 스승과 충분히 깊고 강한 연결이 부족하거나 그분의 뜻에 완전히 굴복하지 않거나 관련 개인이 필요한 정도의 준비가 부족했기 때문입니다.

이러한 상황에서 스승이 개인의 수용성에 관계없이 모든 사람에게 앎을 제공한다는 것은 마치 돼지 앞에 진주를 던지는 것과 같습니다. 사실 수많은 스승이 시작도 없이 왔었고 앞으로도 수많은 스승이 끝도 없이 올 것이지만, 무수한 시대에도 불구하고 시간은 전혀 문제가 되지 않는다고 말하는 것이 옳을 것입니다. 앎이 상상의 범위 안에 들어올 수 없다면, 어떻게 앎을 소유한 분을 상상할 수 있겠습니까? 한편으로 앎은 겨자씨에 비유할 수 있을 정도로 아주 아주 작지만, 다른 한편으로는 "무無" 또는 "마야의 무지"를 포함하여 존재하는 모든 것을 포함하고 포괄합니다. 수피즘에서 마레팟이라고 부르는 이 드냔은 "존재과정"의 확실성 안에 놓여 있습니다.

There are three stages of this certainty. First is the certainty by intellectual conviction called Illmul-Yakeen. Second is the certainty of Anicol-Yakeen through actual "Seeing"; and the third, the certainty of certainties, is by "Becoming" or Hukkal-Yakeen.

What the Vedantists say about our being one with God, even that is not the intellectual conviction of Illmul-Yakeen, because when we hear that we are one with God, we imagine only what the intellect grasps temporarily. The temporary understanding can check the conviction, and nothing can upset the holder of that conviction, and when one actually begins to see what one has grasped permanently, than the Yakeen or certainty of conviction can be said to be spiritually firm for all time. It is only after one becomes united with what one IS that the certainty of conviction is Dnyan or Hakul-Yakeen.

Now, you all are ordinary men. This knowledge of manhood on your part does not depend upon intellect or reasoning whatsoever. You just know that you are men. None of you ever thinks, "I am a man, I am stone," etc. That is because your knowledge that you are men is selfknowledge of your manhood, and is not the outcome of a mere belief based on what you hear about the feelings and experience of others. Similarly, when you actually feel and find that you have become God, you are then really God; and this "becoming" is the Knowledge which the Master can and does impart at the right moment in literally no time at all. True mahatmas and walis can and may give the shadow of Knowledge to anyone by influencing, through a touch, sound or sight, the centers and seats of knowledge; but even that shadow may be enough to make one lose one's physical body.

We all are, in a way, hypocrites, inasmuch as we always try to justify ourselves, right or wrong.

이 확신에는 세 단계가 있습니다. 첫째는 일물-야킨(Illmul-Yakeen)이라고 불리는 지적 확신에 의한 확신입니다. 두 번째는 실제 "보는 것"을 통한 애니콜-야킨(Anicol-Yakeen)의 확신이며, 세 번째는 "존재과정" 또는 후칼-야킨(Hukkal-Yakeen)에 의한 확신입니다.

우리가 하나님과 하나라고 베단타교인들이 말하는 것조차도 일물-야킨의 지적인 확신이 아닙니다. 왜냐하면 우리가 하나님과 하나라는 말을 들을 때 우리는 지성이 일시적으로 파악한 것만을 상상하기 때문입니다. 일시적인 이해는 그 확신에 도움이 될 수 있고, 그 확신을 가진 사람을 흔들 수 없으며, 실제로 자신이 파악한 것을 영구적으로 보기 시작할 때 야킨 또는 확신의 객관성이 영적으로 영원히 확고하다고 말할 수 있습니다. 신념의 확신이 드냔 또는 하쿨-야킨(Hakul-Yakeen)이 되는 것은 오직 자기 자신과 하나가 된 후에야 비로소 가능합니다.

자, 여러분은 모두 평범한 사람들입니다. 여러분 자신의 인간성에 대한 이 지식은 지성이나 추론에 의존하지 않습니다. 여러분은 그저 여러분이 사람이라는 것을 알고 있습니다. 여러분 중 누구도 "나는 사람이다. 나는 돌이다." 등의 생각을 하지 않습니다. 그것은 자신이 사람이라는 지식은 자신의 인간성에 대한 자기 인식이며, 다른 사람의 감정과 경험에 대해 들은 것을 바탕으로 한 단순한 믿음의 결과가 아니기 때문입니다. 마찬가지로, 여러분이 실제로 자신이 하나님이 되었다는 것을 느끼고 발견할 때, 여러분은 정말로 하나님입니다; 그리고 이 "존재과정"은 말 그대로 스승이 아무 때나 적절한 순간에 전할 수 있고 실제로 전할 수 있는 앎입니다. 진정한 마하트마와 왈리는 접촉이나 소리, 시각을 통해 앎의 중심과 자리에 영향을 미침으로써 누구에게나 지식의 그림자를 줄 수 있고 전할 수도 있습니다. 하지만 그 그림자조차도 사람의 육신을 잃게 만들기에 충분할 수 있습니다.

우리 모두는 어떤 면에서 보면 위선자입니다. 옳든 그르든 항상 자신을 정당화하려고 하기 때문입니다.

According to the Vedantists and the Sufis, God does everything; everything is done according to His Will and in accordance with His laws. In a way, that is all right; but being short of one truth, the whole of it is not right. And the lack of truth is the lack of experience behind the assertions. Without having gained the actual experience, to act according to facts of experience is not only silly like a tutored parrot expressing love to a girl, but such assertions based on mere reasoning and logic lead to lust and dust. The reactions of the actions based on such "ignorance of knowledge" are too terrible to contemplate, apart from other consequences like lunacy or a nervous breakdown.

Bhakti-marg, which is the sum and substance of every religion, makes us frigidly rigid over "right is right" and "wrong is wrong," leading to a dry-as-dust, brittle and boring attitude of the mind. Under yoga practices, the experiencing of different kinds of temporary samadhis brings forgetfulness of Reality and causes the yogi to lose sight of the Goal itself. By "Jap-tap" and "chilla-kashi" he is entrapped in novel, but nonetheless limited, powers that eventually prove a boomerang for his mind.

The real "headache" lies in the fact that we really have to become what we really are, and therefore in order to gain God, we must first lose Him. Suppose I am God; then first I have to lose myself in order to be able to find myself.

Complete loss of God means, wants are not there, desires are not there, likes or dislikes are not there, you are not there, God is not there; in short, nothing is there: and this is Real Fana or the Divine Vacuum. The moment this Fana takes place, at that very moment, God comes into His own full glory of the everlasting Baqa. This is not according to the western conception of Realization of "this inside" or "that outside" but is discovery of God, by God, for God.

베단티스트와 수피교에 따르면 하나님은 모든 것을 행합니다; 모든 것은 그분의 뜻과 그분의 법에 따라 이루어집니다. 어떤 면에서는 괜찮습니다. 그러나 하나의 진실성이 부족하기 때문에 전체가 옳지 않습니다. 그리고 진실성의 결여는 그 주장들 뒤에 숨겨진 경험의 부족입니다. 실제 경험하지 않고 경험의 사실에 따라 행동하는 것은 교육받은 앵무새가 소녀에게 사랑을 표현하는 것처럼 어리석을 뿐만 아니라 단순한 이성과 논리에 근거한 그러한 주장들은 욕망과 먼지로 이어집니다. 이러한 "지식의 무지"에 근거한 행동의 반응은 정신 이상이나 신경 쇠약과 같은 다른 결과를 제외하고는 생각할 수 없을 정도로 끔찍합니다.

모든 종교의 총체이자 본질인 박티-마르그$^{(Bhakti-marg)}$는 "옳은 것은 옳다"와 "틀린 것은 틀렸다"에 대해 냉혹할 정도로 경직되게 만들어 먼지처럼 메마르고 부서지기 쉽고 지루한 마음의 태도를 갖게 합니다. 요가 수행에서 다양한 종류의 일시적인 삼매를 경험하면 현실을 망각하게 되고, 요가 수행자로 하여금 목표 그 자체를 보지 못하게 합니다. "잡-탑"과 "칠라-카시"로 인해 그는 참신하지만 그럼에도 불구하고 제한적인 힘에 갇히게 되고, 이는 결국 그의 정신에 부메랑이 되어 돌아옵니다.

진짜 "골칫거리"는 우리가 진짜 우리 자신이 되어야 하고 따라서 하나님을 얻기 위해서는 먼저 그분을 잃어버려야 한다는 사실에 있습니다. 내가 하나님이라고 가정하면, 나를 찾기 위해서는 먼저 나를 잃어야만 합니다.

하나님의 완전한 상실은 거기에 원함이 없고, 욕망도 없으며, 좋아하거나 싫어하는 것이 없고, 여러분이 없고, 하나님도 없다는 것을 의미합니다. 한마디로 아무것도 없습니다. 이것이 바로 진정한 파나$^{(Real\ Fana)}$ 또는 신성한 진공입니다. 이 파나가 일어나는 순간, 바로 그 순간에 하나님은 영원한 바카$^{(Baqa)}$의 완전한 영광 속으로 들어옵니다. 이것은 "이 안"이나 "저 밖"의 깨달음에 대한 서구의 개념에 따르는 것이 아니라 하나님의, 하나님에 의한, 하나님을 위한 발견입니다.

Even when God is lost and found, the life of God is not there. The life of God can be led by regaining ordinary human sobriety and, at the same time, retaining one's Divinity Individualized. For example, Sai Baba's ^(The Perfect Master, Sai Baba of Shirdi) Individuality is eternal, although his work in the different planes and spheres of existence is no longer there. Only those who were then in the respective planes of consciousness know about Sai Baba's work in those particular planes; and all the work of Sai Baba in all the planes at one and the same time was known only to him and his contemporaries.

※ Meher Baba says:

It is my nature to be absolutely natural, even with Beloved God, who is one with me and I one with Him. If you understand this, it is absolutely easy. The solution is in your hand!

God is Infinite Honesty, and unless we love Him honestly, we cannot know Him.

He is beyond all understanding, but the heart full of love can understand the un-understandable. So just words, explanations, and readings will not help. All this means nothing; only if you love God, you become one with God. That is the only solution. And you can love God.

Malcolm then asked Baba if we love God by loving others. Baba said, "You can, only you don't know you are loving God. God loves Himself through us all."

-'AS ONLY GOD CAN LOVE' p269, Darwin Shaw

심지어 하나님을 잃어버리고 찾았을 때에도 하나님의 삶은 거기에 없습니다. 하나님의 삶은 평범한 인간의 상태를 회복함과 동시에 개인화된 자신의 신성을 유지함으로써 인도될 수 있습니다. 예를 들어, 사이 바바[완전한 스승, 쉬르디의 사이 바바]의 개성은 영원하지만, 다른 차원과 존재 영역에서의 그의 작업은 더 이상 존재하지 않습니다. 당시 각 의식의 차원에 있었던 사람들만이 그 특정 차원에서의 사이 바바의 작업에 대해 알고 있으며, 동시에 모든 차원에서 사이 바바의 모든 작업은 그와 그의 동시대 사람들에게만 알려져 있었습니다.

※ 메허 바바는 이렇게 말합니다:

나는 절대적으로 자연스러운 것이 내 본성입니다. 심지어 사랑하는 하나님과도, 그분과 저는 하나이며, 저와 그분은 하나입니다. 이를 이해한다면, 정말 쉽습니다. 해결책은 여러분의 손에 있습니다!

하나님은 무한한 정직이며, 우리가 그분을 정직하게 사랑하지 않으면 그분을 알 수 없습니다. 그분은 모든 이해를 초월하지만, 사랑으로 가득 찬 가슴은 이해할 수 없는 것을 이해할 수 있습니다. 그러므로 말이나 설명, 독서만으로는 도움이 되지 않습니다. 이 모든 것은 아무 의미가 없습니다. 오직 하나님을 사랑할 때만 하나님과 하나가 됩니다. 그것이 유일한 해결책입니다. 그리고 여러분은 하나님을 사랑할 수 있습니다.

그 후 말컴은 바바에게 우리가 다른 사람을 사랑함으로써 하나님을 사랑하는 것인지 물었습니다. 바바는 말했습니다. "여러분은 할 수 있습니다. 오직 여러분만이 자신이 하나님을 사랑하고 있다는 것을 모릅니다. 하나님은 우리 모두를 통해 그분 자신을 사랑합니다."

－'오직 하나님만이 사랑할 수 있는 것처럼' 269페이지, 다윈 쇼 첨부

Mind Must Go

Mind is never transformed. Ego is transformed only once.[By Ego is meant "Astistv" – "I"] Today you feel that you are a man, tomorrow you die and then when you are born again your mental impressions give you the feeling that you are a woman; all this is false. Mind's attitude is changed according to circumstances, but mind remains mind, whether it is uplifted or depressed. Mind can be happy and it can be miserable. It is the attitude of the mind which thus changes.

Mind creates worlds, delusions, illusions, etc., but mind remains as mind. Mind cannot be transformed. Why? Because it is not one in itself. Mind survives by desires and thoughts and it is made up of impressions. Ego is one in itself but this Ego (the real "I") is now bound by this mind. And this mind which is made up of false impressions makes the real "I" think itself false. Mind makes you think of birth, death, happiness, miseries, etc., as real things, but nothing can be more false than this.

You are now here alive in the body, in your senses. Have you any impression of how you were born, how your birth took place? No ... because you were not born at all. It is the mind that gives you the impression that you are here, or there, and so on. It is the mind that gives you the impressions which make you say, "She is my wife" or "He is my husband," etc. Mind keeps us continually "tap dancing." If you knew that your wife, child, etc., are one, if you knew that you never die, never suffer, etc., you would know you are all-in-all. But the mind is there to baffle you. Mind says "Beware! She is your wife, they are your children, etc."

마음은 사라져야 합니다

마음은 결코 변하지 않습니다. 에고는 단 한 번만 변형됩니다.[에고는 "아스티 스트브"-"나"를 의미] 오늘 여러분은 자신이 남자라고 느끼고, 내일 여러분은 죽고, 그리고 여러분이 다시 태어났을 때 여러분의 정신적 인상은 자신이 여자라고 느끼지만 이 모든 것은 거짓입니다. 마음의 태도는 상황에 따라 달라지지만, 마음이 고양되든 우울해지든 마음은 여전히 마음으로 남습니다. 마음은 행복할 수도 있고 비참할 수도 있습니다. 따라서 변화하는 것은 마음의 태도입니다.

마음은 세계, 망상, 환상 등을 창조하지만 마음은 여전히 마음으로 남아 있습니다. 마음은 변형될 수 없습니다. 왜 그럴까요? 왜냐하면 마음은 그 자체로 하나가 아니기 때문입니다. 마음은 욕망과 생각에 의해 생존하고 그것은 인상으로 이루어져 있습니다. 에고는 그 자체로 하나이지만 이 에고(실제의 "나")는 이제 이 마음에 묶여 있습니다. 그리고 거짓된 인상으로 이루어진 이 마음은 실제의 "나"를 거짓으로 생각하게 만듭니다. 마음은 탄생, 죽음, 행복, 불행 등을 실재하는 것으로 생각하게 하지만, 이보다 더 거짓된 것은 없습니다.

여러분은 지금 여기 육체 안에서 여러분의 감각 속에서 살아 있습니다. 여러분이 어떻게 태어났는지, 자신의 출생이 어떻게 이루어졌는지에 대한 인상이 있습니까? 아니요... 여러분은 전혀 태어나지 않았기 때문입니다. 여러분이 여기에 있거나 저기에 있다는 인상을 주는 것은 마음입니다. "그녀는 내 아내다" 또는 "그는 내 남편이다" 등과 같이 말하게 만드는 인상을 주는 것은 마음입니다. 마음은 우리를 계속 "탭 댄스"를 추게 만듭니다. 여러분의 아내, 자녀 등이 하나라는 것을 안다면, 여러분은 결코 죽지 않고, 고통받지 않는다는 등을 안다면, 여러분은 모든 것이 온전하다는 것을 알게 될 것입니다. 그러나 마음은 여러분을 당황하게 할 것입니다. 마음은 "조심하세요! 그녀는 당신의 아내이고, 그들은 당신의 자녀입니다."

Mind creates these false impressions and makes the real "I" think itself false. To think "I am body, I am young, old, I am a man, a woman, I am this or that" are all impressions created by the mind.

Mind might make one say "I am God," but cannot make itself feel "I am God." So long as mind is there, Ego cannot be transformed from its false attitude to its real state. Mind thus also makes you say that you are infinite, all-powerful, and so forth, but you do not experience it. Why? Because mind, which is made up of false impressions makes you - the real "I" - feel yourself as the small limited "i." If the false ego is to have the experience of its real, original state, the mind must go. As long as the mind is there, even though its outlook may undergo a change, the real "I am God" state cannot be experienced.

In sound sleep, mind has temporarily ceased; but ego is there. The impressions again make the mind wake up, and the mind again makes the ego feel false. In innumerable lives and forms, the ego is there. The mind is there also, but the mind's impressions change and so accordingly the body changes, and then its experiences also undergo changes. Therefore, for the false "I" to become real "I," mind must go.

This grip of the mind has bound us so tight that the more we try to escape, the more we find ourselves bound, because mind has to be destroyed from its root. But who is going to destroy it? Mind has to destroy itself. Yet that is an impossible task. The very process of destroying itself creates impression in the mind of this effort at self-destruction, and so one gets more bound.

Says Hafiz: "You yourself are the veil, oh Hafiz! And so remove thyself."

마음은 이러한 거짓 인상을 만들어 내고 실제 "나"를 거짓이라고 생각하게 만듭니다. "나는 몸이다. 나는 젊다. 늙었다. 나는 남자다. 여자다. 나는 이것이다. 저것이다"라고 생각하는 것은 모두 마음이 만들어낸 인상입니다.

마음은 "나는 하나님이다"라고 말하게 할 수는 있지만, 스스로 "나는 하나님이다"라고 느끼게 만들 수는 없습니다. 그래서 마음이 있는 한 에고는 거짓된 태도에서 실제 상태로 바뀔 수 없습니다. 따라서 마음은 또한 자신이 무한하고 전능하다고 말하게 하지만 그것을 경험하지 못합니다. 왜일까요? 왜냐하면 거짓된 인상으로 구성된 마음은 진짜 "나"인 여러분을 작고 제한된 "나"로 느끼게 만들기 때문입니다. 거짓 에고가 마음의 진정한 본래 상태를 경험하려면 마음이 사라져야 합니다. 마음이 거기에 있는 한, 그 모습이 바뀌더라도 진정한 "나는 하나님이다"라는 상태를 경험할 수 없습니다.

숙면에서 마음은 일시적으로 멈춥니다; 그러나 에고가 거기에 있습니다. 인상은 다시 마음을 깨우고 마음은 다시 에고를 거짓된 느낌으로 만듭니다. 무수한 삶과 형태 속에 에고가 있습니다. 마음도 거기에 있지만 마음의 인상은 변화하고 그에 따라 몸도 변화하며 그 경험 또한 변화를 겪습니다. 따라서 거짓 "나"가 진정한 "나"가 되려면 마음이 사라져야 합니다.

이 마음의 손아귀는 우리를 너무나 단단히 묶었기 때문에 우리가 벗어나려고 하면 할수록 더욱더 묶여 있는 자신을 발견하게 됩니다. 왜냐하면 마음은 그 뿌리부터 파괴되어야 하기 때문입니다. 그런데 누가 그것을 파괴하겠습니까? 마음은 스스로를 파괴해야 합니다. 하지만 그것은 불가능한 일입니다. 스스로를 파괴하는 과정 자체가 자기 파괴를 위한 노력이라는 인상을 마음속에 심어주기 때문에 더욱 얽매이게 됩니다.

하피즈가 말합니다: "오 하피즈, 너 자신이 베일이다! 그러니 너 자신을 제거하라."

Now how to remove yourself? The very process of removing creates fresh sanskaras (impressions).

There is a story of four Iranis who heard about how the soul leaves the body and how it goes to the sky, etc. One day, being intoxicated with bhang[A native beverage], they caught hold of a wheel of a cart and went on pulling at it for a long time, thinking that thus they would be able to detach their souls, but obviously this didnt help and they realized that they had injured themselves in the bargain.

There have been many attempts of this type to destroy the mind, which is made up of impressions of every kind - good, bad, low, high, etc. Thousands have thought of destroying the mind - through the main paths of Action, Meditation, Knowledge and Love. These have been chalked out by the Masters for the purpose of destroying the mind while still retaining consciousness.

Let us consider how, through the Path of Action, the goal of Man-O-Nash, that annihilation of the mind which transforms the false "I" into the real "I," can be attained.

Perfect Masters saw that actions which have false ego and impressionful mind as their background feed the mind instead of destroying it. They saw that everyone has to do actions; even the laziest of men has to eat, drink, etc. These actions, instead of destroying the mind, only feed it again. Therefore they conceived of "action-less action." That means to act but in such a way that the effect is as if no action were done. In this way, past impressions of actions get spent up mentally through experience of happiness and misery, but no new impressions are created.

자 어떻게 자신을 제거할 것인가요? 제거하는 바로 그 과정이 새로운 산스카라(인상)를 만들어 냅니다.

영혼이 어떻게 몸을 떠나 하늘로 가는지 등에 대해 들은 네 명의 이란인의 이야기가 있습니다. 어느 날 방[bhang: 토종 음료]에 취한 그들은 수레바퀴를 붙잡고 한참 동안 끌면서 그렇게 하면 영혼이 분리될 수 있다고 생각했지만, 분명히 이것은 도움이 되지 않았고, 그들은 이 과정에서 스스로를 다치게 했다는 것을 깨달았습니다.

좋은 것, 나쁜 것, 낮은 것, 높은 것 등 모든 종류의 인상으로 구성된 마음을 파괴하려는 이러한 유형의 시도가 많이 있었습니다. 수천 명의 사람이 행동, 명상, 지식 그리고 사랑이라는 주요 경로를 통해 마음을 파괴할 생각을 해왔습니다. 이것들은 의식을 유지하면서 마음을 파괴하기 위한 목적으로 마스터들에 의해 고안된 것입니다.

만오나쉬(Man-O-Nash)의 목표인 행동의 길을 통해 거짓된 "나"를 참된 "나"로 변화시키는 마음의 소멸을 어떻게 이룰 수 있는지 살펴봅시다.

완전한 스승들은 거짓 에고와 인상 깊은 마음을 배경으로 하는 행동이 마음을 파괴하는 대신 마음을 먹이는 것을 보았습니다. 그들은 아무리 게으른 사람이라도 먹고 마시는 등 누구나 행동을 해야 한다는 것을 알았습니다. 이러한 행동들은 마음을 파괴하는 대신 마음에 다시 영양분을 공급할 뿐입니다. 그래서 그들은 "행위가 없는 행동"을 생각했습니다. 즉, 행위는 하되 그 효과는 마치 아무 행동도 하지 않은 것과 같은 방식으로 하라는 뜻입니다. 이런 방식으로 과거의 행동에 대한 인상은 행복과 불행의 경험을 통해 정신적으로 소모되지만, 새로운 인상은 만들어지지 않습니다.

Suppose you help someone without any thought of self interest; suppose you try to protect a woman and in doing so, get beaten and the police arrest you and put you in jail. These happenings spend up some of your past sankaras, but as you had no self-interest, no fresh sankaras are formed. This process is so long and complicated that one can attain Man-O-Nash through action only after many Yugas [Cycles of time].

The real goal of life is not the death of the ego but the death of the mind. So when Mohammed or Zoroaster or Jesus talked of being born once, or dying once, they meant the death of the mind. Mind is born from the very beginning - even before the stone age. This birth takes place only once and the death of mind also takes place only once. When the mind dies, the false ego is transformed into Reality. Real ego is never born and it never dies. Ego is always real, but due to the mind, the ego feels and acts as the limited and false "I."

Now mind goes on taking bodies according to its good or bad impressions. This taking and shedding bodies is not the death of either the mind or the ego. After the physical death, the mind remains, with all its accumulated impressions. It is the impressions which make the mind take bodies so that the impressions might be experienced in the process of being wiped out, while the ego remains a witness. Even when you are fast asleep, the ego and the mind are still there. The impressions wake you up so that they might be experienced and in the process get wiped out. This phenomena is also in a way the daily birth of the body. When one body is dropped, another comes up; although there is a certain time lag between the giving up of one body and the taking on of another. In between, there are the mind-states of heaven, hell, etc. The mind has to die in this body; thus the Masters have chalked out different ways to attain this Man-O-Nash or annihilation of the mind during life.

만약 여러분이 사심 없이 누군가를 돕는다고 가정해 봅시다; 그 과정에서 한 여성을 보호하려다가 구타를 당하고 경찰에게 체포되어 감옥에 갇혔다고 가정해 봅시다. 이러한 사건들은 당신의 과거 산스카라의 일부를 소비하지만, 사심이 없었기 때문에 새로운 산스카라는 형성되지 않습니다. 이 과정은 매우 길고 복잡하기 때문에 많은 유가[Yugas: 시간의 순환]를 거쳐야만 행동을 통해 만오나쉬(Man-O-Nash)를 얻을 수 있습니다.

삶의 진정한 목표는 에고의 죽음이 아니라 마음의 죽음입니다. 그래서 모하메드나 조로아스터나 예수가 한 번 태어나고 한 번 죽는다고 했을 때 그것은 마음의 죽음을 의미했습니다. 마음은 아주 태초부터, 심지어 돌로서의 생애 이전부터 태어난 것입니다. 이 태어남은 단 한 번이고 마음의 죽음도 단 한 번만 일어납니다. 마음이 죽으면 거짓 에고는 실재함으로 바뀝니다. 진정한 에고는 태어나지도 않고 죽지도 않습니다. 에고는 항상 실재하지만, 마음으로 인해 에고는 제한되고 거짓된 "나"로 느끼고 행동합니다.

이제 마음은 좋은 인상이나 나쁜 인상에 따라 몸을 받아들입니다. 이 몸을 취하고 벗는 것은 마음이나 에고의 죽음이 아닙니다. 육체적인 죽음 이후에도 마음은 모든 축적된 인상과 함께 남아 있습니다. 에고가 목격자로 남아 있는 동안 인상이 지워지는 과정에서 경험될 수 있도록 마음이 육체를 취하게 하는 것은 인상입니다. 여러분이 깊은 잠에 빠져 있을 때에도 에고와 마음은 여전히 거기에 있습니다. 인상은 여러분을 깨우고 경험하고 그 과정에서 지워집니다. 이 현상은 또한 어떤 면에서는 육체의 일상적인 탄생이기도 합니다. 한 몸이 떨어졌을 때, 다른 몸이 나타납니다; 비록 한 몸을 포기하고 다른 몸을 받아들이는 것 사이에는 일정한 시간 차가 있지만. 그 사이에는 천국, 지옥 등의 마음 상태가 있습니다. 마음은 이 몸 안에서 죽어야 합니다; 따라서 스승들은 생전에 이 만오나쉬 또는 마음의 소멸을 달성하기 위한 다양한 방법을 고안했습니다.

As long as the mind is there the body is also there and there is continuous action. Only when the mind is at rest, completely stilled or unconscious, does action stop ninety-nine percent. Even then the one percent of actions continue, such as breathing, snoring, turning in bed, etc. Thus actions continue and there is no escape from them. Actions create impressions which again feed the mind, and so there is no remedy or way for the ego to rid itself of impressions and experience its Real State. So the Masters suggested action to kill action, that is, action done in such a way that the effect of the action is important, i.e., it creates no result which leads to any kind of binding.

For example: a scorpion by nature wags its tail and stings anyone who comes near it. Now suppose the dangerous sting is removed, even then the scorpion goes on wagging its tail and continues to behave as before; but the action is rendered impotent, without dangerous results - that is, the bad effect of the action is removed. If actions have to be without binding, their effects which lead to binding have to be eliminated.

The world and its activities are really worthless. Actions continue whether they are good or bad, and therefore the Masters have said, "Act in such a way that the actions do not bind you and impressions are not created." This is an almost impossible task, as explained below. Yet there are three ways by which action can be done without creating the impressions and the consequent bindings:

1) To act, but with absolutely no thought that you are acting. This must be a continuous process. The ego must not give even one moment for the mind to exert its influence. In fact, you act for others and not for yourself. This selfless action, which is also called selfless service, or Karma Yoga, is also almost impossible, because the moment you think, "I am serving others, I must help, I must uplift a certain cause," you are caught. For a leader it is very risky unless this thought about himself is given up 100 percent continuously.

마음이 그곳에 있는 한 몸도 그곳에 있으며 지속적인 행동이 있습니다. 마음이 완전히 고요하거나 무의식 상태일 때만 행동은 99%를 멈춥니다. 그 경우에도 호흡, 코골이, 침대에서 돌아눕기 등과 같은 1%의 행동은 계속됩니다. 따라서 행동은 계속되고 거기서 벗어날 수 없습니다. 행동은 다시 마음에 영양을 공급하는 인상을 생성하므로 에고가 인상을 제거하고 실제 상태를 체험할 수 있는 치료법이나 방법은 없습니다. 그래서 스승들은 행동을 죽이는 행위, 즉 행동의 효과가 중요한 방식으로 수행되는 행위, 즉 어떤 종류의 구속으로 이어지는 결과를 만들지 않는 행위를 제안했습니다.

예를 들어 전갈은 본능적으로 꼬리를 흔들며 가까이 다가오는 사람을 찌릅니다. 이제 위험한 독침이 제거되었다고 가정해 봅시다. 그때에도 그 전갈은 계속해서 꼬리를 흔들며 예전처럼 행동합니다; 그러나 그 행동은 위험한 결과 없이 무력해집니다. 즉, 행동의 나쁜 영향이 제거됩니다. 행동이 구속력이 없어야 한다면, 구속력을 갖게 하는 효과도 제거되어야 합니다.

세상과 그 활동은 정말 무가치합니다. 행동은 좋든 나쁘든 계속되기 때문에 스승들은 "행동이 당신을 구속하지 않고 인상이 만들어지지 않도록 행동하라"고 말했습니다. 아래에 설명된 것처럼 이것은 거의 불가능한 일입니다. 그러나 인상과 그에 따른 구속을 만들지 않고 행동을 할 수 있는 세 가지 방법이 있습니다:

1) 행동하되, 행동한다는 생각은 전혀 하지 말아야 합니다. 이것은 지속적인 과정이어야 합니다. 에고가 마음에 영향력을 행사할 수 있는 단 한순간의 시간도 주어서는 안 됩니다. 사실, 여러분은 자신을 위해서가 아니라 다른 사람을 위해 행동하는 것입니다. 이타적 봉사 또는 카르마 요가라고도 불리는 이 이타적인 행동은 또한 거의 불가능합니다. 왜냐하면 "나는 다른 사람에게 봉사하고 있다. 도와야 하고 어떤 대의를 고양해야 한다"라고 생각하는 순간 잡히기 때문입니다. 지도자에 있어서 자신에 대한 이러한 생각을 100% 지속해서 포기하지 않는 한 매우 위험한 일입니다.

This point may be explained further. If a leader asks others to sacrifice everything for some cause, with the best of motives and with no self-interest, but fails to give up every thought of self 100 percent continuously, then the result is a disaster. All the Sanskaras (impressions) of the whole group fall on him and even his followers are caught up in the impressions, even though they might have acted with the best of intentions. A similar disaster occurs in case of a guru and disciple, if there is any thought of self on either side. Even pity for others should not be there. In short, when action has to be without effect then it must be done without self-interest, which is almost impossible.

2) The second way is that whatever good or bad you do, you dedicate to God or your Master. This, too, is almost impossible as the dedication has to be continuous without a moment's break. If you are able to do so, then impressions are not created by your actions; but if there is a break even once, the reaction is disastrous and all the sankaras fall upon you.

3) The third way is to do whatever you are asked to do by a Master who is free from impressions and whose mind is destroyed. Such actions do not bind you. This, too, is difficult. You must have 100 percent unflinching faith in the Master; even a moment's doubt is fatal. Krishna had to convince Arjuna that He was in everyone and that no one died, as all were dead already. Then what Arjuna did was "action without action."

The above three ways are thus almost impossible to attain. So how should one act? To be involved in the mere "sansar" [worldly matters] with your wife, children, and to act results in your getting bound with hoops of iron.

이 점은 더 설명할 필요가 있습니다. 지도자가 다른 사람들에게 최선의 동기와 사심 없이 어떤 대의를 위해 모든 것을 희생하라고 요구하면서도 자신에 대한 모든 생각을 100% 지속적으로 포기하지 못한다면 그 결과는 재앙이 됩니다. 전체 집단의 모든 산스카라(인상)가 그에게 떨어지고 심지어 그의 추종자들조차 최선의 의도로 행동했을지라도 그 인상에 사로잡히게 됩니다. 구루[영적스승]와 제자의 경우에도 어느 한쪽에라도 자아에 대한 생각이 있으면 비슷한 재앙이 발생합니다. 다른 사람에 대한 동정심조차도 거기에 있어서는 안 됩니다. 요컨대, 행동이 효과가 없어야 할 때는 사심 없이 해야 합니다. 그리고 그것은 거의 불가능합니다.

2) 두 번째 방법은 선^善한 일을 하든 악^惡한 일을 하든 하나님이나 스승에게 바치는 것입니다. 이 역시 한순간도 쉬지 않고 계속 헌신해야 하므로 거의 불가능에 가깝습니다. 여러분이 그렇게 할 수 있다면 자신의 행동으로 인상이 만들어지지 않습니다; 그러나 한 번이라도 멈춤이 있다면, 그 반응은 재앙이며 모든 산스카라가 자신에게 떨어집니다.

3) 세 번째 방법은 인상에서 자유롭고 마음이 파괴된 스승이 요구하는 것은 무엇이든 하는 것입니다. 그러한 행동은 여러분을 구속하지 않습니다. 이것 역시 어렵습니다. 스승에 대한 100%의 흔들림 없는 믿음이 있어야 하며, 한순간의 의심도 치명적입니다. 크리슈나는 아르주나에게 그분이 모든 사람 안에 계시며 이미 모두 죽었기 때문에 아무도 죽지 않았다고 확신시켜야 했습니다. 그런 다음 아르주나가 한 일은 "행동하지 않는 행위"였습니다.

따라서 위의 세 가지 방법은 달성하기 거의 불가능합니다. 그렇다면 어떻게 행동해야 할까요? 아내, 자녀들과 함께 단순한 "산사르^(sansar)[세속적 문제]"에 관여하고 행동하는 것은 자신을 쇠사슬로 묶는 결과를 낳습니다.

But submissive, loose and weak impressions are created by actions done without self-interest, even if at times thoughts of helping or pitying others come into the mind, because mind's part is to make the ego identify with the body and not feel false, and to experience the sanskras. But when the mind sees that the ego is not so ready to accept its dictatorship, then the impressions formed by the actions of the above type are weak. Such actions are therefore eventually of help towards attaining Man-O-Nash.

When Knowledge comes, it comes in a flash; Godhood is what you then experience. God is Knowledge, and in a moment you know everything and then you know that there was nothing to know.

Some Masters have chalked out ways of destroying the mind through mind itself, by means of meditation and concentration; when mind is concentrated, its further function is weakened and the impressions exhaust themselves. But in this process of meditation and concentration, Man-O-Nash is almost impossible, because mind has the habit of getting its impressions carried out; when the mind feels frustrated, it gets more desperate. The moment you sit for meditation, thoughts which you never got before sometimes come to you, and eventually one of the following three things happen: (1) you get fed up because you cannot concentrate, (2) you get sleepy or drowsy, or (3) more bad thoughts enter your mind and you have to give up your attempts.

But if you have a brave heart and you patiently persist, then, in a very few cases, the mind is temporarily stilled. Now this results in one of two things - one goes into a state of trance or one gets a sort of Samadhi. Neither this trance (Hal) nor Samadhi are Man-O-Nash.

그러나 사심 없이 행한 행동으로 인해 순종적이고 느슨하고 약한 인상이 생깁니다. 다른 사람들을 돕거나 연민하는 생각이 마음에 들어올 때조차도 말입니다. 왜냐하면 마음의 역할은 에고를 몸과 동일시하고, 거짓을 느끼지 않으며, 산스카라를 경험하는 것이기 때문입니다. 그러나 마음이 에고가 자신의 독재를 받아들일 준비가 되어 있지 않다는 것을 알게 되면, 위 유형의 행동에 의해 형성된 인상은 약합니다. 따라서 그러한 행동은 결국 만오나쉬를 달성하는 데 도움이 됩니다.

앎이 오면 그것은 순식간에 옵니다; 신성은 여러분이 그때 체험하는 것입니다. 하나님은 앎입니다. 그리고 한순간에 여러분은 모든 것을 알게 되고, 그때 알아야 할 것이 아무것도 없다는 것을 알게 됩니다.

일부 스승들은 명상과 집중을 통해 마음 자체로 마음을 파괴하는 방법을 고안해 냈는데; 마음이 집중되면 더 이상의 기능이 약화하고 인상은 저절로 소진됩니다. 그러나 명상과 집중의 과정에서 만오나쉬는 거의 불가능합니다. 왜냐하면 마음은 인상을 관철시키는 습성이 있고, 마음이 좌절감을 느끼면 더 절망적으로 변하기 때문입니다. 명상을 위해 앉아 있는 순간, 전에는 없던 생각이 떠오르기도 하고, 결국 다음 세 가지 일 중 하나가 일어납니다. (1) 집중할 수 없어 지치거나 (2) 나른해지거나 졸음이 오거나 (3) 나쁜 생각이 여러분의 마음에 더 많이 들어와 시도를 포기해야 하는 경우가 발생합니다.

하지만 두려움 없는 가슴을 가지고 인내심 있게 지속한다면, 아주 드물게 마음이 일시적으로 고요해집니다. 그러면 두 가지 중 하나가 발생하는데, 하나는 무아지경에 빠지거나 일종의 사마디[삼매]에 도달합니다. 이 황홀경(할)이나 사마디[삼매]는 모두 만오나쉬가 아닙니다.

Such a Samadhi becomes a profession in some cases; and trance becomes like dope and one gets addicted to it. One enjoys that trance, but it is temporary. There have been cases of those going into Samadhi and while coming down, getting as their first thought the same thought they had while going up into the Samadhi. Thus, if they had the thought of money before entering into Samadhi, they get the same thought when coming out of it.

Some Masters have taught that the best way to achieve Man-O-Nash is to forget oneself through devotion and to give the mind no chance of having new impressions. The question is how to forget oneself through devotion (Bhakti Marg). When one is devoted 100 percent, then one forgets oneself. But this, too, is practically impossible, because such devotion and forgetfulness have to be continuous. Hafiz has said, "If you want the presence of the Beloved, do not absent yourself from the memory of the Beloved." You must not be for one moment without this devotion or without self-forgetfulness, when it is almost an impossibility. Therefore one Master has said, "One moment with the Perfect Master is better than a hundred years of sincere prayers."

Now some Masters have taught that mind must be diverted if it is to be killed. Mind makes the ego say, "I am body." Therefore make the mind say, "I am not body, I am not this and not that, I am God." Now this, too, is almost impossible, because mind has its own impressions and to compel this mind to say what it thinks to be false and contrary to its own impressions seems like a hypocritical act. For example, mind knows that it is Mr. So and So. Now, if this person's mind says, "I am not a human being, but I am God," then at that very moment the mind thinks that is lying.

사마디는 어떤 경우에는 일상이 되기도 하고, 황홀경은 마약과 같아서 중독되기도 합니다. 사람은 그 황홀경을 즐기지만, 그것은 일시적입니다. 사마디에 들어갔다가 내려오면서 사마디에 올라가는 동안 처음 생각했던 것과 같은 생각을 하게 되는 경우가 있습니다. 따라서 그들이 사마디에 들어가기 전에 돈에 대한 생각이 있었다면, 사마디에서 나올 때도 그들은 같은 생각을 하게 됩니다.

일부 스승들은 만오나쉬를 달성하는 가장 좋은 방법은 헌신을 통해 자신을 잊고 마음에 새로운 인상이 생길 기회를 주지 않는 것이라고 가르쳤습니다. 문제는 헌신(박티 마르그)을 통해서 어떻게 자기 자신을 잊어버릴 수 있는가입니다. 100% 헌신하면 자기 자신을 잊게 됩니다. 그러나 이 역시 현실적으로 불가능합니다. 왜냐하면 그러한 헌신과 망각이 지속되어야 하기 때문입니다. 하피즈는 "비러벳[사랑받는 분]의 현존을 원한다면 비러벳의 기억 속에서 당신 자신의 자리를 비우지 마세요"라고 말했습니다. 거의 불가능한 일인데, 여러분은 이러한 헌신이나 자기 망각 없이 단 한순간도 있어서는 안 됩니다. 그러므로 한 스승은 "완전한 스승과 함께하는 한순간이 백년의 진실한 기도보다 낫다."라고 말했습니다.

이제 일부 스승들은 마음을 죽이려면 마음을 돌려야 한다고 가르쳤습니다. 마음은 에고로 하여금 "나는 몸이다."라고 말하게 합니다. 그러므로 마음이 "나는 몸이 아니다. 나는 이것도 아니고, 저것도 아니다. 나는 하나님이다."라고 말하도록 만듭니다. 이것 역시 거의 불가능합니다. 왜냐하면 마음은 그 자신의 인상을 가지고 있고 이 마음이 자신의 인상과 반대되는 거짓이라고 생각하는 것을 말하도록 강요하는 것은 위선적인 행동처럼 보이기 때문입니다. 예를 들어, 마음은 자신이 누구이며 아무개라는 것을 알고 있습니다. 그런데 이 사람의 마음이 "나는 인간이 아니라 하나님이다."라고 말한다면, 바로 그 순간 마음은 그것이 거짓말이라고 생각합니다.

The result is that this tires out the heart - the emotions and love; the mind cannot accomplish actionless actions because mind says, "I am God, what do I have to act for?" Mind says, mind cannot forget itself in devotion because it repeats, "I am God, to whom should I pray?"

So Man-O-Nash becomes impossible. But if selfless action (even if not perfect) is persisted in, a stage is reached when mind is permanently at peace. It sees God, but it is not yet destroyed. If through Bhakti a state of love is achieved by which constant devotion is attained, then this peace of mind and seeing of God comes. So if one says, "I am God, I am not body," and persists in this saying with 100 percent faithfulness at the cost of everything, then this peace of mind is achieved. But for Man-O-Nash there is always the need of help of the Perfect Master. One who is free from the binding of impressions can "uproot" the minds of others, even of masses.

In short, there are all these ways to attempt Man-O-Nash and to make one feel superficially "I am God, Infinite, Eternal, etc." But it is rightly said, "You cannot step out of your nature, so how can you aspire to enter the threshold of your Beloved?"

Following different paths, different people encounter different difficulties. Some who do not know the technique of meditation go mad. Some say that they should never see a woman. They get so nervous about it all.

The fact is all is God, but you are misled by this shameless mind. The mind is so shameless that the more you wish to get rid of it, the more you get entangled in it, just when you try to take out one foot from the mire, your other foot gets stuck more deeply. All the same you have to get rid of this troublesome mind.

결과적으로 이것은 가슴 즉, 감정과 사랑을 지치게 합니다. 마음은 "나는 하나님인데 무엇을 위해 행동해야 하는가?"라고 생각하기 때문에 행동 없는 행위를 할 수 없습니다. 마음은 "나는 하나님인데, 누구에게 기도해야 하는가?"라고 반복하기 때문에 헌신하는 데 있어서 마음 자체를 잊을 수 없다고 말합니다.

그래서 만오나쉬는 불가능하게 됩니다. 그러나 사심 없는 행동이 (설사 완벽하지는 않더라도) 지속되면 마음이 영구적으로 평화로워지는 단계에 도달합니다. 그것은 하나님을 보지만 마음은 아직 파괴되지 않았습니다. 박티를 통해 끊임없는 헌신이 이루어지는 사랑의 상태에 도달하면, 이러한 마음의 평화와 하나님을 볼 수 있습니다. 따라서 "나는 하나님이지 육체가 아니다"라고 말하고 모든 것을 희생해서라도 100% 신실하게 이 말을 계속한다면 마음의 평화를 얻게 됩니다. 그러나 만오나쉬를 위해서는 언제나 완전한 스승의 도움이 필요합니다. 인상의 구속으로부터 자유로운 사람은 다른 사람의 마음, 심지어 대중의 마음도 "뿌리 뽑을" 수 있습니다.

요컨대, 만오나쉬를 시도하고 표면적으로 "나는 하나님이고 무한하며 영원하다"라고 느끼도록 만드는 모든 방법이 있습니다. 그러나 "여러분은 자신의 본성에서 벗어날 수 없는데 어떻게 자신이 비러벳[사랑하는 사람]의 문턱에 들어서기를 열망할 수 있겠습니까?"라는 말이 옳습니다.

다른 길을 따르는 다른 사람들은 다른 어려움에 직면하게 됩니다. 명상의 기술을 모르는 사람들은 미쳐 버립니다. 어떤 사람들은 절대 여자를 보면 안 된다고 말합니다. 그들은 모든 것에 대해 너무 긴장합니다.

사실은 모든 것이 하나님이지만 여러분은 이 파렴치한 마음에 속고 있는 것입니다. 마음은 너무 파렴치해서 없애려고 하면 할수록 더 얽히고설키는데, 수렁에서 한쪽 발을 빼려고 하면 다른 발이 더 깊이 박히게 됩니다. 그래도 이 번거로운 마음을 버려야 합니다.

Man-O-Nash is real Samadhi for the mind. The mind is uprooted and this is the death of mind; the ego immediately feels, "I am everything," and it is disassociated from all experiences of the body, for it has now no concern with the body. At this moment either the shock is too strong and the body falls, or the momentum keeps the body going for some time and then it falls.

※ WHEN THE FALSE EGO DISAPPEARS AND 'I' GOES GOD COMES!

On Monday morning, 28 August 1939, during the usual talks with the men mandali, Baba abruptly started asking each one in the room, "Where is God?"

All replied spontaneously.
Jehangir Wankadia said, "Everywhere."
Nilu pointed to his chest and said, "In the heart!"
Vishnu said, "In the soul!"
One expressed his inability to give the proper answer, saying, "It is the eternal question."

Finally, Baba asked Don, who pointed to Baba sitting on the bed,
"In Baba! Baba is God."

For a moment all were taken aback. Don's answer was so simple, so natural. Baba then spelled out, explaining:

If you take me as your Master and believe me Perfect and one with the Infinite, if you believe this in all faith, then Don's is the only correct and logical answer.

God is where you are not!
By you is meant your false I, your illusory life as Kaka, Adi, Eruch, Baidul. Where you are, God is not! To think yourself separate from God is all imagination. Your false ego makes you think you are such-and-such and leads you to believe that God can never reside within you! When your false ego disappears and your I goes, God comes!

-Lord Meher Online, pp.2029-2030

만오나쉬는 마음의 진정한 사마디[삼매]입니다. 마음이 뿌리째 뽑힙니다. 그리고 이것이 마음의 죽음입니다. 에고는 즉시 "내가 모든 것"이라고 느끼고, 이제 몸과 관련이 없기 때문에 몸의 모든 경험과 단절됩니다. 이 순간 충격이 너무 강해서 몸을 떨어뜨리거나[몸을 벗거나], 추진력이 몸을 얼마 동안 유지하다가 떨어뜨립니다.

※ 거짓 에고가 사라지고 '나'가 사라지면 하나님이 옵니다!

1939년 8월 28일 월요일 아침, 남자 만달리들과 평소처럼 대화를 나누던 중 바바는 갑자기 방 안에 있는 모든 사람에게 "하나님은 어디에 계십니까?"라고 묻기 시작했습니다.

모두 자연스럽게 대답했습니다.
제항기르 완카디아는 "어디에나 있습니다"라고 대답했습니다.
닐루는 자신의 가슴을 가리키며 "가슴속에 있습니다!"라고 말했습니다.
비슈누는 "영혼 안에 있습니다!"라고 말했습니다.
한 사람은 "그것은 영원한 질문"이라며 제대로 된 답을 내놓지 못하겠다는 반응을 보이기도 했습니다.

마지막으로 바바는 침대에 앉아 있는 바바를 가리킨 돈에게 물었습니다.
"바바 안에 있습니다! 바바가 하나님입니다!"

순간 모든 사람이 깜짝 놀랐습니다. 돈의 대답은 매우 간단하고, 너무나도 자연스러웠습니다. 그러자 바바는 이렇게 설명하며 철자를 썼습니다:

만약 여러분이 나를 자신의 스승으로 받아들이고 나를 완전하고 무한자와 하나이며, 완전한 믿음으로 이것을 믿는다면, 돈의 대답만이 정확하고 논리적인 대답입니다.

하나님은 여러분이 없는 곳에 있습니다!
여러분이란 거짓된 나는 카카, 아디, 에루치, 바이둘로서의 환상적인 삶을 의미합니다. 여러분이 있는 곳에 하나님은 없습니다! 여러분 자신이 하나님과 분리되어 있다고 생각하는 것은 모두 상상력입니다. 여러분의 거짓 에고는 자신이 이러저러하다고 생각하게 만들고 하나님은 결코 여러분 안에 존재할 수 없다고 믿게 만듭니다! 여러분의 거짓 에고가 사라지고 나가 사라지면 하나님이 오십니다!

-로드 메허 온라인 2029-2030페이지

Man-O-Nash (The Annihilation of the Mind)

GOD is everywhere and does everything.
GOD is within us and knows everything.
GOD is without us and sees everything.
GOD is beyond us and IS everything.

The One All-pervading, All-comprehending, All-powerful God, who is the Self of ourselves, and besides whom nothing is real, has helped me and guided me during the Man-O-Nash period of my work[1951], and now makes me dictate to you the following:

To try to understand with the mind that which the mind can never understand, is futile; and to try to express by sounds of language and in form of words the transcendental state of the soul, is even more futile. All that can be said, and has been said, and will be said, by those who live and experience that state, is that when the false self is lost, the Real Self is found; that the birth of the Real can only follow the death of the false; and that dying to ourselves ... the true death which ends all dying ... is the only way to perpetual life. This means that when the mind with its satellites ... desires, cravings, longings ... is completely consumed by the fire of Divine Love, then the infinite, indestructible, indivisible, eternal Self is manifested. This is Man-O-Nash, the annihilation of the false, limited, miserable, ignorant, destructible "I," to be replaced by the real "I"; the eternal possessor of Infinite Knowledge, Love, Power, Peace, Bliss and Glory, in its unchangeable existence.

만오나쉬(마음의 소멸)

하나님은 어디에나 계십니다. 그리고 모든 것을 행하십니다.
하나님은 우리 안에 계십니다. 그리고 모든 것을 알고 계십니다.
하나님은 우리가 없는 곳에 계십니다. 그리고 모든 것을 보십니다.
하나님은 우리를 초월해 계십니다. 그리고 모든 것에 존재합니다.

만유에 충만하고, 모든 것을 인식하며, 전능한 하나님은 우리 자신의 참 자아이며 그분 외에는 아무것도 실재하지 않습니다. 그분은 나의 만오나쉬 작업 기간[1951년] 동안 나를 도우시고 인도해 주셨습니다. 그리고 이제 여러분에게 다음과 같이 지시합니다:

마음이 결코 이해할 수 없는 것을 마음으로 이해하려고 노력하는 것은 헛된 일입니다; 그리고 우리 자신의 영혼의 초월적 상태를 언어의 소리와 말의 형태로 표현하려는 시도는 더욱 헛된 일입니다. 그 상태를 경험하고 살아가는 사람들이 말할 수 있고, 말했고, 말하게 될 모든 것은 거짓 자아가 사라질 때 진정한 자아가 발견된다는 것입니다. 진정한 참나의 탄생은 거짓 자아의 죽음 뒤에만 올 수 있다는 것입니다; 그리고 우리 자신에 대해 죽는다는 것... 모든 죽음을 끝내는 진정한 죽음은... 영원한 생명에 이르는 유일한 길이라는 것입니다. 이것은 마음이 자신의 위성들... 욕망, 열망, 갈망들이... 신성한 사랑의 불에 의해 완전히 소멸할 때, 무한하고, 파괴할 수 없으며, 나눌 수 없는 영원한 참나가 나타난다는 것을 의미합니다. 이것이 바로 거짓되고, 제한적이며, 비참하고, 무지하며, 파괴할 수 있는 "나"를 소멸시키고 진정한 "나", 즉 무한한 앎, 사랑, 힘, 평화, 지복과 영광의 영원한 소유자로 변하지 않는 존재로 대체하는 만오나쉬(Man-O-Nash)입니다.

Man-O-Nash is bound to result in this glorious state in which plurality goes and Unity comes, ignorance goes and Knowledge comes, binding goes and Freedom comes. We are all permanently lodged in this shoreless Ocean of infinite Knowledge, and yet are infinitely ignorant of it until the mind ... which is the source of this ignorance ... vanishes forever; for ignorance ceases to exist when the mind ceases to exist.

Unless and until ignorance is removed and Knowledge is gained ... the Knowledge whereby the Divine Life is experienced and lived ... everything pertaining to the spiritual seems paradoxical.

God, whom we do not see, we say is real; and the world, which we do see, we say is false. In experience, what exists for us does not really exist; and what does not exist for us, really exists.

We must lose ourselves in order to find ourselves: thus loss itself is gain.

We must die to self to live in God: thus death means Life.

We must become completely void inside to be completely possessed by God: thus complete emptiness means absolute Fullness.

We must become naked of selfhood by possessing nothing, so as to be absorbed in the infinity of God: thus nothing means Everything.

만오나쉬는 다원성이 가고 일원성이 오며, 무지가 가고 앎이 오며, 속박이 가고 자유가 오는 이 영광스러운 상태를 초래할 수밖에 없습니다. 우리 모두는 이 무한한 앎의 바다에 영원히 머물러 있지만, 이 무지의 근원인 마음이... 영원히 사라지기 전까지는 무한히 무지합니다. 왜냐하면 마음이 더 이상 존재하지 않을 때는 무지도 더 이상 존재하지 않기 때문입니다.

무지가 제거되고 앎이 얻어지지 않는 한... 신성한 삶을 경험하고 살아가는 앎은... 영적인 것과 관련된 모든 것이 역설적으로 보입니다.

우리가 보지 못하는 하나님을 우리는 실재라고 말합니다; 그리고 우리가 보는 세상은 거짓이라고 말합니다. 경험 안에서, 우리에게 존재하는 것은 실제로 존재하지 않고, 우리에게 존재하지 않는 것은 실제로 존재합니다.

우리는 자신을 찾기 위해 자신을 잃어야만 합니다: 그러므로 손실 자체가 이득입니다.

우리는 하나님 안에서 살기 위해 자아에 대해 죽어야 합니다: 따라서 죽음은 생명을 의미합니다.

우리는 하나님께 완전히 소유되기 위해 내면이 완전히 비워져야 합니다: 따라서 완전한 비움은 절대적인 충만함을 의미합니다.

우리는 아무것도 소유하지 않음으로써 자아성自我性을 벗어버려야 합니다. 그래야 하나님의 무한성에 흡수될 수 있습니다. 그러므로 무無(nothing)는 유有(Everything)을 의미합니다.

Bhakti Yoga

Out of a number of practices which lead to the ultimate goal of humanity - God-Realization - Bhakti Yoga is one of the most important. Almost the whole of humanity is concerned with Bhakti Yoga, which, in simple words, means the art of worship. But it must be understood in all its true aspects, and not merely in a narrow and shallow sense, in which the term is commonly used and interpreted.

The profound worship based on the high ideals of philosophy and spirituality, prompted by divine love, doubtless constitutes true Bhakti Yoga. It follows then that the various ceremonies and rituals, which are part and parcel of every creed or the mariat[Ceremonial side of religion] of every religion, constitute only its shadow. Nevertheless, it may be said that the ritualistic worship, which the masses of humanity confuse with religion, is Bhakti Yoga in its incipient or initial stage.

A number of the ceremonies performed by the followers of every creed are doubtless useless, but those ceremonies and modes of offering prayers, which are essentially based on the principle of conveying or evoking worship, may be said to constitute elementary Bhakti Yoga.

Although Bhakti Yoga cannot be divided into separate, watertight compartments, it may be said to have three principal stages. The first stage, which is elementary, concerns itself with ritualistic worship. The Namaz of the muslims, the Tal-Bhajan and the Sandhya-Pujas of the Hindus, the Kusti and Bhantars of the Zoroastrians, the prayers of the Christians, etc., are no doubt Bhakti-worship in rudimentary stages. The first stage of Bhakti Yoga is therefore general, and almost everyone is concerned with it and can practice it.

박티 요가

인류의 궁극적인 목표인 신성실현으로 이끄는 많은 수련 중에서 박티 요가는 가장 중요한 것들 중 하나입니다. 거의 모든 인류가 박티 요가에 관심을 갖고 있는데, 간단히 말해서 예배의 기술을 의미합니다. 그러나 이 용어가 일반적으로 사용되고 해석되는 경우 단순히 좁고 얕은 의미에서가 아니라, 모든 참된 측면에서 이해되어야 합니다.

신성한 사랑에 의해 촉발된 철학과 영성의 높은 이상에 바탕을 둔 심오한 예배는 의심할 여지없이 진정한 박티 요가를 구성합니다. 따라서 모든 신조의 일부이자 모든 종교의 마리아트[종교의 의식적 측면]인 다양한 의식과 의례는 그 그림자에 불과합니다. 그럼에도 불구하고 인류 대중이 종교와 혼동하는 의례적인 예배는 초기 또는 시작 단계의 박티 요가라고 말할 수 있습니다.

모든 신조를 따르는 추종자들이 수행하는 많은 의식은 의심할 여지없이 쓸모가 없지만 본질적으로 예배를 전하거나 환기하는 원리에 기초한 그러한 의식과 기도 방식은 기초적인 박티 요가를 구성한다고 말할 수 있습니다.

비록 박티 요가는 별도의 물샐틈없는 칸으로 나눌 수는 없지만, 그것은 세 가지 주요 단계를 가지고 있다고 말할 수 있습니다. 초등 단계인 첫 번째 단계는 의식적인 예배에 관련이 있습니다. 무슬림의 나마즈(Namaz), 힌두교의 탈-바잔(Tal-Bhajan), 그리고 힌두교의 산디야-푸자(Sandhya-Pujas), 조로아스터교의 쿠스티(Kusti)와 반타르(Bhantars), 기독교의 기도 등은 의심할 여지 없이 초보적인 단계의 박티-예배입니다. 그러므로 박티 요가의 첫 번째 단계는 일반적이며, 거의 모든 사람들이 그것에 관심을 가지고 실천할 수 있습니다.

The second stage, which is intermediate, concerns itself with the constant remembrance of God. The worshipper, through constant mental or physical repetitions (Nam-Smaran or Zikra) of anyone name of God, achieves the fixity of thought on God, without the medium of any ceremony. In other words, when a person's thoughts are always directed towards God, throughout the waking state, even while eating or talking, he may be said to be in the second stage of Bhakti Yoga.

This kind of constant remembrance of God must not be confounded with meditation. In meditation, one makes an attempt to achieve fixity of thought; whereas one who has reached the second stage of Bhakti Yoga already possesses the one sole and single thought for God, and therefore has no more need of organized thinking. Just as a variety of thoughts come to an ordinary man, even without the intention on his part to have them, the Bhakti yogi in the second stage simply cannot help thinking about the Lord, wherever and however he may be. This fixity of thought on God is higher Bhakti or worship.

The third stage, which is advanced, concerns itself with divine love and longing of a high order. The higher Bhakti of the second stage ultimately leads the aspirant to this third or highest stage of Bhakti Yoga; in other words, to the highest Bhakti and to the true love. The one in this stage can be called the true lover of God. For him there is no question of fixity of thought. He is beyond thought, His thoughts, so to say, have gotten melted into the blazing and all-consuming fire of an intense longing for the Beloved-God. So much so, that far from thinking about his physical needs, the aspirant in this stage of Bhakti or love, is almost incognizant of his very corporality.

From this survey of the three stages of Bhakti lbga, it is quite evident that for householders, men of busy avocation, in short, for the masses, the practice of worship is possible only up to the first stage.

중간 단계인 두 번째 단계는 하나님을 지속적으로 기억하는 것과 관련이 있습니다. 예배자는 정신적으로나 육체적으로 끊임없이 하나님의 이름을 반복(남-스마란 또는 지크라)함으로써 어떠한 의식의 매개 없이 하나님에 대한 생각의 고정성을 성취합니다. 다시 말해, 깨어 있는 상태, 심지어 먹거나 말하는 동안에도 사람의 생각이 항상 하나님을 향할 때, 그는 박티 요가의 두 번째 단계에 있다고 할 수 있습니다.

하나님에 대한 이런 식의 끈임없는 기억은 명상과 혼동되어서는 안 됩니다. 명상에서, 사람은 사유^{思惟}의 영속성을 성취하려고 시도하는 반면, 박티 요가의 두 번째 단계에 도달한 사람은 이미 하나님에 대한 단 하나의 유일한 생각을 지니고 있으므로 더 이상 유기적인 사고^{思考}가 필요하지 않습니다. 그저 평범한 사람에게 다양한 생각이 떠오르듯이, 그것들을 가지려는 의도가 없더라도, 2단계의 박티 요기들은 그가 어디에 있든, 어떤 식으로든 주님을 생각하지 않을 수 없습니다. 하나님에 대한 이 고정된 생각은 더 높은 박티 또는 예배입니다.

진보된 세 번째 단계는 신성한 사랑과 높은 질서에 대한 갈망과 관련이 있습니다. 두 번째 단계의 더 높은 박티는 궁극적으로 열망자를 이 박티 요가의 세 번째 또는 가장 높은 단계, 즉 가장 높은 박티와 진정한 사랑으로 인도합니다. 이 단계에 있는 사람을 진정한 하나님의 러버라고 할 수 있습니다. 그에게는 사유의 영속성에 대한 의문이 없습니다. 그는 사유를 초월해 있으며, 그의 사유는 말하자면 비러벳-하나님에 대한 강렬한 갈망의 불길 속에 녹아 들고 모든 것을 태웁니다. 이 박티 또는 사랑의 단계에 있는 구도자는 자신의 육체적 욕구를 생각하기는커녕, 자신의 육체성을 거의 인식하지 못합니다.

박티 엘브가$^{(Bhakti\ lbga)}$의 세 단계에 대한 이 조사에서, 가사자, 바쁜 직업의 남성, 요컨대 대중의 경우 예배의 실천은 첫 번째 단계까지만 가능하다는 것을 알 수 있습니다.

The average man should follow his creed, whatever it may be, in all sincerity, regardless of the rewards to come, and with the only aim and object of - "I want nothing but You - God." But when I say "following one's own creed," I mean that everybody should be free to base his worship on the religious ideas and methods that appeal to him most, and not that one should stop dead at believing or disbelieving certain statements of a particular scripture, about subjects that are generally beyond the sphere of intellect. It is the act of worship from the heart, and not thoughts and beliefs, that counts in the religious province.

Thus, for a Hindu, a Muslim, a Christian, a Parsi, the best Bhakti is the performance of the Puja, the Namaz, the prayers, and the Kusti ceremony, respectively. But the performance must be from the very depths of the heart, and with the only object of "I want nothing but You (God)." Otherwise, a religion, however beautiful be its teachings, however grand be its philosophy, becomes nothing but a mere farce, which people indulge in generally more through force of habit and fear of society than through any idea of true devotion and worship.

Unless there is the will to worship, no number of ceremonies and no amount of lip-prayer will ever serve the true purpose of religion. It is one thing to learn by heart the whole of a scripture; it is quite another thing to repeat a single sentence of it from the heart. A Hindu may have the Shashtras at his fingertips, but if he lacks in devotion from the heart, he is no better than a typewriter or a calculating machine.

A Muslim may laugh at so-called idol-worship; but he becomes guilty of stray-thought worship, if, while placing his forehead down in a Sijda[Prostration] in the course of his Namaz, without being prompted by the will to worship, he is attacked by objectionable thoughts, for it means that he is at that time paying homage, not to the Almighty, but to those very thoughts.

보통 수준의 사람은 그것이 무엇이든 간에, 다가올 보상에 관계없이, "나는 오직 하나님 당신 외에는 아무것도 원하지 않습니다."라는 유일한 목표와 목적을 가지고 그의 신조를 따라야 합니다. 그러나 내가 "자기 자신의 신조를 따른다"고 말할 때, 나는 모든 사람이 그에게 가장 호소력 있는 종교적 사상과 방법에 따라 자유롭게 예배를 드려야 한다는 것을 의미하는 것이지, 일반적으로 지성의 영역을 벗어난 주제들에 관한 특정 경전의 특정한 진술을 믿거나 믿지 않는 데 그쳐야 한다는 뜻은 아닙니다. 종교적 영역에서 중요한 것은 사고와 믿음이 아니라, 가슴에서 우러나오는 예배 행위입니다.

따라서 힌두교인, 이슬람교인, 기독교인, 파르시에게 있어서 최고의 박티는 각각 푸자, 나마즈, 기도, 쿠스티 의식을 수행하는 것입니다. 그러나 수행은 가슴의 가장 깊은 곳으로부터 "나는 당신(하나님) 외에는 아무것도 원하지 않는다"라는 유일한 대상으로 이루어져야 합니다. 그렇지 않으면 종교는 그 가르침이 아무리 아름답고 철학이 아무리 웅장해도 단순한 희극에 불과하며, 사람들은 일반적으로 진정한 헌신과 숭배에 대한 생각보다는 습관의 힘과 사회에 대한 두려움을 통해 더 많이 빠져들게 됩니다.

예배에 대한 의지가 없다면, 아무리 많은 의식과 입술로만 하는 기도도 종교의 진정한 목적에 부합하지 않습니다. 경전 전체를 외우는 것과 경전의 한 문장 한 문장을 가슴속으로 반복하는 것은 전혀 다른 문제입니다. 힌두교도는 손끝에 샤쉬트라(Shashtras: 교훈, 규칙, 매뉴얼, 개요, 책 또는 논문)를 가지고 있을지 모르지만, 가슴에서 우러나오는 헌신이 부족하면 타자기나 계산기보다 나을 것이 없습니다.

이슬람교도는 소위 우상 숭배를 비웃을 수도 있지만, 나마즈[절등, 기도 예배] 과정에서 이마를 시즈다[엎드림, 부복함]에 얹는 동안 숭배하려는 의지가 없이 불쾌한 생각에 사로잡히면, 그 순간 전능자에게 경의를 표하는 것이 아니라 바로 그 생각에 경의를 표하는 것이므로 잘못된 생각으로 숭배를 하는 죄를 범하게 됩니다.

For instance, if a Muslim gets the thought of any man or woman, while doing the Sijda, it amounts to having offered the Sijda to that man or woman, and thus the Namaz turns into a farce. This point was convincingly elucidated by the Muslim saint, Sufi-Sarmast (who was averse to offering ritualistic prayers) when King Aurangzeb once forced him to participate in the congregational Namaz.

The Saint joined the congregation against his will, but he soon revolted against it by calling loudly to the Imam, who at the particular moment of leading the prayers, was mentally busy arranging the finances for the forthcoming marriage of his daughter, that "the God of the Imam was beneath his feet." The Saint's words were verified later when a treasure-trove was actually found just beneath the spot where Sufi-Sammrmast was standing at the time of praying with the congregation.

To sum up, it is possible for everyone, belonging to any creed and to any station in life, to practice Bhakti Yoga or the true art of worship in its first stage. The act of worship should spring from the heart. Let it be borne in mind that worship from the heart presupposes great efforts. It cannot be evoked with a mere wish. If one decides upon practicing true Bhakti, one has to make heroic efforts in order to achieve fixity of mind, for contrary thoughts are very likely to disturb one's mind. It is because the average person's frame of mind is averse to remaining unchanged for any considerable period of time, that the repeated efforts to evoke deep devotion are essential; and in fact are the turning point in such practices that distinguish the right sense of religion from the shallow show of a mere routine.

Some persons may be so constituted that they can readily take to the second stage of Bhakti Yoga, without having passed through the first stage. But whether the devotee has or has not passed through the first stage, in the beginning of the second stage, he has to make vigorous efforts in thinking about the Almighty as much and as often as possible.

예를 들어, 무슬림이 시즈다를 하는 동안 어떤 남자나 여자에 대한 생각을 갖게 되면 그 남자나 여자에게 시즈다를 바친 것과 같으므로 나마즈는 희극으로 변하게 됩니다. 이 점은 아우랑제브(Aurangzeb) 왕이 회중의 나마즈에 참여하도록 강요했을 때 무슬림 성자 수피 사르마스트(의례적인 기도 제공을 싫어했던 사람)에 의해 설득력 있게 설명되었습니다.

성자는 자신의 의지에 반하여 회중에 합류했지만 곧 기도를 이끄는 특별한 순간에 딸의 다가오는 결혼을 위해 재정을 준비하느라 정신적으로 바빴던 이맘[이슬람교 사원에서의 집단 예배를 인도하는 자]에게 큰 소리로 외침으로써 이에 반발했습니다. "이맘의 하나님은 그의 발 아래에 있습니다." 성자의 말은 나중에 회중과 함께 기도할 때 수피-사르마스트가 서 있던 자리 바로 아래에서 실제로 보물창고가 발견되었을 때 확인되었습니다.

정리하자면, 모든 사람들이 어떤 신조에 속하든 삶의 어떤 지위에 속하든, 박티 요가나 진정한 예배 기술을 첫 단계에서 실천하는 것은 가능합니다. 예배의 행위는 가슴에서 우러나야 합니다. 가슴에서 우러나오는 예배는 엄청난 노력을 전제로 한다는 것을 명심해야 합니다. 그것은 단순한 소망만으로는 불러일으킬 수 없습니다. 진정한 박티를 수행하기로 결심했다면, 반대되는 생각이 마음을 어지럽힐 가능성이 매우 높기 때문에 마음의 부동성을 이루기 위해 영웅적인 노력을 기울여야 합니다. 보통 사람의 마음의 틀은 상당한 기간 동안 변하지 않는 것을 싫어하기 때문에 깊은 헌신을 불러일으키기 위한 반복적인 노력이 필수적이며, 실제로 이러한 수행은 올바른 종교적 감각과 단순한 일상의 얕은 쇼를 구별하는 전환점이 됩니다.

어떤 사람들은 첫 번째 단계를 거치지 않고도 손쉽게 박티 요가의 두 번째 단계에 오를 수 있을 정도로 선정된 사람도 있습니다. 그러나 헌신자가 첫 번째 단계를 통과했는지 여부에 관계없이 두 번째 단계를 시작할 때, 가능한 한 많이 그리고 자주 전능자에 대해 생각하기 위해 적극적인 노력을 기울여야 합니다.

The efforts must be continued until he becomes above efforts; and he becomes above efforts only when worship from the heart becomes his second nature. He who can naturally worship from the heart without finding it necessary to make artificial efforts, may justifiably be said to have attained to higher Bhakti.

Let it be noted that it is not necessary for a man to stop carrying out his worldly duties and obligations, to achieve or to practice this higher Bhakti. He may conduct his business or follow his profession, he may lead the family life and look after all his necessary external requirements; but amidst all his worldly engagements he should ever be alert on the Lord. The more he can remember the object of the heart-worship, along with the routine work of his everyday life, the better for him.

Besides reiterating the name of the Almighty in the ordinary manner, the seeker of the subjective, spiritual sidelights in the second, more advanced stage of Bhakti Yoga should make it a rule to retire into a dark room all alone for about a couple of hours every night. During this period of retirement he must try to avoid all thoughts save that of "I want You, O Lord," and repeat continuously anyone of the names of the Almighty which he has adopted for the purpose of Nam-Smaran.

This is the best course open for those who neither feel satisfied with objective worship, nor can afford to renounce all for God. If sincerely followed, this intermediate practice is bound to bear fruit sooner or later and provide the aspirant with the subjective "glimpses" of the great Reality in some way or another. For instance, one may be able to see or hear without using the gross organs of sight and sound; or perhaps even get established on the Path itself. But for the few who insist, from the very depth of their souls and from the innermost core of their heart, on seeing the Reality actually face to face, at all costs and consequences, there is but one way.

그 노력은 그가 노력을 초월할 때까지 계속해야 합니다; 그리고 가슴에서 우러나오는 예배가 그의 두 번째 본성이 될 때에만 그는 노력을 초월하게 됩니다. 인위적인 노력을 할 필요 없이 자연스럽게 가슴에서 우러나오는 예배를 할 수 있는 사람은 더 높은 박티에 도달했다고 정당하게 말할 수 있습니다.

이 높은 박티를 달성하거나 실천하기 위해 세속적인 의무와 책무를 수행하는 것을 중단할 필요는 없다는 것을 명심하세요. 그는 사업을 하거나 직업을 수행할 수도 있고, 가정생활을 영위할 수도 있고, 필요한 모든 외부적 요구 사항을 돌볼 수도 있지만, 모든 세속적인 일들 가운데서도 그는 항상 주님에 대해 깨어 있어야 합니다. 일상생활의 일상적인 일과 함께 가슴-예배의 대상을 더 많이 기억할수록, 그에게 더 좋습니다.

평범한 방식으로 하나님의 이름을 반복하는 것 외에도 박티 요가의 두 번째 단계인 더 발전된 단계에서 주관적이고 영적인 사이드라이트를 추구하는 구도자는 매일 밤 잠자리에 들기 전 약 두 시간 동안 어두운 방에 혼자 들어가는 것을 규칙으로 삼아야 합니다. 이 잠자리에 드는 시기 동안 그는 "주님, 나는 당신을 원합니다"라는 생각 외에는 모든 생각을 피하려고 노력하고, 남-스마란(Nam-Smaran)의 목적을 위해 채택한 전능자의 이름을 계속해서 반복해야 합니다.

이것은 객관적인 예배에 만족하지 못하거나 하나님을 위해 모든 것을 포기할 여유가 없는 사람들을 위한 최선의 과정입니다. 이 중급 과정을 성실히 수행하면 조만간 결실을 맺게 될 것이고 구도자에게 어떤 식으로든 위대한 실재에 대한 주관적인 "엿보기"를 제공할 것입니다. 예를 들어, 시각과 소리의 물질적인 기관을 사용하지 않고도 보거나 들을 수 있거나 심지어 경로 자체에 자리를 잡을 수도 있습니다. 그러나 영혼의 가장 깊은 곳에서, 가슴속 가장 깊은 곳에서, 어떤 대가를 치르더라도 실재성을 실제로 대면해야 한다고 주장하는 소수의 사람에게는, 단 한가지 방법밖에 없습니다.

And that is complete renunciation. Such heroes must not only possess the indomitable courage of renouncing the world, forsaking all possessions and properties, tearing up all external connections, but also of practicing internal renunciation which means giving up all desires and passions, but entertaining the aspiration for God-realization.

After renouncing fully and faithfully, both in the letter and spirit of the word, as described above, the hero-aspirant must either surrender himself completely to a Perfect Master, in whom he has faith; or retire for good in a forest, or on a mountain, or along the riverside, with the name of the Lord on his lips, with the thought of God in his mind, with the aspiration of seeing Him in his heart.

In short, until the aspirant comes to the goal, or the guide - a living Perfect Master, - he should lead the life of renunciation, wandering or sitting in solitude, ever ready to lay down his life in the cause of his aspiration. But this does not mean he should never feel hungry or wherever or whenever food is available he should avoid it.

Renunciation certainly means that one should, among other things, cease to think about food. But hunger is not always the result of thinking. One never requires thought about hunger in order to become hungry. It is as natural as breathing. However, it has great connection with the intensity of Bhakti or longing on the part of the aspirant. The more intense becomes the divine longing, the more reduced become the physical needs.

Even on this phenomenal plane, we often find worldly people becoming indifferent for a long time to what we call the indispensable necessities of life, in the heat and attraction of an absorbing work and pleasure. This is just what happens on the spiritual plane too. One may become so very preoccupied with the ideal in view as to forget all about these supposedly indispensable necessities of life for months together, without permanently harming oneself physically.

그리고 그것은 완전한 포기입니다. 그러한 영웅들은 세상을 포기하고, 모든 소유물과 재산을 저버리고, 모든 외부 관계를 끊는 불굴의 용기를 가져야 할 뿐만 아니라, 모든 욕망과 열정을 포기하는 내적 포기를 실천하는 동시에 신성실현을 향한 대의에 사로잡혀야 합니다.

전술한 바와 같이, 문자 그대로의 의미와 그것의 내적 목적까지 모두 포함하여, 완전하고 충실하게 포기한 후, 영웅적-구도자는 그가 믿고 있는 완전한 스승에게 자신을 완전히 내맡기거나, 숲이나 산이나 강변에서 하나님의 이름을 입술에 달고 마음속에 하나님을 생각하고 가슴속에 그분을 보고자 하는 열망을 가지고 영원히 은둔해야 합니다.

요컨대, 구도자가 목표에 도달하거나, 안내자인 살아 있는 완전한 스승을 만날 때까지, 그는 포기의 삶을 이끌어야 하며, 방황하거나 외로이 앉아, 항상 자신의 열망을 위해 목숨을 바칠 준비가 되어 있어야 합니다. 그러나 이것은 그가 절대 배고픔을 느껴서는 안 된다거나, 어디서든 음식을 구할 수 있을 때마다 그것을 피해야 한다는 것을 의미하지는 않습니다.

포기한다는 것은 무엇보다도 음식에 대해 생각하는 것을 중단해야 함을 의미합니다. 그러나 배고픔이 항상 생각의 결과는 아닙니다. 배고픔이 되기 위해서는 결코 배고픔에 대한 생각을 필요로 하지 않습니다. 그것은 숨쉬는 것처럼 자연스럽습니다. 그러나 그것은 박티의 강렬함이나 구도자의 갈망의 요소와 큰 관련이 있습니다. 신성한 갈망이 강렬할수록 육체적 욕구는 더 많이 줄어듭니다.

이 경이로운 경지에서조차, 우리는 종종 세상 사람들이 마음을 사로잡는 일과 즐거움의 열기와 매력 속에서, 우리가 삶의 필수품이라고 부르는 것에 오랫동안 무관심해지는 것을 발견합니다. 이것은 영적인 경지에서도 마찬가지입니다. 어떤 사람은 육체적으로 자신을 영원히 해하지 않고 몇 달 동안 함께 삶의 필수품이라고 생각되는 모든 것을 잊을 정도로 이상에 매우 몰두하게 될 수 있습니다.

No harm can come where there is no thought of any harm.

And when we say that those who really insist on seeing God must renounce all and go about with their very lives in their shirt sleeves, we certainly mean that no consideration for any personal loss or danger should be entertained. We do not mean that the aspirant should commit suicide; but he should certainly cease to cling to life and be prepared to lose it if and when circumstances demand it.

This may seem impracticable, and it is certainly next to impossible for most persons to reach this height of Bhakti Yoga. let every human being is potentially capable of demonstrating this high achievement; and some, though very few in number, do manifest divinity in this way from time to time.

To give a recent example, His Holiness Sadguru Upasni Maharaj of Sakori seated himself in seclusion about forty-five years ago on a hill near Nasik, for fully one year continuously, and during this whole period took neither food nor water, even once. And yet he remained alive! A God-realized person can, if he or she so wishes, remain without food, water, or even breathing, for years together, but there is no wonder about it, as the God-Realized One possesses infinite powers.

But in the above example the noteworthy point is that at the time of remaining without food or water for one year, Shri Upasni Maharaj was not God-Realized. It was simply owing to the intensity of his divine longing that Shri Maharaj was able to forget the consciousness and needs of his corporeal frame.

The question may be asked as to what a man, who is completely renounced and retired into solitude, should do to secure the bare necessities of life, i.e., food, when he feels a great pinch of hunger.

해를 끼칠 생각이 없는 곳에는 해가 올 수 없습니다.

그리고 진정으로 하나님을 보기를 주장하는 사람들은 모든 것을 버리고 자신들의 셔츠 소매에 목숨을 걸고 돌아다녀야 한다고 말할 때, 우리는 개인적인 손실이나 위험에 대해 전혀 고려하지 말아야 한다는 것을 분명히 의미합니다; 구도자가 자살해야 한다는 뜻이 아닙니다. 그러나 그는 확실히 삶에 집착하는 것을 그치고 상황이 요구할 때 삶을 잃을 각오를 해야 합니다.

이것은 실행 불가능해 보일 수 있으며, 대부분의 사람들이 이 수준의 박티 요가에 도달하는 것은 거의 불가능에 가깝습니다. 모든 인간은 잠재적으로 이 높은 성취를 보여줄 수는 있으며; 극소수이지만 일부는 때때로 이러한 방식으로 신성을 드러냅니다.

최근의 예를 들자면, 사코리의 사드구루 우파스니 마하라지 성하^{聖下}는 약 45년 전 나식 근처의 언덕에 은둔하여 1년 내내 계속 앉아 있었고, 이 전체 기간 동안 단 한 번도 음식도 물도 먹지 않았습니다. 그럼에도 불구하고 그는 살아남았습니다! 하나님을 깨달은 사람은 자신이 원한다면 음식이나 물, 심지어 숨조차 쉬지 않고 몇 년 동안 함께 머물 수 있지만, 하나님을 깨달은 사람은 무한한 힘을 가지고 있기 때문에 그것에 대해서는 전혀 놀랄 일이 아닙니다.

그러나 위의 예에서 주목할 점은 1년간 음식과 물도 없이 지냈던 당시에, 쉬리 우파스니 마하라지가 하나님을 깨달은 것이 아니라는 점입니다. 그것은 단순히 그의 신성한 갈망의 강렬함 덕분에 쉬리 마하라지는 육체적 틀의 의식과 필요를 잊을 수 있었습니다.

완전히 포기하고 고독 속으로 물러난 사람이 배고픔을 느낄 때, 최소한의 생활 필수품, 즉 음식을 확보하기 위해 무엇을 해야 하는지에 대한 질문이 제기될 수 있습니다.

He must go a-begging for food, and for this purpose, may mix slightly with others temporarily. But he must be prepared to partake of and be satisfied with any kind of food, whether it is agreeable or disagreeable, and sufficient or insufficient. And no sooner is his most acute need supplied, than he should go back and remain in solitude all by himself, with the thought of God.

It should not be implied from the above that begging, as practiced by a large number of so-called Sadhus and other professional beggars, who are a curse to society and a disgrace to spirituality, is here advocated or condoned. On the contrary, it is a fact that the first and foremost law of spirituality and God-finding is to give, from the start to the finish. And the true renouncer, the great hero who has given up all desires - the root cause of beggary - when he begs for and takes food and bare necessities from a man of the world, he gives that man an opportunity to serve and share in the great and noble search for God.

In order to elucidate the point we will now discuss Sahkam and Nishkam, the two kinds of Bhakti.

A worship may be sincere, it may be from the heart, but if the worshipper offers it with the expectation of any return, whether in the shape of worldly benefits, or for blessings in the life hereafter, his worship is Sahkam. And this Sahkam is generally connected with the first stage of Bhakti Yoga. When worship from the heart is offered for the sake of worship only, and without any thoughts of reward in this life or the next, it is called Nishkam, and is concerned with the second and third stage of Bhakti Yoga. True, the aspiration to see and be one with God is the chief motive of the highest worship, but this aspiration is such that even when one comes face to face with God, it remains in full blaze until the Union is effected-as evident from what Hafiz exclaimed when he reached the sixth plane, viz.:

그는 음식을 구걸해야 하며 이를 위해 일시적으로 다른 사람들과 약간 섞일 수도 있습니다. 그러나 그는 그것이 좋든 싫든, 충분하든 불충분하든 모든 종류의 음식을 먹고 만족할 준비가 되어 있어야 합니다. 그리고 그의 가장 절실한 필요가 공급되자마자 그는 돌아가서 하나님에 대한 생각과 함께 혼자만의 고독을 유지해야 합니다.

위의 내용에서 사회에 대한 저주이자 영성에 대한 수치인 소위 사두 및 기타 전문 거지들이 행하는 구걸을 여기에서 옹호하거나 용인해서는 안 됩니다. 오히려 영성과 하나님-찾기의 첫 번째이자 가장 중요한 법칙은 처음부터 끝까지 베푸는 것입니다. 그리고 진정한 포기자, 구걸의 근본 원인인 모든 욕망을 포기한 위대한 영웅은 세상 사람에게 음식과 생필품을 구걸하고 가져갈 때, 그 사람에게 하나님을 향한 위대하고 고귀한 탐구를 위해 봉사하고 나눌 기회를 줍니다.

이 요점을 명확히 설명하기 위해 이제 두 가지 종류의 박티인, 사캄(Sahkam)과 니쉬캄(Nishkam)에 대해 설명하겠습니다.

예배는 진심일 수도 있고 가슴으로부터 우러나온 것일 수도 있지만, 예배자가 세속적 혜택의 형태로든 내세의 축복을 위해서든 어떤 보답을 기대하며 예배를 드린다면 그의 예배는 사캄입니다. 그리고 이 사캄(Sahkam)은 일반적으로 박티 요가의 첫 번째 단계와 연결됩니다. 오로지 예배만을 위해 가슴에서 우러나오는 예배를 드리며 이생이나 다음 생에서 보상을 생각하지 않는 것을 니쉬캄(Nishkam)이라고 하며 박티 요가의 두 번째 및 세 번째 단계와 관련이 있습니다. 사실, 하나님을 보고 하나가 되려는 열망이 가장 높은 예배의 주된 동기이지만, 이 열망은 하피즈가 여섯 번째 경지에 도달했을 때 외친 말에서 알 수 있듯이 하나님을 대면하더라도 합일이 이루어질 때까지 완전히 타오르는 상태로 유지됩니다:

"Khatiram vakhti havas kardi kay binam chizha Ta toora didam na kardi jooz ba didarat haves!"

"I always desired to see different things, but since I have seen You, I desire to see nothing but You!"

Efforts may be made to turn Sahkam Bhakti into Nishkam Bhakti even in the first stage. In the beginning worship is necessarily Sakham. A man may cease to worship God for the sake of temporal gains. But it seldom happens that, while worshipping, a man in the initial stage can help avoiding thoughts for reward in the life to come. And although this Sahkam Bhakti is nothing but beggary, it is all the same the beginning of true Bhakti, for, while begging directly or indirectly of God for any kind of favors, the worshipper sincerely praises God. Because the praise, actuated by the thoughts of gain, is from the heart, it is likely to turn into disinterested praise, which in turn leads to Nishkam Bhakti.

"카티람 바크티 하바스 카르디 케이 비남 치자 타 토오라 디담 나 카르디 주즈 바 디다라트 하베스!"

"나는 항상 다른 것을 보고 싶었지만 당신을 본 나는 당신 외에는 아무것도 보고 싶지 않습니다!"

첫 번째 단계에서도 사캄 박티(Sahkam Bhakti)를 니쉬캄 박티(Nishkam Bhakti)로 전환하려는 노력이 있을 수 있습니다. 처음에 예배는 필연적으로 사캄(Sakham)입니다. 사람은 일시적인 이득을 위해 하나님을 예배하는 것을 멈출 수 있습니다. 그러나 예배하는 동안 초기 단계의 사람이 다가올 삶의 보상에 대한 생각을 피하지 않을 수 없습니다. 그리고 이 사캄 박티(Sahkam Bhakti)는 구걸에 지나지 않지만, 어떤 종류의 호의를 위해 하나님에게 직접 또는 간접적으로 간청하는 동안 예배자는 진심으로 하나님을 찬양하기 때문에 진정한 박티의 시작은 모두 동일합니다. 이득에 대한 생각에 의해 유발되는 찬양은 가슴에서 우러나오는 것이기 때문에 사심 없는 찬양으로 바뀔 가능성이 높으며, 이는 결국 니쉬캄 박티(Nishkam Bhakti)로 이어집니다.

Love and God-Love

Of all the forces that can best overcome all difficulties, is the force of love, because the greatest Law of God is Love, which holds the key to all problems. This mighty force not only enables one to put the ideal of selfless service into practice, but also transforms one into God. It has been possible through love for man to become God; and when God becomes man, it is also due to His Love for His beings.

Love is dynamic in action and contagious in effect. Pure love is matchless in majesty; it has no parallel in power and there is no darkness it cannot dispel. It is the undying flame that has set life aglow. The lasting emancipation of man depends upon his love for God and upon God's love for one and all.

Where there is love, there is Oneness and, in complete Oneness, the Infinite is realized completely at all times and in every sphere of life, be it science, art, religion, or beauty.

The spirit of true love and sacrifice is beyond all ledgers and needs no measures. A constant wish to love and be loving and a non-calculating will to sacrifice in every walk of life, high and low, big and small, between home and office, streets and cities, countries and continents are the best anti-selfish measures that man can take in order to be really selfful and joyful.

Love also means suffering and pain for oneself and happiness for others. To the giver, it is suffering without malice or hatred. To the receiver, it is a blessing without obligation. Love alone knows how to give without necessarily bargaining for a return. There is nothing that love cannot achieve and there is nothing that love cannot sacrifice.

사랑과 하나님-사랑

모든 어려움을 가장 잘 극복할 수 있는 힘은 사랑의 힘입니다. 왜냐하면 하나님의 가장 위대한 법칙은 모든 문제의 열쇠를 쥐고 있는 사랑이기 때문입니다. 이 강력한 힘은 사심 없는 봉사의 이상을 실천할 수 있게 할 뿐만 아니라, 사람을 하나님으로 변화시킵니다; 사람이 하나님이 되는 것은 사랑을 통해서 가능했고, 하나님이 사람이 되실 때도 그분의 존재에 대한 사랑으로 인한 것입니다.

사랑은 행동에 있어 역동적이고 작용에 있어 전염성이 있습니다. 순수한 사랑은 장엄함에 있어 비할 데가 없습니다; 그것은 힘에 있어서도 비할 바가 없고, 없애지 못할 어둠도 없습니다. 사랑은 삶을 불태우는 불멸의 불꽃입니다. 사람의 지속적인 해방은 하나님에 대한 그의 사랑과 모든 사람을 위한 하나님의 사랑에 달려 있습니다.

사랑이 있는 곳에 하나됨이 있고, 완전한 하나됨 안에서 무한자는 과학, 예술, 종교 또는 아름다움 등 삶의 모든 영역에서 항상 완전히 실현됩니다. 참된 사랑과 희생의 정신은 모든 책임을 뛰어넘어 아무런 조치도 필요하지 않습니다. 높고 낮음과 크고 작음, 가정과 직장, 거리와 도시, 국가와 대륙을 가리지 않고 모든 삶의 각계각층에서 사랑하고 사랑받고자 하는 끊임없는 소망과 비계산적인 희생의 의지야말로 사람이 진정으로 행복하고 즐거워지기 위해 취할 수 있는 최선의 반자아적 수단입니다.

사랑은 또한 자신에게는 고통과 아픔을, 다른 사람에게는 행복을 의미합니다. 주는 사람에게는 악의나 증오가 없는 고통입니다. 받는 사람에게는 의무가 없는 축복입니다. 사랑만이 대가를 바라지 않고 베푸는 방법을 알고 있습니다. 사랑으로 이루지 못할 것은 없으며 사랑으로 희생할 수 없는 것은 없습니다.

Love for God, love for fellow-beings, love for service and love of sacrifices; in short, love in any shape and form is the finest "give and take" in the world. Ultimately, it is love that will bring about the much-desired universal leveling of human beings all over the world, without necessarily disturbing the inherent diversities of details about mankind.

All the same, in order to burst out in a mighty big spirit to serve as a beacon for those who may yet be groping in the darkness of selfishness, love needs to be kindled and rekindled in the abysmal darkness of selfish thoughts, selfish words and selfish deeds.

The light of love is not free from its fire of sacrifice. Like heat and light, love and sacrifice go hand in hand. The true spirit of sacrifice that springs spontaneously does not and cannot reserve itself for particular objects and special occasions. Love and coercion can never go together. Love has to spring spontaneously from within. It is in no way amenable to any form of inner or outer force and it cannot be forced upon anybody, yet it can be awakened in one through love itself.

Love cannot be born of mere determination; through the exercise of will, one can at best be dutiful. One may, through struggle and effort, succeed in securing that his external action is in conformity with his conception of what is right; but such action is spiritually barren because it lacks the inward beauty of spontaneous love.

Like every great virtue, love, the mainspring of all life, can also be misapplied. It may lead to the height of God-intoxication or the depths of despair. No better example can be given of the two polarities of love and their effects than that of Mary Magdalene before and after meeting Jesus.

하나님에 대한 사랑, 동료들에 대한 사랑, 섬김에 대한 사랑, 희생에 대한 사랑; 요컨대, 어떤 모양과 형태의 사랑이든 세상에서 가장 훌륭한 "주고받음(give and take)"입니다. 궁극적으로, 사랑은 인류 고유의 다양성을 해치지 않으면서도 전 세계 인류가 간절히 원하는 보편적 평준화를 가져올 것입니다.

마찬가지로, 아직 이기심의 어둠 속에서 헤매고 있는 사람들에게 등불이 되어줄 거대한 큰 정신으로 터져 나오기 위해서는, 사랑은 이기적인 생각과 이기적인 말 그리고 이기적인 행동이라는 심연의 어둠 속에서 밝게 빛나고 다시 불타오를 필요가 있습니다.

사랑의 빛은 그 희생의 불길에서 자유롭지 않습니다. 열과 빛처럼, 사랑과 희생은 함께 진행됩니다. 저절로 솟아나는 진정한 희생정신은 특정 대상과 특별한 경우를 위해 대비하지 않습니다. 또한 사랑과 강요는 결코 함께 갈 수 없습니다. 사랑은 내면에서 자발적으로 솟아나야 합니다; 그것은 어떤 형태의 내적 또는 외적 힘에도 굴복하지 않으며 누구에게도 강요할 수 없지만, 사랑 그 자체를 통해 존재 안에서 깨어날 수 있습니다.

사랑은 단순한 결심만으로 탄생하는 것이 아닙니다; 의지의 행사를 통해서는 기껏해야 충실할 수 있습니다. 투쟁과 노력을 통해, 자신의 외적 행동을 옳은 것에 대한 그의 가치판단과 일치시키는 데 성공할 수는 있습니다; 그러나 그러한 행동은 자유롭게 흐르는 사랑의 내면적 아름다움이 결여되어 있기 때문에, 영적으로는 척박합니다.

모든 위대한 미덕과 마찬가지로 모든 삶의 원천인 사랑도 잘못 적용될 수 있습니다. 그것은 하나님에 대한 도취의 절정이나 절망의 구렁텅이로 이어질 수 있습니다. 사랑의 두 양극성과 그 영향에 대해 예수님을 만나기 전과 만난 후의 막달라 마리아의 사랑보다 더 좋은 예는 없습니다.

Between these two extremes are many kinds of love. On the one hand, love does exist in all the phases of human life; but here it is latent or is limited and poisoned by personal ambitions, racial pride, narrow loyalties and rivalries and by attachment to sex, nationality, sect, caste, or religion. On the other hand, pure and real love has also its stages, the highest being the gift of God to love Him. When one truly loves God, one longs for union with Him, and this supreme longing is based on the desire of giving up one's whole being to the beloved.

True love is very different from an evanescent outburst of indulgent emotionalism or the enervating stupor of a slumbering heart. It can never come to those whose heart is darkened by selfish cravings or weakened by constant reliance upon the lures and the stimulations of the passing objects of sense.

Even when one truly loves humanity, one longs to give one's all for its happiness. When one truly loves one's country, there is the longing to sacrifice one's very life without seeking reward and without the least thought of having loved and served. When one truly loves one's friends, there is the longing to help them without making them feel under the least obligation. When truly loving one's enemies, one longs to make them friends. True love for one's parents or family makes one long to give them every comfort at the cost of one's own. Thought of self is always absent in the different longings connected with the various stages of pure, real love; a single thought of self would be an adulteration.

Divine Love is qualitatively different from human love. Human love is for the many in the one and Divine Love is for the One in the many. Human love leads to innumerable complications and tangles; but Divine Love leads to integration and freedom.

이 두 극단 사이에는 많은 종류의 사랑이 있습니다. 한편으로 사랑은 인간 삶의 모든 국면에 존재하지만, 때로는 개인적인 야망, 인종적 자부심, 편협한 충성심이나 경쟁심, 또는 성별, 국적, 종파, 계급 혹은 종교에 대한 집착으로 인해 잠재적이거나 제한되거나 중독되기도 합니다. 반면에 순수하고 실재적인 사랑에도 그 단계가 있는데, 가장 높은 단계는 하나님을 사랑할 수 있는 하나님의 선물입니다. 진정으로 하나님을 사랑할 때 하나님과의 합일을 갈망하게 되고, 이 지고의 갈망은 비러벳에게 자신의 전 존재를 바치고자 하는 열망에 근거합니다.

참된 사랑은 방종한 감정주의가 일시적으로 발산하거나 잠자고 있는 가슴의 무력감과는 매우 다릅니다. 이기적인 욕망으로 마음이 어두워지거나 지나가는 감각의 미끼와 자극들에 끊임없이 의존하여 마음이 약해진 사람들에게는 결코 올 수 없습니다.

진정으로 인류를 사랑하더라도 인류의 행복을 위해 모든 것을 바치고 싶어 합니다. 진정으로 조국을 사랑하는 사람은 보상을 바라지 않고, 사랑하고 섬겼다는 생각을 조금도 하지 않고 목숨을 바치고자 하는 갈망이 있습니다. 자신의 친구를 진심으로 사랑할 때, 친구에게 최소한의 의무감을 느끼게 하지 않으면서도 그를 돕고자 하는 갈망이 있습니다. 자신의 원수를 진심으로 사랑할 때, 원수를 친구로 사귀고 싶어 합니다. 부모나 가족에 대한 참된 사랑은 자신을 희생시키면서도 모든 위로를 그들에게 주기를 갈망하게 만듭니다. 순수하고 진정한 사랑의 여러 단계와 관련된 다양한 갈망 속에는 항상 자아에 대한 생각이 존재하지 않습니다; 자아에 대한 생각 하나만으로도 사랑을 더럽힐 수 있습니다.

신성한 사랑은 인간의 사랑과 질적으로 다릅니다. 인간의 사랑은 하나 안에서 많은 사람을 위한 것이고 신성한 사랑은 많은 사람 안에서 하나를 위한 것입니다. 인간의 사랑은 셀 수 없이 많은 복잡함과 얽힘으로 이끕니다. 신성한 사랑은 통합과 자유로 이끕니다.

Human love in its personal and impersonal aspects is limited; but Divine Love, with its fusion of the personal and the impersonal aspects, is Infinite in being and expression. Divine Love makes us be true to ourselves and to others and makes us live truly and honestly. Thus, it is the solution to all our difficulties and problems; it frees us from every kind of binding; purifies our hearts and glorifies our being.

To those whose hearts are pure and simple, true love comes as a gift through the activating grace of a Perfect Master, and this Divine Love will perform the supreme miracle of bringing God into the hearts of men. All the same, Human Love should not be despised, even when it is fraught with limitations. It is bound to break through all these limitations and initiate an aspirant in the eternal life in the Truth.

God does not listen to the language of the tongue which constitutes Japs (mental repetitions), Mantras (verbal repetitions), Zikra (either kind of repetition), and devotional songs. He does not listen to the language of the mind which constitutes meditation, concentration and thoughts about God. He listens only to the language of the heart, which constitutes love. The most practical way for the common man to express this language of the heart, whilst attending to daily-life duties, is to speak lovingly, think lovingly, and act lovingly towards all mankind, irrespective of caste, creed and position, taking God to be present in each and everyone.

To realize God, we must love Him, losing ourselves in His Infinite Self. We can love God by surrendering to the Perfect Master who is God's personal Manifestation. We can also love God by loving our fellow-beings, by giving them happiness at the cost of our own happiness, by rendering them service at sacrifice of our interests and by dedicating our lives at the altar of selfless work.

인간의 사랑은 인격적이든 비인격적이든 제한적입니다; 그러나 인격적인 것과 비인격적인 것이 융합된 신성한 사랑은 존재와 표현에 있어서 무한합니다. 신성한 사랑은 우리를 자신과 다른 사람에게 진실하게 만들고 정직하게 살게 합니다. 따라서, 신성한 사랑은 우리의 모든 어려움과 문제에 대한 해결책입니다. 그것은 우리를 모든 종류의 구속으로부터 해방시킵니다; 그것은 우리의 가슴을 정화하고 우리 존재를 영화롭게 합니다.

가슴이 순수하고 소박한 마음을 가진 이들에게, 참된 사랑은 완전한 스승의 활동적인 은총을 통해 선물로 오고, 이 신성한 사랑은 하나님을 사람의 가슴속으로 불러들이는 최고의 기적을 행하게 됩니다. 그럼에도 불구하고 인간의 사랑은 멸시되어서는 안 되며, 한계가 있을 때도 마찬가지입니다. 그것은 이 모든 한계를 극복하고 진리 안에서 영원한 생명으로 구도자를 접하게 하기 때문입니다.

하나님은 랍스(정신적인 반복), 만트라(언어적인 반복), 지크라(두 가지 종류 중 반복) 또는 경건한 노래로 구성된 혀의 언어를 듣지 않습니다. 그는 하나님에 대한 명상과 정신 집중 및 생각을 구성하는 마음의 언어에 귀를 기울이지 않습니다. 그는 오직 사랑을 구성하는 가슴의 언어에만 귀를 기울입니다. 이 가슴의 언어를 표현하는 가장 실용적인 방법은 일상생활의 의무를 다하면서도, 모든 인류를 향하여 사랑스럽게 말하고, 사랑스럽게 생각하고, 사랑으로 행동하고, 신분과 신념, 지위에 상관없이 각 사람 속에 그리고 모두 안에 하나님이 임재한다는 것을 이해하는 것입니다.

하나님을 깨닫기 위해서는 우리는 그분을 사랑하고 그분의 무한한 참나 안에서 우리 자신을 잃어야 합니다. 우리는 하나님의 인격적인 발현인 완전한 스승에게 복종함으로써 하나님을 사랑할 수 있습니다. 또한 우리의 동료 [이웃]를 사랑하고, 우리 자신의 행복을 희생하여 그들에게 행복을 주고, 우리의 이익을 희생하여 그들을 섬김으로써, 그리고 이타적인 일의 제단에 우리의 삶을 바침으로써 우리는 하나님을 사랑할 수 있습니다.

When we love God intensely through any of these channels, we finally know Him to be our own Self.

The beginning of real love is obedience, and the highest aspect of this love which surpasses that of love itself is the aspect which culminates into the perfect obedience or supreme resignation to the Will and Wish of the Beloved. In this love are embodied all Yogas known to saints and seekers.

우리가 이러한 경로 중 하나를 통해 하나님을 열렬히 사랑할 때 우리는 마침내 그분이 우리 자신의 참나임을 알게 됩니다.

진정한 사랑의 시작은 순종이며, 사랑 그 자체를 능가하는 이 사랑의 가장 높은 측면은 비러벳[러버의 사랑을 받는 이]의 뜻과 소망에 대한 완전한 순종과 최고의 체념[사임]으로 끝나는 것입니다. 이 사랑에는 성자들과 길을 찾는 자들에게 알려진 모든 요가가 구현되어 있습니다.

The Aura and the Halo

An aura and a halo are two different things and people are unable to distinguish between the two. Few people know that an aura and a halo are quite different in their respective natures, despite their close interconnection. No man can ever possess both aura and halo completely developed at one and the same time.

Like their respective shadows, every man, woman, child and baby has an aura, but only a very few individuals have a halo on the varying phases of its development; and fewer still possess a full halo. An aura is the reflection of the emotions of an individual mind, just as any physical thing possesses its shadow on the physical plane. The halo begins to appear when the aura begins to disappear.

The difference between an aura - the mental reflection and any physical shadow is tremendous. Shadows depend upon their physical forms, but an individual aura remains unaffected, even when the person concerned drops his physical body, because in spite of death, the individual continues to possess both a mind and the impressions in it, as well as a subtle body, which has a direct connection with its aura.

오라와 후광

오라와 후광은 서로 다른 두 가지이며 사람들은 그 둘을 구별하지 못합니다. 오라와 후광이 서로 밀접한 연관성이 있음에도 불구하고 각각의 성질이 상당히 다르다는 것을 아는 사람은 거의 없습니다. 어떤 사람도 동시에 완전히 발달된 오라와 후광을 모두 소유할 수는 없습니다.

모든 남자, 여자, 아이 그리고 아기는 그들 각자의 그림자처럼 오라를 가지고 있지만, 오직 극소수의 개인만이 다양한 발달 단계에서 후광을 가지고 있습니다; 그리고 아직 완전한 후광을 가지고 있는 사람은 거의 없습니다. 오라는 어떤 물리적인 것이 물리적인 평면에 그림자를 가지고 있는 것처럼, 개인의 마음의 감정을 반영하는 것입니다. 오라가 사라지기 시작할 때 후광이 나타나기 시작합니다.

정신적 반영인 오라와 어떤 물리적인 그림자 사이의 차이는 엄청납니다. 그림자는 물리적인 형태에 따라 다르지만, 개인이 육체를 떨어뜨려도 개인의 오라는 영향을 받지 않고 남습니다. 왜냐하면 개인은 죽음에도 불구하고 개인이 자신 안에 오라와 직접적으로 연결되어 있는 마음과 인상 그리고 기氣적인 몸을 계속 가지고 있기 때문입니다.

※ **TABLE: THE AURA AND THE HALO** By *Meher Baba*

Ordinary	Gross	False Illusion
Advanced	1st Subtle	Beginning of Real Illusion
More Advanced	2nd Subtle	Real Illusion
Most Advanced	3rd Subtle	Real Illusion (High)
Dangling	4th-Junction of Subtle and Mental	Dangerous
Illumined	5th Mental	Real Illusion (Higher)
Most Illumined	6th Mental	Real Illusion (Highest)
God-Realized	7th Reality	Real
Perfect Master	7th Perfection (Reality plus one and all planes)	Real

※ *Two: Aspects of the Path*

Every action, significant or insignificant, intentional or unintentional, on the part of any person, creates relative impressions (sankaras), which gets imprinted on the mind of the individual, just as sound is preserved on a gramaphone record and images of light and shade are caught on photographic plates. As thought is the first direct medium of expression of an impression, a deep connection is established between the thoughts and impressions of an individual. An aura, therefore, is the mental reflection of the aggregate impressions of thoughts and actions, gathered by and stored in an individual mind.

As long as the impressions are there, an aura is always there, as an envelope of subtle atmosphere, comprised of seven colors, which remain more or less prominent according to the nature of each individual's impressions. No two men are alike in all respects, and yet all have common physical features. Similarly, the aggregate of individual impressions differ from one another, both quantitatively and qualitatively, yet every aura is comprised of seven colors, common to all.

※ 메허 바바의 오라와 후광에 대한 표

일상적	물질적精	거짓 환상
발전	첫 번째 기운氣運	실재하는 환상의 시작
더욱 발전	두 번째 기운氣運	실재하는 환상
최상의 발전	세 번째 기운氣運	실재하는 환상 (높은)
매달림	기운氣運과 정신의 네 번째 분기점	위험한
빛을 발함	다섯 번째 정신	실재하는 환상 (더 높은)
최고의 빛을 발함	여섯 번째 정신	실재하는 환상 (가장 높은)
신성실현神性實現	일곱 번째 실재	실재하는
완전한 스승	일곱 번째 완전성 (실재를 더한 하나와 모든 경지들)	실재하는

※ 두 가지: 경로의 측면

모든 사람의 중요하거나 중요하지 않은, 의도적 또는 비의도적인 모든 행동은 상대적인 인상(산스카라)을 생성하며, 이는 마치 음성이 음반 기록에 보존되고 명암 이미지가 사진판에 잡히는 것처럼 개인의 마음에 각인됩니다. 생각은 인상을 표현하는 첫 번째 직접적인 매개체이기 때문에 개인의 생각과 인상 사이에 깊은 연관성이 형성됩니다. 따라서 오라는 개인의 마음 속에 수집되고 저장되는 생각과 행동의 총체적인 인상의 정신적 반영입니다.

인상이 있는 한, 7가지 색깔로 구성된 기氣적인 분위기의 외피처럼 항상 오라가 존재하며, 각 개인의 인상의 특성에 따라 다소 두드러지게 남아 있습니다. 모든 면에서 똑같은 두 사람은 없지만 그럼에도 불구하고 모두 공통적인 신체적 특징을 가지고 있습니다. 마찬가지로 개인 인상의 총합은 양적으로나 질적으로 서로 다르지만 모든 오라는 모두에게 공통적인 7가지 색상으로 이루어져 있습니다.

These seven colors of an individual's aura represent the seven principal categories, corresponding to the aggregate impressions of each individual.

Thus every individual aura is an image of a circle of seven colors. Each aura differs from the others in its proportion of each of the seven colors, according to the individual's predominant impressions. likewise, each aura also differs in the color formation on the borders between every two predominant colors in it. For example, red would be the most prominent color in the aura of a man whose impressions are predominantly made up of lustful actions. The halo begins to develop and an aura begins to disappear only after an individual starts advancing on the Path to God-Realization. When the aura begins to get more and more faint, the halo commences to shine more and more, getting brighter in proportion to the progress of the individual's consciousness on the Path. The halo becomes very bright only after an individual aura is on the point of disappearing.

This happens in the case of a soul who wakes up fully conscious in the sixth plane of complete mental illumination. In the Seventh Plane of Reality, the God-Realized One is, once and for all, entirely free from each and every impression, because the very storehouse of impressions itself, the individual mind, is then annihilated and there remains neither aura nor halo. The Reality of God alone remains supreme in the Self Consciousness of Infinite Power, Infinite Knowledge and Infinite Bliss, with all illusion ceasing to remain as illusion. When one who is God-Realized is able to return with his God-Consciousness simultaneously to all the planes of illusion as a Perfect Master, or Sadguru, his halo is then most bright infinitely brighter than all the suns of the universe put together. It is out of the question for anyone, except those who have attained the consciousness of the Sixth Plane, to behold the Divine Effulgence of the Master's halo.

개인의 오라의 이 7가지 색상은 각 개인의 총체적 인상에 해당하는 7가지 주요 범주를 나타냅니다.

따라서 모든 개인의 오라는 7가지 색상의 원의 이미지입니다. 각각의 오라는 그 개인의 지배적 인상에 따라 7가지 색상의 비율이 다른 오라와 다릅니다. 마찬가지로, 각 오라는 또한 그 안에 있는 모든 지배적인 두 가지 주된 색상 사이의 경계에서 색상 형성이 다릅니다. 예를 들어, 빨간색은 주로 욕정적인 행동으로 이루어진 인상을 받는 사람의 오라에서 가장 두드러진 색입니다. 개인이 신성실현의 길로 나아 가기 시작한 후에야 후광이 발달하기 시작하고 오라는 사라지기 시작합니다. 오라가 점점 희미해지기 시작하면, 후광은 점점 더 빛나기 시작하며, 길^道 위에 있는 개인의 의식의 진행에 비례하여 더 밝아집니다. 후광은 개인의 오라가 사라지는 시점에 이르러서야 광채가 매우 밝아집니다.

이것은 완전한 정신적인 영성이 밝아진 자의 6경지에서 완전히 의식적으로 깨어난 영혼의 경우에 발생합니다. 실재함의 7경지에서 신성실현을 이룬 사람은 모든 인상으로부터 완전히 자유롭습니다. 왜냐하면 바로 인상의 저장소 자체인 개인의 마음이 소멸되고 오라도 후광도 남아 있지 않기 때문입니다. 하나님의 실재만이 무한한 힘, 무한한 앎, 무한한 지복의 참나 의식 안에서 최상의 상태로 남아 있으며, 모든 환상은 환상으로 남아 있는 것을 중단합니다. 하나님을 깨달은 사람이 완전한 스승 또는 사드구루로서 모든 환상의 경지들로 동시에 하나님 의식을 가지고 돌아올 수 있을 때, 그의 후광은 우주의 모든 태양을 합친 것보다 훨씬 더 밝습니다. 6경지의 의식을 획득한 사람들 외에는 누구도 마스터의 후광이 주는 신성한 광휘를 바라보는 것은 불가능합니다.

In all other cases the halo is an expression of individual advancement on the Path, and a sign of the dwindling of the individual's sanskaras, or impressions, in such cases, the halo is like a growing bright circle of the mental atmosphere of illumination, colorless throughout, and yet in every phase of its manifestation, far, far richer in spiritual splendor than any combination of colors can ever be.

Without going into further details, the table that follows will simplify the subject matter so far discussed. Without necessarily being consciously advanced on the Path and only as a result of deep and sublime emotions, latent or expressed, the aspirant may have, from time to time, glimpses of the reflections of inner sights, reverberations of the echoes of inner sounds, redolences of the inner fragrances and distant shades of the inner ecstasies, all of which are but trivialities connected with the higher illusions of the Path. There are also many techniques and natural causes for the manifestation of such phenomena, which are beyond the faculties of an ordinary man. Volumes could be written, especially regarding the potentialities and repercussions of emotions both high and low.

For example, if, due to love for his Master, a man happens to see what appears to him as the halo of the Master, it is not actually the halo, but a part of his own aura as temporarily reflected by the effulgence of that halo - whether that of an illuminated One or a Perfect Master.

All illusory phenomena, gross, subtle and mental, are not only dream-stuff, but everything termed in the table as "false-illusion" is made up of dream-in to-dream stuff, which has no value at all, unless it helps man to awaken to Reality.

God is the only Reality, and all else is illusion. The whole of the gross universe is but part of the huge Cosmic Illusion, containing higher illusions of the Spiritual Planes of man's consciousness.

다른 모든 경우에서 후광은 경로에서의 개인적 진보의 표현이며, 개인의 산스카라 또는 인상이 감소하는 신호입니다. 이 경우 후광은 정신적 분위기의 불빛이 성장하는 밝은 원과 같습니다. 전체적으로 무색이지만, 그 발현의 모든 단계에서, 그 어떤 색의 조합보다 훨씬 더 풍부한 영적인 화려함을 가지고 있습니다.

더 자세한 설명 없이 다음 표는 지금까지 논의된 주제를 단순화할 것입니다. 반드시 의식적으로 길道에서 전진하지 않고도, 잠재되어 있거나 표현된, 깊고 숭고한 감정의 결과로써, 구도자는 때때로 내면의 광경의 반영, 내면의 소리의 울림의 잔향, 내면의 향수의 향기들 그리고 내면의 황홀함의 먼 색조들을 엿볼 수 있습니다. 그 모든 것들은 단지 길道의 높은 환상과 관련된 사소한 것들일 뿐입니다. 또한 그러한 현상의 발현에는 많은 기술과 자연적인 원인이 있는데, 이것은 평범한 사람의 능력 밖의 것입니다. 특히 잠재력과 관련하여 감정의 높고 낮은 영향에 관한 책을 쓸 수도 있습니다.

예를 들어, 스승에 대한 사랑으로 인해 어떤 사람이 스승의 후광으로 인해 자신에게 나타난 후광을 우연히 보게 된다면, 그것은 실제로 후광이 아니라 영성이 밝아진 사람이든 완전한 스승의 것이든 그 후광의 광채에 일시적으로 반사된 그 자신의 오라의 일부일 뿐입니다.

물질적, 기氣적, 정신적인 모든 환상적 현상은 꿈의 물건에 불과할 뿐만 아니라, 이 표에서 말하는 "거짓 환상"이라고 부르는 모든 것은 꿈속에서 꿈을 꾸는 것으로 구성된 것으로, 인간이 실재를 깨우는 데 도움이 되지 않는 한 아무런 가치도 없습니다.

하나님은 유일한 실재이고 다른 모든 것은 환상입니다. 인간 의식의 영적 경지들의 더 높은 환상을 담고 있는 물질 우주 전체가 거대한 우주 환상의 일부일 뿐입니다.

AURA OF 7 COLORS		HALO OF LIGHT		SPIRITUAL BENEFIT	
Number of Colors More or Less Prominent	Number of Colors Almost Faint	Materialistic Influence		Indirect*	Direct**
7	Nil	100%	Nil	Nil	Nil
6	1	80%	Faint	5%	Nil
5	2	65%	Dim	7%	Nil
4	3	55%	Fair	10%	Nil
2 (Very Bright Red and Blue)	5	50%	Unsteady	50%***	Nil
3	4	30%	Bright	25%	25%
2 (Blue and Pink)	5	15%	Very Bright	50%	50%
Nil	Nil	Nil	Nil	100%	Nil
Nil	Nil	100%	Most Bright	100%	100%

☞ **Percentages shown above are not actual, but symbolic of proportions in ordinary terms.**

* According to the efforts of a Seeker.
** Given consciously with full force.
*** 50% Possibility of harm instead of benefit.

일곱 색상의 오라		후광의 빛		영적 혜택	
다소 눈에 띄는 색상의 수	거의 희미한 색상의 수	물질론적 영향		간접적인*	직접적인**
7	0	100%	0	0	0
6	1	80%	약한	5%	0
5	2	65%	흐릿한	7%	0
4	3	55%	보통	10%	0
2 (매우 밝은 빨간색과 파란색)	5	50%	흔들거림	50%***	0
3	4	30%	밝음	25%	25%
2 (파란색과 핑크)	5	15%	매우 밝음	50%	50%
0	0	0	0	100%	0
0	0	100%	가장 밝음	100%	100%

☞ 위에 표시된 백분율은 실제가 아니라 일반적인 용어로 비율을 상징합니다.

* 구도자의 노력에 따라 다름.
** 의식적으로 모든 힘을 다함.
*** 혜택 대신에 50% 피해의 가능성.

Real Birth and Real Death

There is one real birth and one real death. You are born once and you really die only once.

What is the real birth? It is the birth of a "drop" in the Ocean of Reality. What is meant by the birth of a "drop" in the Ocean of Reality? It is the advent of individuality, born of indivisibility through a glimmer of the first most-finite consciousness, which transfixed cognizance of limitation into the Unlimited.

What is meant by the real death? It is consciousness getting free of all limitations. Freedom from all limitations is real death: it is really the death of all limitations: it is liberation. In between the real birth and the real death, there is no such reality as the so-called births and deaths.

What really happens in the intermediate stage known as births and deaths is that the limitations of consciousness gradually wear off till it (consciousness) is free of all limitations. Ultimately, consciousness, totally free of all limitations, experiences the unlimited Reality eternally.

Real dying is equal to real living. Therefore I stress: Die for God and you will live as God.

진정한 탄생과 진정한 죽음

하나의 진정한 탄생과 하나의 진정한 죽음이 있습니다. 여러분은 한 번 태어나고 실제로 한 번만 죽습니다.

진정한 탄생이란 무엇일까요? 그것은 실재의 바다에서의 "물방울"의 탄생입니다. 실재의 바다에서의 "물방울"의 탄생은 무엇을 의미할까요? 그것은 최초의 가장 유한한 의식의 희미한 빛을 통해 불가분성에서 탄생한 개체성의 출현으로 제한된 인식을 무제한적인 의식으로 바꾸었습니다.

진정한 죽음이란 무엇을 의미할까요? 그것은 모든 제한으로부터 벗어나는 의식입니다. 모든 제한으로부터의 자유는 진정한 죽음이며, 그것은 진정으로 모든 제한의 죽음입니다. 즉 해방입니다. 진정한 탄생과 진정한 죽음 사이에는 소위 탄생과 죽음과 같은 실체가 존재하지 않습니다.

탄생과 죽음으로 알려진 중간 단계에서 실제로 일어나는 일은 의식의 한계가 점차 사라져 그것(의식)이 모든 제한에서 벗어날 때까지 의식의 한계가 점차 사라지는 것입니다. 궁극적으로 모든 제한에서 완전히 벗어난 의식은 무한한 실재를 영원히 경험합니다.

진정한 죽음은 진정한 삶과 같습니다. 그러므로 나는 강조합니다: 하나님을 위해 죽는다면 여러분은 하나님으로 살 것입니다.

Fana

Fana^(The final annihilation of the mind) is the state of unconscious consciousness. In Fana soul is unconscious of everything except Self being God.

Before the soul loses its human state and gains the divine state of Nirvikalp, it has to experience the vacuum state of Nirvan.

Nirvan is the infinite vacuum state when the soul is fully conscious of real Nothing. Nirvan is immediately and inevitably followed by Nirvikalp or Fana-fillah, where the soul is fully conscious of real Everything.

Nirvan and Nirvikalp are so irrevocably linked and tied together that each can be said to be the Divine Goal.

파나

파나[마음의 최종적 소멸]는 무의식적인 의식의 상태입니다. 파나에서 영혼은 하나님으로서 존재하는 참나를 제외하고는 모든 것에 대해 의식이 없습니다.

영혼은 자신의 인간의 상태를 잃고, 니르비칼파[자아멸각]의 신성한 상태를 얻기 전에, 니르바나[열반]의 공空 상태를 경험해야 합니다.

니르바나는 영혼이 진정한 무無를 완전히 의식하는 무한한 공空의 상태입니다. 니르바나는 즉각적이고 필연적으로 니르비칼파(Nirvikalp) 또는 파나-필라(Fana-fillah)가 뒤따르며, 니르비칼파에서 영혼은 실재의 유有를 완전히 의식합니다.

니르바나와 니르비칼파는 돌이킬 수 없을 정도로 서로 연결되어 있고 서로 묶여 있어 각각 신성한 목표라고 할 수 있습니다.

False nothing = Illusory everything

Real Nothing = Neither everything nor nothing

Real Everything = God the Infinite

False nothing leads to false everything;
and real Nothing leads to real Everything.

False nothing is linked to false everything;
and real Nothing is linked to real Everything.

Eventually false nothing ends in false everything,
and real Nothing ends in real Everything.

In duality false nothing is false everything.
In unity real Nothing and real Everything are one.

거짓된 무^{無} = 환상의 유^{有}

실재의 무^{無} = 유^{有}도 아니고 무^{無}도 아님

실재의 유^{有} = 무한의 하나님

거짓된 무^{無}는 거짓된 유^{有}로 이어집니다;
그리고 실재의 무^{無}는 실재의 유^{有}로 이어집니다.

거짓된 무^{無}는 거짓된 유^{有}와 연결됩니다;
그리고 실재의 무^{無}는 실재의 유^{有}와 연결됩니다.

결국 거짓된 무^{無}는 거짓된 유^{有}로 끝나며,
실재의 무^{無}는 실재의 유^{有}로 끝납니다.

이원성 속에서 거짓된 무^{無}는 거짓된 유^{有}입니다.
일원성 속에서 실재의 무^{無}와 실재의 유^{有}는 하나입니다.

On the Living Dead

All beings on earth are in the Gross Sphere (Anna-Bhumika, or Aalame-Nascot). At the same time that does not mean that one cannot experience the other spheres of existence, nor that the earth by itself constitutes the whole of the gross sphere. Let us suppose, without taking the words "air" and "sky" and "sun" in their literal sense, that the Subtle Sphere (Pran-Bhumika or Aalame-Malakoot) exists in the "air"; that the Mental Sphere (Mun-Bhumika or Aalame-jabroot) is situated in the "sky," and that the highest spiritual state (Vidnyan-Bhumika or the Arshe-Aala) is in the "Sun," and that the "Sun" is all Power, all Knowledge and all Bliss, and is the Source of infinite beauty, sound, light, in fact, the Source of everything.

When it is said in Vedanta that the merging of the individual soul in the Oversoul results in the individual soul becoming the sun, the reference is to the transformation of the reflected or borrowed light into the very source of light itself and not to its literally becoming the sun that shines on earth. The sun visibly pervades the earth, air and sky and therefore analogically the sun is meant to be the very source of everything and the center of every circle. That is the reason why in Sufism a Perfect Master is recognized as the Qutub, i.e., the Center. In fact the position of every Perfect Master (Sadguru or Qutub), the Prophet or Avatar is in the "Sun," i.e., the Vidnyan Bhumika, the highest spiritual state.

The radiation of the Luster of the Eternal and Infinite Power which is the "Sun," first passes through the Mental Sphere and is made use of by those in the Mental Sphere. It then passes on through the Subtle Sphere where it is utilized by those in the Subtle Sphere. And finally the radiation filters through to the Gross Sphere where it shines as the third and dimmest reflection of the original Luster.

산 채로 죽은 자에 대하여

　지구상의 모든 존재는 물질적 차원(안나-부미카 또는 알라메-나스코트)에 있습니다. 그렇다고 해서 다른 존재 영역을 경험할 수 없거나 지구가 그 자체로 물질적 차원 전체를 구성한다는 의미는 아닙니다. "공기"와 "하늘", "태양"이라는 단어를 문자 그대로 받아들이지 않고, 기(氣)적인 경지(프란-부미카 또는 알라메-말라쿠트)가 "공기"에 존재하고, 정신적인 영역(문-부미카 또는 알라메-자브루트)이 "하늘"에 위치하며, 가장 높은 영적 상태(비드냔-부미카 또는 아르셰-알라)가 "태양"에 있다고 가정해 보겠습니다. "태양"은 모든 힘, 모든 앎, 모든 지복이며 무한한 아름다움, 소리, 빛, 사실 모든 것의 근원입니다.

　베단타에서 개별 영혼이 대영혼에 합쳐지면 개별 영혼이 태양이 된다고 할 때, 그 언급은 반사되거나 차용된 빛이 빛의 근원 자체로 변하는 것을 의미하는 것이지, 글자 그대로 지구를 비추는 태양이 되는 것을 말하는 것이 아닙니다. 태양은 눈에 보이는 것처럼 땅, 공기 그리고 하늘에 퍼져 있으며, 따라서 비유적으로 태양은 모든 것의 근원이자 모든 집단의 중심을 의미합니다. 이것이 바로 수피즘에서 완전한 스승이 쿠툽, 즉 중심으로 인식되는 이유입니다. 사실 모든 완전한 스승(사드구루 또는 쿠툽), 선지자 또는 아바타의 위치는 "태양", 즉 가장 높은 영적 상태인 비드냔 부미카(Vidnyan Bhumika)에 있습니다.

　영원하고 무한한 힘의 광채인 "태양"의 방사는, 먼저 정신 영역(Mental Sphere)을 통과하여 정신적인 영역에 있는 사람들이 사용합니다. 그런 다음 기운 영역(Subtle Sphere)을 통과하여 기(氣)적인 영역에 있는 사람들이 사용합니다. 그리고 마지막으로 광선은 물질 영역(Gross Sphere)으로 여과되어 원래의 광채의 세 번째이자 가장 희미한 반사광으로 빛납니다.

By the power, so to speak, borrowed from the Mental Sphere, those in the Subtle Sphere can easily read the thoughts of others in the same way as a man with gross eyes can almost effortlessly see anything and everything in the Gross Sphere.

With or without the gross body, those in the Subtle Sphere eat, drink and make use of their subtle bodies, possess clothes and even such things as neckties and other knickknacksin the subtle form. They can and do utilize the power coming down to them from the Mental Sphere for the good and bad of others, as well as for their own, according to the individual nature and tendencies of each. Like the Saints (Walis or Sants) of the Mental Sphere possessing vast powers, those in the Subtle Sphere are also possessed of great powers, most particularly those on the Fourth Plane of spiritual splendor, who are among other things capable of raising the dead. Hence arises the risk the Fourth Planers run of making grave misuse of these powers reflected to them through the Mental Sphere.

Like a murderer who, hanged unto death, is deprived not only of the power to do further mischief but also loses his life, so the Fourth Planer from whom a Perfect Master snatches away the powers, not only loses all powers but is automatically thrown back to the stage where the process of evolution of gross forms starts beyond that of the form of a stone!

That is why Kabir says, 'Chadhe to chakhe prem rus Aur giray to Chakna choor.' i.e., "He who climbs high enough, tastes the Nectar of Divine Love; but if he slips and falls, his utter ruin will ensue."

In contrast to those in the Subtle Sphere, those belonging to the Mental Sphere, whether on the Fifth or the Sixth Plane of superconsciousness, always use their powers only for the good of others.

말하자면, 정신^{精神} 영역에서 빌려 온 힘에 의해, 기운^{氣運} 영역에 있는 사람들은 물질^{物質} 영역에서 물질적 눈을 가진 사람이 모든 것을 쉽게 볼 수 있는 것과 같은 방식으로 다른 사람의 생각을 쉽게 읽을 수 있습니다.

기운 영역에 있는 사람들은, 물질적인 몸이 있든 없든 간에 기^氣적인 몸을 이용해 먹고 마시며, 옷과 심지어 넥타이와 다른 장신구 같은 것들도 기^氣적인 형태로 소유합니다. 그들은 각각의 개별적인 본성과 성향에 따라 정신 영역에서 내려오는 힘을 자신뿐만 아니라 다른 사람들의 선악^{善惡}을 위해 활용할 수 있고 실제로 활용합니다. 막대한 힘을 소유한 정신 영역의 성자(왈리 또는 산트)와 마찬가지로, 기운 영역에 있는 사람들도 또한 큰 힘을 소유하고 있는데, 특히 영적으로 찬란한 4경지에 있는 이들은 죽은 자를 일으켜 세울 수 있는 강력한 힘을 가지고 있습니다. 따라서 4경지의 사람들은 정신 영역을 통해 그들에게 반영된 이러한 힘을 심각하게 오용할 위험이 있습니다.

교수형에 처해진 살인자처럼 더 이상의 악행을 저지를 수 있는 힘을 빼앗길 뿐만 아니라 목숨을 잃기 때문에 완전한 스승으로부터 힘을 빼앗겨 평범해지는 4경지는 모든 힘을 잃을 뿐만 아니라 돌의 형태를 넘어 물질적 형태의 외적진화^(evolution) 과정이 시작되는 단계로 자동적으로 다시 던져집니다!

이것이 카비르가 말하기를 '차드헤 투 차크헤 프렘 루스 아우르 기레이 투 차크나 추르'라고 말합니다. 즉, "충분히 높이 올라가는 이는 신성한 사랑의 꿀을 맛보지만, 그가 미끄러져 넘어지면 완전한 파멸이 뒤따르리라."

기운 영역에 속한 사람들과는 대조적으로, 초의식의 5경지 또는 6경지에 속한 정신 영역의 사람들은 항상 다른 사람들의 유익을 위해서만 자신의 힘을 사용합니다.

They receive the direct radiation of the Divine Power, and those amongst them who are on the Sixth Plane - the Plane of "spiritual sight" - actually see God face to face. The paramount characteristic of these great souls of the Mental Sphere is that they are the real helpers behind the God-intoxicated masts who are so lost in God as to have next to no consciousness left of their gross existence. The bodies of these God-intoxicated lovers are sustained by the power of those in the Mental Sphere, the Walis and saints who are always face to face with God.

These masts who possess next to no physical consciousness and yet possess well-functioning bodies with which they eat, drink, walk and sleep, are the true spiritual heroes who are dying and living at one and the same time. Although they care not a whit whether their bodies remain or fall, it is an established fact that their divine "masti"(God-intoxication) neutralizes the rigours of hunger, sleeplessness, heat, cold, disease and other onslaughts on the really carefree life led by these lovers of God. It is because the Infinite Power of the Vidnyan Bhumika, which vibrates throughout the universe, helps them.

There are only one hundred thousand Sat-purushas or Marden-e-Khuda (Men of God) in the whole of the universe. They are those on the Spiritual Path who have achieved control over their ego-life and who, with utter disregard to life, expose themselves to hardships in the name of, and for the sake of, God. It is not because these men and women of God find their lives to be any less precious than that of the average man or woman who, as a rule, is only too anxious to maintain a hold over the fast-slipping human life. Their indifference is due to the fact that to them their love for God is far greater than their own limited existence. It is not just a question of giving up a life "here" in order to gain a better life "there." To them nothing else remains worthwhile to be had or wished for, save their love for God.

그들은 신성한 힘의 직접적인 방사를 받고, 그들 중 6경지인 "영적 시각"의 차원에 있는 사람들은 실제로 하나님을 대면하여 봅니다. 정신 영역에 속한 이 위대한 영혼들의 가장 중요한 특징은 그들이 하나님에 너무 몰두되어 그들의 물질적인 존재에 대한 의식이 거의 남아 있지 않은 하나님께 도취된 머스트들의 진정한 조력자라는 점입니다. 하나님에 도취된 이러한 러버들의 몸은 항상 하나님과 대면하는 정신 영역의 사람들 즉 왈리와 성자들의 힘에 의해 유지됩니다.

육체적 의식은 거의 없지만 먹고 마시고 걷고 잠을 잘 수 있는 건강한 신체를 가진 이 머스트들은 죽은 채로 동시에 살아가고 있는 진정한 영적 영웅들입니다. 비록 그들은 몸이 남아 있든 쓰러지든 조금도 신경쓰지 않지만, 그들의 신성한 "마스티"(하나님에 도취)는 이러한 하나님의 러버들이 도달하는 참으로 걱정없는 삶에 배고픔, 불면증, 더위, 추위, 질병과 기타 공격의 고됨을 무력화시킨다는 것은 이미 기정사실입니다. 우주 전체에 진동하는 비드냔 부미카의 무한한 힘이 그들을 돕기 때문입니다.

우주 전체에 오직 10만 명의 사트푸루샤 또는 마르덴-에-쿠다(하나님의 사람)가 있습니다. 그들은 자신의 에고적 삶을 통제하고 생을 완전히 무시한 채 하나님의 이름으로 그리고 하나님의 대의와 하나님을 위해 고난에 노출하는 영적인 길에 있는 사람들입니다. 하나님의 이 남녀들이 일반적으로 빠르게 흘러가는 인생을 유지하기 위해 너무 급급할 뿐인 평범한 사람들의 삶보다 그들의 삶을 덜 소중하게 여기는 것은 아닙니다. 그들의 무관심은 그들에게 하나님에 대한 사랑이 그들 자신의 제한된 존재보다 훨씬 더 크기 때문입니다. 그것은 단지 "거기"에서 더 나은 삶을 얻기 위해 "여기"의 삶을 포기하는 문제가 아닙니다. 그들에게는 하나님에 대한 그들의 사랑 외에는 갖거나 바랄만한 가치가 있는 것은 남아 있지 않습니다.

In Vedanta and Sufism the certainty of God-Realization or Self-Experience is fully expounded. The Vidnyan or "I am God" state has to be actually experienced to be realized.

After aeons, only one out of the hundred thousand wayfarers of the Path attain God-Realization. But in spite of the rarity of Perfection and the rigours involved in its attainment, every human being is perfectly capable of achieving it - in fact, is inevitably bound to do so, eventually. The knowledge of such a glorious certainty should cause man optimism rather than pessimism.

The God-conscious Majzoobs are conscious of nothing save the "I am God" state (Aham Brahma Asmi or Anal Haq). They are oblivious of their bodies, which continue to exist in all the three spheres, gross, subtle and mental. Being in the Eternal and Infinite Vidnyan Bhumika, their bodily existence is automatically and spontaneously sustained by their own Divinity. For some time after merging into the "Sun," they actually remain alive in the world; they continue to breathe, eat, drink, sleep, and do what an ordinary man can do.

They are truly the "Living Dead," for they are dead to the world, and yet to themselves are alive for all time. They are the Perfect Ones who have consumed death itself; and about whom Kabir says, 'Tan tyage, tan rahe; tan rakhe, tan jai. Yehi achamba hamne dekha, mada kal ko khai.'

i.e. "Give up the body and it will remain; try to retain it and it will go."

The marvel of it is that the truly "dead" annihilate death itself.

베단타와 수피즘에서는 신성실현神性實現 또는 자기 체험의 확실성이 충분히 설명됩니다. 비드냔 또는 "나는 하나님이다."라는 상태가 실제로 구현되기 위해서는 체험되어야 합니다.

10억 년의 세월이 지난 후, 길을 걷는 수십만 명의 나그네 중 한 명만이 하나님의 깨달음을 얻습니다. 그러나 완전의 희귀성과 그것을 달성하는 데 수반되는 엄격함에도 불구하고 모든 인간은 완전에 도달할 수 있는 완벽한 능력을 가지고 있으며, 사실 언젠가는 그렇게 될 수밖에 없습니다. 이러한 영광스러운 확실성에 대한 지식은 인간에게 비관주의가 아니라 낙관주의를 불러일으킬 것입니다.

하나님을 의식하는 마주브들은 "나는 하나님이다."라는 상태(아함 브라흐마 아스미 또는 아날 하크)를 제외하고는 아무것도 의식하지 않습니다. 그들은 물질적, 기운적, 정신적 세 영역 모두에 계속 존재하는 자신의 몸을 의식하지 못합니다. 영원하고 무한한 비드냔 부미카 안에 있기 때문에 그들의 육체적 존재는 그들 자신의 신성에 의해 자동적이고 자발적으로 유지됩니다. "태양"으로 합쳐진 후 얼마 동안 그들은 실제로 세상에 살아 있으며, 숨을 쉬고, 먹고, 마시며, 자는 평범한 사람이 할 수 있는 일을 계속합니다.

그들은 진정으로 "산 채로 죽은자"입니다. 왜냐하면 그들은 세상에 대해서는 죽었지만 그들 자신에 대해서는 영원히 살아 있기 때문입니다. 그들은 죽음 그 자체를 태워 버린 완전한 자들입니다. 이들에 대해, 카비르는 말합니다. '탄 트아게, 탄 라헤, 탄 라케, 탄 자이. 예히 아참바 함네 데카, 마다 칼 코 카이'

즉, "몸을 포기하면 남아 있을 것이고, 유지하려고 하면 사라질 것이다."

이 말의 놀라운 점은 진정한 "죽은 자"는 죽음 자체를 소멸시킨다는 것입니다.

Plane of Consciousness in the Next Incarnation

Do persons on the spiritual planes of consciousness take birth having consciousness of the same plane?

Yes, but the consciousness is very gradual, as when a person of gross-consciousness dies and is reborn with consciousness of the gross world.

The child gradually becomes aware, as it grows older, of the same old gross world according to past experiences of the gross. A child born with consciousness of a certain plane is not all at once conscious of the plane. The plane unfolds very gradually as the child gradually grows. Later in life, this child, grown up as a man, gets established in the life of his respective plane consciousness, as a man of the gross world gets established in his worldly life.

Thus, a person of the gross world dies to reincarnate as of the gross world; so also a person of a particular plane of consciousness reincarnates as of that respective plane of consciousness and, then gradually gets established in the plane of consciousness of his previous life. He mayor may not make further progress in the planes of higher consciousness.

Progress will depend on the help of a spiritual guide of a higher plane, on the grace of a Perfect Master, or on his own efforts in the life of that particular plane of consciousness.

다음 화신에서 의식의 경지

의식의 영적 경지에 있는 사람들은 같은 경지의 의식을 가지고 태어납니까?

예, 그러나 의식은 물질 의식의 사람이 죽어 물질세계의 의식을 가지고 다시 태어날 때처럼 매우 점진적입니다.

아이는 나이가 들어감에 따라 과거의 물질적 경험에 따라 동일한 오래된 물질적 세계를 점차적으로 인식하게 됩니다. 어떤 경지에 대한 의식을 가지고 태어난 아이가 한번에 그 경지를 의식하지는 않습니다. 아이가 점차 성장함에 따라 경지는 매우 점진적으로 펼쳐집니다. 나중에 어른으로 성장한 이 아이는 물질적 세계의 사람이 세속적 삶에서 확립되듯이, 각자의 의식의 경지에 해당하는 삶에 자리를 잡습니다.

따라서 물질적 세계의 사람은 죽어서 물질적 세계로 환생하고, 특정 의식의 경지인 사람도 해당 의식의 경지로 환생한 다음 점차적으로 전생의 의식의 경지에 자리를 잡습니다. 그는 더 높은 의식의 경지에서 더 이상 진전하지 못할 수도 있습니다.

진보는 더 높은 경지의 영적 안내자의 도움, 완전한 스승의 은총 또는 특정한 의식의 경지에서 삶에 대한 자신의 노력에 달려 있습니다.

The Inexorable "Must"

Everything and everyone in the universe is constrained to move along a path which is prescribed by its past. There is an inexorable "must" that reigns over all things large or small. Whether one is male or female, rich or poor, strong or weak, beautiful or ugly, intelligent or dull - one cannot escape from being such because one must necessarily be so due to the impressions of the past.

The freedom which man seems to enjoy is itself subject to inner compulsions; and the environmental pressure, which limits the scope of reactions or molds the reacting self, is itself subject to the inexorable "must," which is operative in the past, present and future.

Man has his name, his sex, his personality, his color, his nationality, his characteristics, his pain and pleasure and all that he may possess because he must have all these. This overpowering compulsion is exercised by the force of innumerable impressions gathered in the past. These accumulated impressions cloud the consciousness of the "self" at every stage, in every incarnation of the future, which, in one's life, belongs to one's living present.

The rule of this inexorable "must" governs and reshapes the so-called destiny of man in every incarnation as long as the "self" of man remains conscious of impressions. The principle of "must" which overrides human plans is based on divine law which both adjusts and gets adjusted by evolutionary impressions. It is only the divine will that can supersede the divine law.

The so many deaths during the one whole life, beginning from the evolution of consciousness to the end of the involution of consciousness, are like so many sleeps during one lifetime.

One who lives for himself is truly dead and one who dies for God is truly alive.

피할 수 없는 "필연"

우주의 모든 것과 모든 사람은 그 과거에 의해 규정된 경로를 따라 움직이도록 제약을 받습니다. 크든 작든 모든 것을 지배하는 피할 수 없는 "필연"이 있습니다. 남성이든 여성이든, 부유하든 가난하든, 강하든 약하든, 아름답든 추악하든, 똑똑하든 아둔하든, 과거의 인상으로 인해 반드시 그렇게 되어야 하기 때문에 그렇게 되는 것에서 벗어날 수 없습니다.

인간이 향유하는 것처럼 보이는 자유는 그 자체로 내적 강박에 종속되어 있습니다; 그리고 반응의 범위를 제한하거나 대응하는 자아를 형성하는 환경적 압박은 그 자체로 과거, 현재, 미래에 작용하는 불가항력적인 "필연"의 대상이 됩니다.

사람은 그의 이름, 그의 성별, 그의 성격, 그의 피부색, 그의 국적, 그의 특성, 그의 고통과 즐거움, 그리고 그가 가질 수 있는 모든 것을 가지고 있기 때문에 이 모든 것을 소유해야 합니다. 이 압도적인 강제력은 과거에 수집된 무수한 인상의 힘에 의해 발휘됩니다. 이러한 축적된 인상은 의식을 흐리게 합니다. 모든 단계에서, 미래의 모든 화신에서 "자아"는 자신의 삶에서 살아 있는 현재에 속합니다.

이 불가항력적인 "필연"의 규칙은 사람의 "자아"가 인상을 의식하는 한 모든 화신에서 이른바 사람의 운명을 지배하고 재구성합니다. 그리고 인간의 계획보다 우선하는 "필연"의 원칙은 진화적 인상에 의해 맞춰지고 조정되는 신성한 법칙에 기초합니다. 신성한 법칙을 대체할 수 있는 것은 오직 신성한 의지뿐입니다.

의식의 외적진화에서 시작하여 의식의 내적진화가 끝날 때까지 일생 동안의 무수한 죽음은 일생 동안의 수많은 수면과 같습니다.

자신을 위해 사는 사람은 진정으로 죽은 사람이고 하나님을 위해 죽는 사람은 진정으로 살아 있는 사람입니다.

The Play of Ego

I.

For one to declare that he is a saint and allow people to bow down to and revere him without real authority is to feed one's ego with intense happiness. Simultaneously, with the feeding of the ego comes a feeling of well-being.

One who is addicted to opium (eating or smoking) derives a similar feeling of well-being, though temporarily. After a time the opium addict begins to feel the after effects of opium in severe constipation, loss of appetite, headache, dullness and drowsiness. He then begins to realize that it would have been better had he not become addicted. But unfortunately, he cannot give up the habit. He has become a slave. He realizes this too late, and sinks into deeper addiction, being tempted to take greater and greater quantities of opium to keep pace with the gradual loss of the feeling of well-being.

Similarly, one who indulges in happiness by allowing people to bow down to him without authority, feels the prick of conscience later on. And, with this feeling he realizes that he has no authority, but has got so used to the habit of feeding his ego in this manner that he is unable to stop the practice. He continues indulging, and after a time does not pay heed to the pricks of conscience. He becomes numb to the voice within.

After years of addiction it so happens one day that the opium addict is found lying unconscious in a gutter full of filth. An extra overdose of opium proves tragic for the addict, who loses complete control over himself. The passerby scoffs, ridicules, points at him as a confirmed opium addict.

에고의 놀이

1.

자신이 성자라고 선언하고 사람들이 진정한 권위 없는 그에게 절하고 존경하도록 허용하는 것은 자신의 에고에 강렬한 행복을 먹이로 주는 것입니다. 동시에 에고에 먹이를 주는 것과 함께 행복감이 옵니다.

(먹거나 피우는) 아편에 중독된 사람도 일시적이지만 비슷한 행복감을 느낍니다. 시간이 지나면 아편 중독자는 심한 변비, 식욕부진, 두통, 둔함, 졸음 등 아편의 후유증을 느끼기 시작합니다. 그런 다음 그는 중독되지 않았더라면 더 좋았을 것이라는 사실을 깨닫기 시작합니다. 그러나 불행히도 그는 습관을 포기할 수 없습니다. 그는 노예가 되었습니다. 그는 이 사실을 너무 늦게 깨닫고 점점 더 깊은 중독에 빠지고, 행복감의 점진적인 상실에 발맞추기 위해 점점 더 많은 양의 아편을 복용하려는 유혹에 빠집니다.

마찬가지로, 사람들이 권위 없는 자신에게 고개를 숙이게 함으로써 행복에 빠지는 사람은 나중에 양심의 가책을 느낍니다. 그리고 이러한 느낌으로 그는 자신에게 권위가 없다는 것을 깨닫게 되지만, 이런 식으로 자신의 에고를 먹여 살리는 습관에 너무 익숙해져서 그 관행을 멈출 수 없습니다. 그는 계속 탐닉하고 시간이 지나면 양심의 가책에 귀를 기울이지 않습니다. 그는 내면의 목소리에 무감각해 집니다.

수년간의 중독 끝에 아편 중독자가 오물로 가득 찬 시궁창에서 의식을 잃고 쓰러진 채 발견됩니다. 아편의 과다 복용은 중독자에게 비극적이며 자신에 대한 완전한 통제력을 상실시킵니다. 지나가던 행인은 그를 비웃고 조롱하며 상습적인 아편 중독자로 지목합니다.

In the same way, a person who poses as a saint, without really being one, starts to behave in an unworthy manner after years of indulgence in addiction to overdoses of homage. With him, contrary to the opium addict, his unworthy behavior is accounted as "perfection" by his followers! When he abuses others, his words are accepted as blessings!

When he beats someone, his beating is accepted as the descent of his grace! When he indulges in love-making with the opposite sex, it is accepted as pure love! In short, whatever he does, all and everything is accepted in a spirit of reverence and love by the followers of the man who has posed as a saint. The more unruly his behavior the greater the admiration of the followers. And the greater the admiration the richer becomes the feeding of the ego of the person. Eventually, he falls from the high pedestal of admiration because, not being a genuine saint, the rich doses of admiration and reverence prove too much for the ego to digest! With the fall this "opiumized" saint is ridiculed. Those very persons, who called themselves his followers, scoff and call him a fraud.

Just as an opium addict has his personal friends who extol the effect of opium and bring into their fold innocent people, so, too, a person who poses as a saint has a ring of followers who extol him and his "miracles" to attract others to their fold. Such miracles may be just coincidences or even genuine experiences of simple and devout followers, who get desired results through their own faith in and love even for such "opiumized" saints.

II.
One who has no authority and yet permits people to bow down to him plays a losing game, while those who bow down gain. The unburdening of sanskaras of those who bow down at his feet is the cause of his loss, for he takes on sanskaras that can only be wiped off by many more births.

같은 방식으로, 실제로 성자가 되지 않고 성자 행세를 하는 사람은 경의를 표하는 과다 복용에 중독되어 수년간 방종한 후 합당하지 않은 방식으로 행동하기 시작합니다. 그와 함께라면, 아편 중독자와는 달리 그의 무가치한 행동은 그의 추종자들에 의해 "완벽함"으로 여겨집니다!

그가 다른 사람을 학대할 때 그의 말은 축복으로 받아들여집니다! 그가 누군가를 때릴 때, 그의 구타는 그의 은혜 내림으로 받아들여집니다! 그가 이성과의 사랑에 빠지면 순수한 사랑으로 받아들여집니다! 요컨대, 그가 무엇을 하든 성자 행세를 한 사람의 추종자들에 의해 모든 것을 경외심과 사랑의 정신으로 받아들여집니다. 그의 행동이 더 제멋대로일수록 추종자들의 존경은 더 커집니다. 그리고 감탄이 클수록 그 사람의 에고의 먹이가 더 풍부해집니다. 결국 그는 진정한 성자가 아니기 때문에 풍부한 감탄과 경외심은 에고가 소화하기에는 너무 과하다는 것이 증명되기 때문에 감탄의 높은 받침대에서 떨어집니다! 타락과 함께 이 "아편화된" 성자는 조롱을 받습니다. 자신을 그의 추종자라고 불렀던 바로 그 사람들이 그를 비웃고 사기꾼이라고 부릅니다.

아편 중독자에게 아편의 효과를 찬양하고 무고한 사람들을 끌어들이는 개인적인 친구들이 있는 것처럼, 성자로 행세하는 사람에게는 그와 그의 "기적"을 찬양하여 다른 사람들을 끌어들이는 추종자 무리가 있습니다. 이러한 기적은 그저 우연의 일치일 수도 있고 단순하고 독실한 추종자들의 진정한 체험일 수도 있으며, 그러한 "아편화된" 성자들에 대한 자신의 믿음과 사랑을 통해 원하는 결과를 얻을 수 있습니다.

2.
권위가 없는데도 사람들에게 절을 허락하는 사람은 지는 게임을 하는 것이고, 절을 하는 사람은 이기는 게임을 하는 것입니다. 그의 발 앞에 엎드려 절하는 사람들의 산스카라의 짐을 덜어주는 것은 그가 더 많은 탄생으로만 지워질 수 있는 산스카라를 짊어지기 때문에 그의 패배의 원인입니다.

The point to be considered is this: if thousands can benefit at the cost of a false saint should this person be allowed to continue?

If such a person is already in contact with a Perfect Master and loves him, the Master immediately puts a check and corrects the shortcomings and warns his lovers about such unauthorized behavior. If, however, such a person is not already in contact with a Perfect Master, the Master never interferes, because eventually this person also derives some benefit. The Master knows that this is the play of ego. The cause of any eventual benefit to such a person is that at the cost of his own condemnation he proved to be a dust-bin for thousands to help their sanskaras therein.

There is no doubt that in his subsequent birth his behavior makes the person suffer much more due to this burden of acquired sanskaras. But with the intensity of his suffering, the redeeming factor is the speed with which these acquired sanskaras get wiped off. They are wiped off in proportion to the intensity of suffering. Along with the wiping off of the acquired sanskaras, his own sanskaras also get wiped off speedily.

III.
Just as an unauthorized person, posing as a saint, proves a source of benefit to thousands, so also he proves of harm to many. All this is a play in illusion! As an opium-addict feels happy to give a tiny bit of opium to another, and that other, when he gets the taste of it, hands over another small dose to his own friend, creating a circle of opium-eaters, the two or three persons, close to the 'opiumized' saint of our discourse, start spreading news that such and such a woman was blessed with a child, and that another got her wish fulfilled, and that the 'saint' performed many such miracles.

고려해야 할 점은 이것입니다: 만약 거짓 성자의 희생으로 수천 명이 혜택을 볼 수 있다면 이 사람이 계속하도록 허용해야 할까요?

그런 사람이 이미 완전한 스승과 접촉하고 그를 사랑한다면 스승은 즉시 확인하고 단점을 수정하고 그러한 독단적인 품행에 대해 그의 러버에게 경고합니다. 그러나 그런 사람이 아직 완전한 스승과 접촉하고 있지 않다면, 스승은 결코 간섭하지 않습니다. 왜냐하면 결국 그 사람도 어떤 유익을 얻기 때문입니다. 스승은 이것이 에고의 놀이라는 것을 알고 있습니다. 그러한 사람에게 궁극적으로 어떤 유익이 생기는 원인은 그 자신이 정죄를 받는 대가로 수천 명의 산스카라를 돕는 데 있어 쓰레기통이 되었음을 증명했기 때문입니다.

그의 다음 출생에서 그의 행동이 획득된 산스카라의 이러한 부담 때문에 그 사람을 훨씬 더 고통스럽게 한다는 것은 의심의 여지가 없습니다. 하지만 그의 고통의 강도와 함께, 구원의 요소는 이 획득한 산스카라들이 지워지는 속도입니다. 그것들은 고통의 강도에 비례하여 지워집니다. 획득된 산스카라를 닦아내는 것과 함께 자신의 산스카라도 빠르게 지워집니다.

3.
인정받지 않은 사람이 성자 행세를 하는 것이 수천 명의 유익의 원천이 되는 것처럼, 그는 또한 많은 사람에게 해를 끼치기도 합니다. 이 모든 것은 환상 속의 연극입니다! 아편 중독자가 다른 사람에게 약간의 아편을 줄 때 행복을 느끼고, 그 다른 사람이 맛을 알게 되면 친구에게 또 소량을 건네주면서 두세 사람이 아편을 먹는 사람들의 집단을 형성합니다. 우리의 토론 중에 '아편화된' 성자 가까이에서, 이런저런 여성이 아이를 갖는 축복을 받았고 또 다른 여성이 그녀의 소원을 성취했으며, '성자'가 그러한 많은 기적을 행했다는 소식을 퍼뜨리기 시작합니다.

A clique of followers around the 'opiumized' saint is created.

But this happy picture does not last long, for after some years it so happens that at least one finds out one day that his master is a fraud and is not God-realized. The impact of such a great setback in his confirmed belief is so forceful that all his sanskaras, which he had inadvertently transferred on to the saint in his belief and devotion, all of a sudden recoil on him sponta-neously and overburden him afresh.

Thus the person who had placed faith in the "opiumized" saint suffers a great deal. Let us view the picture from another angle: suppose I am the 'opiumized' saint and you love me and revere me as the Perfect Master. Your love becomes so deep and your faith so great that you actually make progress on the spiritual path, and really begin to have experiences of the path. In this instance, you are surely benefited at the hands of the 'opiumized' saint. Whereas in the previous case, 'opiumized' saint has done a great harm. Through such 'saints' harm and benefit recoil and accrue.

But all this is a play in illusion.
It is all my play.
None can fathom me as I really am.

I am in everyone and I do everything; simultaneously, I also do nothing.

Be brave: Be happy: I and you are all One: And the Infinite that eternally belongs to me will one day belong to every individual.

'아편화된' 성자를 둘러싼 추종자 무리가 만들어집니다.

그러나 이 행복한 그림은 오래 가지 못합니다. 몇 년 후 적어도 한 사람이 언젠가 그의 스승이 사기꾼이며 하나님을 깨닫지 못했다는 사실을 알게 되기 때문입니다. 그의 확고한 믿음에 대한 그러한 큰 좌절의 영향은 너무 강력해서 그의 믿음과 헌신으로 성자에게 실수로 옮겼던 그의 모든 산스카라가 갑자기 그에게 자발적으로 반동하여 그에게 새로운 부담을 줍니다.

따라서 "아편화된" 성자를 믿었던 사람은 큰 고통을 겪게 됩니다. 다른 각도에서 그림을 보도록 합시다: 내가 '아편화된' 성자이고 여러분이 나를 사랑하고 나를 완전한 스승으로 존경한다고 가정해 봅시다. 여러분의 사랑이 너무 깊어지고 믿음이 너무 커져서 실제로 영적 길에서 진전을 이루고 실제로 그 길에 대한 체험을 하기 시작합니다. 이 경우, 여러분은 확실히 '아편화된' 성자의 손에 의해 혜택을 받습니다. 반면 앞의 경우에는 '아편화된' 성자가 큰 해를 끼쳤습니다. 이러한 '성자들'을 통해 해악과 유익이 반동적으로 발생하고 축적됩니다.

하지만 이 모든 것은 환상 속의 연극입니다.
이 모든 것이 나의 연극입니다.
그 누구도 있는 그대로의 나를 헤아릴 수 없습니다.

나는 모든 사람 안에 있고 모든 일을 하지만 동시에 아무것도 하지 않습니다.

용기를 내세요: 행복하세요: 나와 여러분은 모두 하나입니다: 그리고 영원히 나의 소유인 무한함은 언젠가 모든 사람의 소유가 될 것입니다.

On Split Ego or Split "I"

I.

Introducing the discourse on split "I" Baba said: You must have heard about split personality. Stories have been developed on this theme. Most of you must have heard of Dr. Jekyll and Mr. Hyde - a combination of good and evil characters in one. It is an example of split personality. Such a thing, to some extent, is common in all. One day a person feels happy and is in a buoyant mood; the same person, the next day or the next hour, may feel dejected and depressed. One day he does good actions; the next he is engaged in actions which are undesirable.

Just as there is split personality, so there is also split ego. All do not have a split personality, but all do have a split ego - "I". The real "I" of all is One. There is also false "I" in every individual, which gives rise to his separative existence. The infinite real "I," which is One and in all, is apparently split into innumerable, finite false "I's," giving rise to separative individualized existence.

In short, it is the One real "I" that plays the part of innumerable finite false "I's," in multifarious ways and in varying degrees.

The main support of false "I" is ignorance. False "I" utilizes three channels or means for its expressions - the gross body (the physical body), the subtle body (the energy), and the mental body (the mind). In other words, with the support of ignorance the real "I" takes itself as false "I" and tries to derive fun out of the situation. In doing this, the false "I" continuously gets setbacks and endures great suffering. Eventually, the real "I" gets fed up and stops playing the part of false "I." As soon as the real "I" stops playing the part of the false "I," it becomes conscious of its (real) pristine state.

분열된 에고 또는 분열된 "나"에 대해

1.

분열된 "나"에 대한 담화를 소개하면서 바바는 다음과 같이 말했습니다: 여러분은 분열된 인격에 대해 들어 본 적이 있을 것입니다. 이 주제에 대한 이야기가 자세히 기술되었습니다. 여러분 대부분은 선善과 악惡의 캐릭터가 하나로 결합된 지킬 박사와 하이드 씨에 대해 들어 보았을 것입니다. 그것은 분열된 인격의 예입니다. 그런 일은 어느 정도 모든 사람에게 공통적입니다. 어느 날 어떤 사람은 행복감을 느끼고 기분이 좋아집니다; 같은 사람이 다음 날이나 다음 시간에 낙담하고 우울함을 느낄 수 있습니다. 어느 날은 선善한 행동을 하다가도 다음 날은 바람직하지 않은 행동을 하기도 합니다.

당연히 분열된 인격이 있는 것처럼 분열된 에고도 존재합니다. 모든 사람은 분열된 인격을 가지고 있지 않지만, 모든 사람은 분열된 에고 즉 "나"를 가지고 있습니다. 모두에게 속한 진정한 "나"는 하나입니다. 또한 모든 개인에게는 거짓된 "나"가 있고, 이것은 그의 분리된 존재를 낳습니다. 하나이자 전체인 무한한 실재 "나"는 분명히 무수하고 유한한 거짓 "나"로 분열되어 분리된 개체화된 존재를 낳습니다.

요컨대, 무수히 많은 유한한 거짓 "나"의 역할을 다양한 방식과 다양한 정도로 수행하는 것이 바로 하나의 실재하는 "나"입니다.

거짓 "나"의 주요 소재는 무지입니다. 거짓 "나"는 표현을 위해 물질적 몸(육체), 기氣적인 몸(에너지), 정신적 몸(마음)의 세 가지 경로나 수단을 사용합니다. 즉, 무지의 도움을 받아 진짜 "나"는 거짓 "나"를 자처하고 그 상황에서 재미를 이끌어내려고 합니다. 이 과정에서 거짓 "나"는 끊임없이 좌절하고 큰 고통을 겪습니다. 결국 실재 "나"는 지쳐서 거짓 "나"의 역할을 그만두게 됩니다. 실재 "나"가 거짓 "나"의 역할을 그만두는 순간, 자신(실재)의 본래 상태를 의식하게 됩니다.

This consciousness is eternal. And it also realizes that, being eternally happy, its experience of being fed up was sheer nonsensical ignorance. The real "I" when playing the part of false "I," whatever it does, sees, feels, thinks, understands, says, is false, because the false "I" is virtually false itself.

II.
The aim of all yogas is one. The aim is that the false ego or the falsity of the split ego should disappear and the real ego be manifested in its reality. In other words, the real "I" which plays the part of the false "I" should completely forget to play the part and assert itself as it really is.

It becomes impossible for the real "I" to forget that it is playing the part of false "I." But the real "I" tries to forget the part it plays of the false "I" through action (karma yoga). For example, take Eruch. His is the real "I" within, but as Eruch, he is the false "I." Now the real "I" within Eruch tries to forget that it is playing only the part of the false "I," as Eruch. While trying to do so, the false "I" as Eruch, tries its best to serve so many other false "I's."

But the fun is that one false "I" in its struggle to forget, efface itself, remembers so many other false "I's," while bent upon serving them! The One Real "I," which is eternally free, gets apparently bound by this process, and, it is eternally trying to forget and trying to remember at one and the same time.

In another type of yoga (bhakti yoga) the real "I," while acting the part of the false "I," tries to worship the real. The false "I" cannot be anything but false, and it cannot have any conception of the real "I." The real "I," acting as false "I," forms a false conception of the real "I."

이 의식은 영원합니다. 그리고 또한 영원히 행복하다는 것을 깨닫습니다. 진저리를 친 경험이 순전히 터무니없는 무지였음을 깨닫습니다. 실재 "나"가 거짓 "나"의 역할을 할 때 무엇을 하고, 보고, 느끼고, 생각하고, 이해하고, 말하는 것이 무엇이든 그것은 거짓입니다. 왜냐하면 거짓 "나" 자체가 사실상 거짓이기 때문입니다.

2.
모든 요가 수행의 목표는 하나입니다. 거짓 에고 또는 분열된 에고의 허위가 사라지고 실재 에고가 그 실체를 드러내는 것이 목표입니다. 다시 말해, 거짓 "나"의 역할을 하는 실재 "나"는 그 역할을 완전히 잊어버리고 있는 그대로 자신을 내세워야 합니다. 실재 "나"가 거짓 "나"의 역할을 하고 있다는 사실을 잊는 것은 불가능합니다. 그러나 실재 "나"는 행동을 통해 거짓 "나"의 역할을 잊으려고 노력합니다(카르마 요가).

예를 들어, 에루치를 생각해 보세요. 에루치는 내면에 실재 "나"가 있지만, 에루치는 거짓 "나"입니다. 이제 에루치 안에 있는 실재 "나"는 에루치라는 거짓 "나"의 역할만 하고 있다는 사실을 잊으려고 노력합니다. 그렇게 노력하는 동안 에루치라는 거짓 "나"는 다른 수많은 거짓 "나"를 위해 최선을 다합니다.

그러나 재미있는 것은 잊으려고 애쓰는 하나의 거짓 "나"가 다른 수많은 거짓 "나"를 기억하며 그들을 섬기려고 애쓴다는 사실입니다! 영원히 자유로운 실재 "나"는 분명히 이 과정에 구속되고, 영원히 잊으려는 노력과 동시에 기억하려고 노력합니다.

또 다른 유형의 요가(박티 요가)에서는 실재 "나"가 거짓 "나"의 역할을 하면서 실재 "나"를 숭배하려고 합니다. 거짓 "나"는 허위일 수밖에 없으며, 실재 "나"에 대한 어떤 개념도 가질 수 없습니다. 거짓 "나"로 행동하는 실재 "나"는 실재 "나"에 대한 그릇된 개념을 형성합니다.

Then what does the false "I" say? It says, "O Real I! I worship Thee in all!" And the tragedy is that when the false "I" prays to and worships the real "I," it sees and comes across only the innumerable false "I's." In fact it worships other false "I's," rather than the One and Real "I."

However, the path of Love (prem yoga) is unique, because on it the Real "I" plays the part of the false "I," while it itself covertly remains in the background as the Beloved. And, while continuing to play this part, it burns or consumes its false ego, to remain ultimately itself as the Beloved. In Eruch, for example, the real "I" acts as the false "I" and loves the real "I" within. On one hand there is the real "I" and on the other, there is the false "I" as Eruch. But these are not two separate "I's."

The false "I" as Eruch, tries to bestow love on the real "I." And that is why with gradual increase in love and with greater intensity of longing, the false "I" by degrees gets more and more consumed, effaced, by love. All the while, the real "I," as the Beloved, remains in the background as it really is. Eventually, when the false "I" is totally consumed, there remains neither the false "I" nor love. The beloved, as the real "I," reigns supreme as One Infinite Indivisible Self.

In the subtle planes, the inner experiences of the real "I" may be said to be Divine Hallucination. In the mental planes, the inner experiences of the real "I" may be said to be Spiritual Nightmare. Inner experiences end in Divine Awakening.

그렇다면 거짓 "나"는 무엇을 말할까요? "오 실재 나! 나는 모든 것 안에서 그대를 경배합니다!"라고 말합니다. 그리고 비극은 거짓 "나"가 실재 "나"에게 기도하고 숭배할 때, 그것은 수많은 거짓된 "나"만을 보고 마주하게 된다는 것입니다. 사실 그것은 하나이자 실재 "나"가 아니라 다른 거짓 "나"를 숭배합니다.

그러나 사랑의 길(프렘 요가)은 독특합니다. 그 길에서 실재 "나"는 거짓 "나"의 역할을 하는 반면, 그 자체는 비러벳으로서 은밀하게 배경에 남아 있기 때문입니다. 그리고 이 역할을 계속하는 동안 자신의 거짓 에고를 태우거나 소멸시키고 궁극적으로 비러벳으로 남게 됩니다. 예를 들어 에루치에서 실재 "나"는 거짓 "나"로 행동하며 그 안에 있는 실재 "나"를 사랑합니다. 한편에는 실재 "나"가 있고 다른 한편에는 거짓 "나"인 에루치가 있습니다. 그러나 이들은 분리된 두 개의 "나"가 아닙니다. 에루치로서의 거짓 "나"는 실재 "나"에게 사랑을 베풀려고 합니다.

그렇기 때문에 사랑이 점진적으로 증가하고 갈망의 강도가 커짐에 따라 거짓 "나"는 점점 더 사랑에 사로잡혀 소멸되고 영향을 받습니다. 그러는 동안 비러벳으로서의 실재 "나"는 있는 그대로 배경 속에 남아 있게 됩니다. 결국 거짓 "나"가 완전히 소멸되면 거짓 "나"도 사랑도 남지 않습니다. 비러벳은 실재 "나"로서 무한히 나눌 수 없는 하나의 참나로서 지고의 상태로 군림합니다.

기(氣)적인 경지에서, 실재 "나"의 내적 체험은 신성한 환각이라고 할 수 있습니다. 정신적 경지에서는 실재 "나"의 내적 체험은 영적 악몽이라고 말할 수 있습니다. 내적 체험은 신성한 각성 안에서 끝납니다.

Part III

The Art of Discipleship

It is said the Master appears when one is ready. But how can one be ready for Perfection, and all its ways?

Therefore Perfection, in the guise of the Master, must come down to the level of our imperfection, and help us to be the true disciple. That is why, at times, the Master often plays the role of the disciple.

He shows, not tells, us how to behave especially in relation to him.

The following are a few of the invaluable hints to the seeker, from the One who is sought.

3 부

제자도의 기술

준비가 되었을 때 스승이 나타난다고 합니다. 그러나 어떻게 완전함과 그 모든 방법을 준비할 수 있을까요?

그러므로 완전함은, 스승의 모습으로, 우리의 불완전한 수준으로 내려와 우리가 진정한 제자가 될 수 있도록 도와주어야 합니다. 그렇기 때문에 때때로 스승은 종종 제자의 역할을 수행합니다.

그는 특히 그와 관련하여 행동하는 방법을 알려주는 것이 아니라, 보여줍니다.

다음은 문하생을 찾는 스승이 구도자求道者에게 주는 몇 가지 귀중한 암시입니다.

Twelve Ways of Realizing Me

The MASTER points out twelve ways in which the spiritual Seeker may realize his own Divine Self, which is One within all and which is completely manifested in the Perfect Master.

1. LONGING ...

If you experience that same longing and thirst for Union with Me as one who has been lying for days in the hot sun of the Sahara experiences the longing for water, then you will realize Me.

2. PEACE OF MIND ...

If you have the peace of a frozen lake, then too, you will realize Me.

3. HUMILITY ...

If you have the humility of the earth which can be molded into any shape, then you will know Me.

4. DESPERATION ...

If you experience the desperation that causes a man to commit suicide and you feel that you cannot live without seeing Me, then you will see Me.

나를 깨닫는 열두 가지 방법

스승은 영적 구도자가 자신의 신성한 자아를 깨달을 수 있는 12가지 방법을 지적합니다. 이는 모든 것 안에 하나이며 완전한 스승(Perfect Master)에게서 온전히 나타납니다.

1. 갈망...

당신이 만일 사하라 사막의 뜨거운 태양에서 며칠간 누워 있다가 물을 구하듯이 나와 하나 되기를 간절히 갈망하고 목말라한다면, 당신은 나를 깨달을 것입니다.

2. 평화...

당신이 만일 얼어붙은 호수의 평화를 이룬다면, 또한 당신은 나를 깨달을 것입니다.

3. 겸허...

당신이 만일 어떤 형태로든 빚어질 수 있는 대지의 겸허를 지닌다면, 그러면 당신은 나를 알게 될 것입니다.

4. 절망...

당신이 만일 어떤 사람이 자살할 만큼의 깊은 절망을 경험한 것처럼 도저히 나를 보지 않고서는 살 수 없다고 느낀다면, 당신은 나를 보게 될 것입니다.

5. FAITH ...

If you have the complete faith that Kalyan had for his Master, in believing it was night, although it was day, because his Master said so, then you will know Me.

6. FIDELITY ...

If you have the fidelity that the breadth has in giving you company, even without your constantly feeling it, till the end of your life, that both in happiness and in suffering gives you company and never turns against you, then you will know Me.

7. CONTROL THROUGH LOVE ...

When your love for Me drives away your lust for the things of the senses, then you realize Me.

8. SELFLESS SERVICE ...

If you have the quality of selfless service unaffected by results, similar to that of the sun which serves the world by shinning on all creation, on the grass in the field, on the birds in the air, on the beasts in the forest, on all mankind with its sinner and its saint, its rich and its poor, unconscious of their attitude towards it, then you will win Me.

5. 믿음…

당신이 만약 낮을 밤이라 해도 스승이 그렇게 말했기 때문에 비록 낮일지언정 그대로 믿는, 칼리안$^{(Kalyan)}$이 스승에게 가졌던 완전한 믿음을 가지고 있다면, 당신은 나를 알게 될 것입니다.

6. 성실…

당신이 만일 삶이 다할 때까지 함께 동행한 호흡처럼 성실하다면 비록 삶이 끝나는 그날까지, 그것을 전혀 느끼지 못할지라도, 그것이 행복할 때나 고통받을 때나 둘 다 당신과 함께하고 결코 당신에게 등 돌리지 않는다면, 당신은 나를 알게 될 것입니다.

7. 절제…

나를 위한 당신의 사랑이 감각적인 것들을 위한 욕정을 쫓아버릴 때, 그러면 당신은 나를 깨달을 것입니다.

8. 사심 없는 봉사…

당신이 만일 결과에 영향을 받지 않는 사심 없는 봉사의 자질을 가지고 있다면, 모든 만물을 비춰 세상을 섬기는 태양의 봉사처럼, 풀을 자라게 하는 들판처럼, 새들을 날게 하는 하늘처럼, 짐승을 품고 있는 숲처럼, 죄인과 성자를 따지지 않고 모든 인류에게, 부유하거나 가난하거나, 그 일에 대한 그들의 태도를 의식하지 않는다면, 당신은 나를 이길 것입니다.

9. RENUNCIATION ...

If you renounce for Me everything physical, mental and spiritual, then you have Me.

10. OBEDIENCE ...

If your obedience is spontaneous, complete and natural as the light is to the eye or smell is to the nose, then you come to Me.

11. SURRENDER ...

If your surrender to Me is as wholehearted as that of one, who, suffering from insomnia, surrenders to sudden sleep without fear of being lost, then you have Me.

12. LOVE ...

If you have that love for Me that St. Francis had for Jesus, then not only will you realize Me, but you will please Me.

9. 포기...

당신이 만일 나를 위해 물질적, 정신적, 영적인 모든 것을 포기한다면, 당신은 나를 얻을 것입니다.

10. 순종...

만일 당신의 순종이 완전하고 자발적으로 마음에서 우러난 것이라면, 빛이 눈으로 다가오듯, 냄새가 코에 전해지듯, 당신은 내게로 올 것입니다.

11. 순복...

당신이 만일 나에게 순복하는 것이 불면증으로부터 고통받는 사람이 자신을 잃어버릴 염려 없이 갑작스러운 잠에 내맡기는 것처럼 전심으로 순복한다면, 당신은 나를 얻을 것입니다.

12. 사랑...

당신이 만일 나에 대한 사랑이 예수를 향한 성 프란시스의 사랑처럼 지극하다면, 당신은 나를 깨달을 수 있을 뿐만 아니라, 나를 기쁘게 할 것입니다.

The High Roads to God

In an important sense, all walks of life and all Paths ultimately lead but to one goal, viz., God. All rivers enter into the Ocean, in spite of the diverse directions in which they flow, and in spite of the many meanderings which characterize their paths. However, there are certain High Roads, which take the pilgrim directly to his Divine Destination. They are important, because they avoid prolonged wanderings in the wilderness of complicated byways, in which the pilgrim is often unnecessarily caught up.

The rituals and ceremonies of organized religions can lead the seeker only to the threshold of the true Inner Journey, which proceeds along certain High Roads. These remain distinct from each other, for a very considerable distance, though towards the end they all get merged in each other. In the earlier phases, they remain distinct, owing to the diversity of sanskaric contexts of individuals and the differences of their temperaments.

In any case, it should be clear from the very beginning that though the Roads may be many, the Goal is and always will be only one, viz., attainment of union with God.

하나님께 이르는 높은 길

중요한 의미에서 모든 삶의 방식과 모든 경로는 궁극적으로 단 하나의 목표, 즉 하나님께 인도됩니다. 모든 강은 흐르는 방향이 다양하고 그 경로를 특징짓는 많은 구불구불한 길에도 불구하고 바다로 들어갑니다. 그러나 순례자를 신성한 목적지로 곧장 데려다주는 특정한 높은 길이 있습니다. 그 길은 순례자가 종종 복잡한 샛길의 광야에서 오랫동안 방황하는 것을 피하고 불필요하게 길을 잃는 것을 방지하기 때문에 중요합니다.

조직화된 종교의 의식과 예식은 구도자를 특정한 높은 길을 따라 진행되는 진정한 내적 여정의 문턱까지만 인도할 수 있습니다. 이것들은 상당한 거리를 두고 서로 구별되어 있지만, 마지막에는 모두 서로 합쳐집니다. 초기 단계에서는 개인의 산스카라적 맥락의 다양성과 기질의 차이로 인해 여전히 뚜렷하게 구분됩니다.

어쨌든 길은 여러 가지일 수 있지만 목표는 오직 하나, 즉 하나님과의 합일에 도달하는 것임을 처음부터 분명히 해야 합니다.

The quickest of these High Roads lies through the God-man who is consciously one with the Truth. In the God-man, God reveals himself in all His Glory, with His Infinite Power, Unfathomable Knowledge, Inexpressive Bliss and Eternal Existence. The Path through the God-man is available only to those fortunate ones who approach him in complete surrenderance and unwavering faith. Complete surrenderance to the God-man, is, however, possible only to very advanced aspirants. But when this is not possible, the other High Roads, which can eventually win the Grace of God, are:

1) Love for God and intense longing to see Him and to be united with Him

2) Being in constant company with the saints and lovers of God and rendering them wholehearted service

3) Avoiding lust, greed, anger, hatred and the temptations for power, fame and fault-finding

4) Leaving everyone and everything in complete external renunciation, and in solitude, devoting oneself to fasting, prayer and meditation

5) Carrying on all worldly duties with equal acceptance of success or failure, with a pure heart and clean mind and remaining unattached in the midst of intense activity

6) Selfless service of humanity, without any thought of gain or reward

이 높은 길들 중 가장 빠른 길은 진리와 의식적으로 하나인 갓맨[인간으로 강림한 하나님]을 통해서입니다. 갓맨(God-man) 안에서 하나님은 무한한 힘, 헤아릴 수 없는 앎, 표현할 수 없는 지복과 영원한 존재로 그분의 모든 영광 속에서 자신을 드러냅니다. 갓맨을 통하는 길은 완전한 순복과 흔들리지 않는 믿음으로 그에게 다가가는 운 좋은 사람들에게만 가능합니다. 하지만 갓맨에 대한 완전한 순복은 매우 진보된 구도자에게만 가능합니다. 그러나 이것이 불가능할 때 결국 하나님의 은총을 얻을 수 있는 다른 높은 길은 다음과 같습니다:

1) 하나님을 사랑하고 그분을 만나고 그분과 하나가 되고자 하는 강렬한 갈망

2) 하나님을 사랑하는 성자와 하나님의 러버들과 끊임없이 함께하며 그들을 진심으로 섬기는 것

3) 정욕, 탐욕, 분노, 미움, 권력, 명예, 흠잡기의 유혹을 피하는 것

4) 모든 사람과 외면적인 모든 것을 완전히 포기하고, 고독 속에서 금식과 기도와 명상에 전념하는 것

5) 성공과 실패를 동등하게 받아들이고, 순수한 가슴과 깨끗한 마음으로, 격렬한 활동 속에서도 초연한 채로 모든 세속적인 의무를 수행하는 것

6) 이득이나 보상에 대한 생각 없이 인류에 대한 이타적인 봉사

Dissertation on Love

What is Love? To give and never to ask. What leads to this Love? Grace. What leads to this Grace?

Grace is not cheaply bought. It is gained by being always ready to serve and reluctant to be served. There are many points which lead to this Grace:

Wishing well for others at the cost of one's self.
Never backbiting.
Tolerance supreme.
Trying not to worry. Trying not to worry is almost impossible - so try!
Thinking more of the good points in others and less of their bad points.

What leads to this Grace? Doing all the above. If you do one of these things perfectly, the rest must follow. Then Grace descends. Have Love-and when you have Love, the union with the Beloved is certain.

When Christ said, "Love your neighbor," he did not mean fall in love with your neighbor.

사랑에 관한 논문

사랑이란 무엇인가요? 주기만 하고 요구하지 않는 것. 무엇이 이 사랑을 이끌어낼까요? 은총입니다. 무엇이 이 은총에 이르게 할까요?

은총은 값싸게 살 수 있는 것이 아닙니다. 그것은 항상 섬길 준비가 되어 있고 섬김받기를 꺼림으로써 얻어집니다. 이러한 은총으로 이어지는 많은 지점이 있습니다:

자신을 희생해서라도 다른 사람의 행복을 기원합니다.
절대 뒷담화하지 않습니다.
관용이 최상입니다.
걱정하지 않으려고 노력합니다. 걱정하지 않으려고 노력하는 것은 거의 불가능에 가깝지만 어쨌든 시도해 보세요!
다른 사람의 좋은 점을 더 많이 생각하고 그들의 나쁜 점은 덜 생각합니다.

이 은총을 받는 방법은 무엇인가요? 위의 모든 것을 하는 것입니다. 만약 여러분이 이 중 하나를 완벽하게 수행한다면 나머지는 반드시 따라옵니다. 그러면 은총이 내려옵니다. 사랑을 가지세요. 그리고 사랑을 가질 때 비러벳과의 결합이 확실해집니다.

그리스도께서 "네 이웃을 사랑하라"고 말씀하셨을 때 이웃과 사랑에 빠지라는 뜻은 아니었습니다.

When you love, you give; when you fall in love, you want. Love me in any way you like, but love me. It is all the same. Love me. I am pure, the Source of purity, so I consume all weaknesses in my fire of Love. Give your sins, weaknesses, virtues, all to me - but give. I would not mind even one falling in love with me - I can purify; but when you fall in love with anybody else, you cannot call it love. Love is pure as God. It gives and never asks; that needs Grace.

Yogis in the Himalayas, with their long eyelashes and long beards, meditating, sitting in Samadhi, they too, have not this Love... it is so precious. The mother dies for her child - supreme sacrifice - yet it is not Love. Heroes die for their country, but that is not Love.

Love! You know when you have Love. You cannot understand theoretically, you have to experience it. Majnun loved Leila. This was pure Love, not physical, not intellectual, but spiritual Love. He saw Leila in everything and everywhere. He never thought of eating, drinking, sleeping, without thinking of her, and all the time he wanted her happiness. He would have gladly seen her married to another if he knew that would make her happy, and die for her husband if he thought she would be happy in that. At last it led him to me - no thought of self, but of the beloved, every second and continually.

You would not be able to do that if you tried. It needs Grace.
Trying leads to Grace.
What is God?
Love.
Infinite Love is God.

여러분이 사랑할 때, 여러분은 줍니다; 여러분이 사랑에 빠졌을 때, 여러분은 원합니다. 여러분이 원하는 방식으로 사랑하되 나를 사랑하세요. 그것은 모두 똑같습니다. 나를 사랑하세요. 나는 순수하고 순결함의 근원이므로 내 사랑의 불 속에 모든 결점을 태워 버립니다. 여러분의 죄와 결점, 미덕, 모든 것을 나에게 주세요. 그저 주기만 하세요. 나는 누군가가 나와 사랑에 빠지더라도 상관하지 않을 것입니다. 나는 정화 할 수 있습니다. 그러나 여러분이 다른 사람과 사랑에 빠지면 그것을 사랑이라고 부를 수 없습니다. 사랑은 하나님처럼 순수합니다. 그것은 주기만 하고 결코 요구하지 않습니다; 그것은 은총이 필요합니다.

히말라야의 요기들은 긴 속눈썹과 긴 수염을 기르고 명상하며 삼매에 들어앉아 있습니다. 그들 역시 이 사랑을 가지고 있지 않습니다... 사랑은 너무나도 소중한 것입니다. 어머니는 자신의 아이를 위해 죽습니다. 최고의 희생이지만, 그럼에도 불구하고 그것은 사랑이 아닙니다. 영웅들은 조국을 위해 죽지만, 그것은 사랑이 아닙니다.

사랑! 여러분은 사랑을 가질 때 알게 됩니다. 이론적으로 이해할 수 없습니다. 여러분은 사랑을 체험해야 합니다. 마즈눈은 레일라를 사랑했습니다. 이것은 순수한 사랑이었습니다. 육체적인 것도 아니고 지적인 것도 아닌 영적인 사랑이었습니다. 그는 모든 것과 모든 곳에서 레일라를 보았습니다. 그는 그녀를 생각하지 않고는 먹고 마시고 자는 것을 고려하지 않았으며 항상 그녀의 행복을 원했습니다. 그녀를 행복하게 해줄 것이라는 것을 알았다면 그는 기꺼이 그녀가 다른 사람과 결혼하는 것을 보았을 것이고, 그녀가 행복해질 수 있다면 그녀의 남편을 위해 죽을 수도 있었을 것입니다. 마침내 그것은 그를 나에게로 이끌었습니다. 자신에 대한 생각은 하지 않고 매 순간 그리고 계속해서 사랑하는 사람에 대한 생각뿐이었습니다.

여러분이 노력해도 그렇게 할 수 없었을 것입니다. 은총이 필요합니다.
노력은 은총으로 이어집니다.
하나님이 무엇인가요?
사랑입니다.
무한한 사랑이 하나님입니다.

Sahavas

Sahavas is the intimacy of give and take of love. I am the only Beloved and you all are my lovers; or I am the only Lover and you all are my beloveds.

I want you all to remain happy in my Sahavas. This will be the last Sahavas. I am the Ocean of Love. Draw as much of this love as possible. Make the most of this opportunity. It rests with you to draw as much love as possible out of the Ocean. It does not rest with Me to explain to you how you should love me. Does a husband or a wife explain to one another how to love? One thing is certain; I want to give you my love. It depends on each of you to receive it. The easy way to receive it is to forget your home, family and all worldly affairs, when you are here, and be receptive to my love. This is the first thing to follow if you want to receive the maximum of my love.

The second thing to follow is to have a good night's rest, sleep well each night and feel fresh when you come here for my Sahavas each day. I am God: if you remain drowsy in my presence, you will miss me and your drowsiness will oblige you to remain absent from my presence, in spite of your daily attendance.

사하바스

사하바스는 주고받는 사랑의 친밀함입니다. 나는 유일한 비러벳이고, 여러분 모두가 나의 러버입니다; 또한 나는 유일한 러버이고, 여러분 모두가 나의 비러벳입니다.

여러분 모두가 나의 사하바스에서 행복하게 지내기를 바랍니다. 이것은 마지막 사하바스가 될 것입니다. 나는 사랑의 바다입니다. 가능한 한 많이 이 사랑을 끌어오세요. 이 기회를 최대한 활용하세요. 바다에서 가능한 한 많은 사랑을 끌어내는 것은 여러분에게 달려 있습니다. 나를 어떻게 사랑해야 하는지 여러분에게 설명하는 것은 나의 몫이 아닙니다. 남편이나 아내가 서로에게 사랑하는 방법을 설명하나요? 한 가지는 확실합니다; 나는 여러분에게 나의 사랑을 주고 싶습니다. 그것을 받는 것은 여러분 각자에게 달려 있습니다. 그것을 받기 위한 쉬운 방법은 여러분이 여기에 있는 동안 자신의 집과 가족 그리고 세속적인 모든 일을 잊고, 나의 사랑을 받아들이는 것입니다. 내 사랑을 최대한 받고 싶다면 가장 먼저 따라야 할 일입니다.

두 번째로 따라야 할 일은 푹 자고 매일같이 나의 사하바스를 위해 이곳에 올 때 상쾌함을 느끼세요. 나는 하나님입니다: 여러분이 나의 존재 앞에서 졸린 상태로 남아 있다면, 여러분은 나를 놓칠 것이고, 여러분의 졸음은 매일 참석하고 있음에도 불구하고 나의 현존으로부터 부재하게 만들 것입니다.

Sahavas means intimate companionship. To establish this companionship you should be free with me. Sahavas is the intimacy of give and take of love between the lovers and the Beloved. There is no need to explain this give and take of love. To create an atmosphere of explanations and discourses is to mar the dignity of love which is established only in the closest of intimacy.

How do I participate in the Sahavas? I bow down to myself. I embrace myself. It is I who smile, who weep: it is Baba who sits here on the dais seat and it is Baba who squats on the ground in the tent. Baba meets 'Baba': Baba consoles 'Baba,' pets 'Baba,' chides 'Baba.' It is all Baba, Baba, Baba. Such is my experience of participation in the Sahavas.

Drink deep at the fountain of love, but do not lose consciousness! If you can but taste even a drop of this love - what a wonderful experience it will be! Have you any idea what this Sahavas is? He who approaches me with a heart full of love, has my Sahavas. After I drop this body and my passing away from your midst, many things will be said about this Sahavas. Take fullest advantage of this opportunity in the living presence of the Avatar. Forget everything else but my Sahavas and concentrate all your attention on me. I am the Ancient One.

※The following poem was written by Mehera at Baba's request and was read out before Him to all present at the Sahavas - Myrtle Beach, 1956

...May I always be blessed by your company.
I want your company at every moment of my life,
and only in your cause should this body be sacrificed.
O you, the Infinite One, have infinite attributes,
Do not be indifferent to me!
O Meher Baba, GURU OF GURUS,
I ask nothing but this last wish,
I don't ask for God or for God-realization,
or powers or authority.
My only wish is:
Please don't be indifferent to me!...

사하바스는 친밀한 교제를 의미합니다. 이 교제를 확립하려면 여러분은 나와 함께 자유로워야 합니다. 사하바스는 러버와 비러벳 사이의 사랑을 주고받는 친밀함입니다. 이 주고받는 사랑은 설명할 필요가 없습니다. 설명과 연설의 분위기를 조성하는 것은 가장 친밀한 관계에서만 성립되는 사랑의 존엄성을 훼손하는 것입니다.

나는 어떻게 사하바스에 참여할까요? 나는 나 자신에게 절을 하고, 나 자신을 포용합니다. 미소 짓는 사람도 나고, 우는 사람도 나입니다: 여기 단상에 앉아 있는 사람도 바바이고 텐트 안 땅바닥에 쪼그리고 앉아 있는 사람도 바바입니다. 바바가 '바바'를 만납니다: 바바는 '바바'를 위로하고, '바바'를 쓰다듬고, '바바'를 꾸짖습니다. 모두가 바바, 바바, 바바입니다. 이것이 사하바스에 참여하는 나의 경험입니다.

사랑의 원천에서 깊이 마시되, 의식을 잃지는 마세요! 이 사랑을 한 방울이라도 맛볼 수 있다면 — 얼마나 멋진 경험이 될까요. 여러분은 이 사하바스가 무엇인지 알고 있나요? 사랑으로 가득 찬 가슴으로 나에게 다가오는 사람은 나의 사하바스를 지니고 있습니다. 내가 이 몸을 떨어뜨리고 여러분 가운데서 내가 사라진 후에, 이 사하바스에 대한 많은 것들이 이야기 될 것입니다. 아바타의 살아 있는 현존 안에서 이 기회를 최대한 활용하세요. 나의 사하바스를 제외한 다른 모든 것을 잊고 나에게 모든 주의를 집중하세요. 나는 에인션트 원[옛적부터 있었던 존재]입니다.

※다음 시는 바바의 요청에 따라 메헤라가 작성했으며, 1956년 머틀비치 사하바스에 참석한 모든 사람에게 바바 앞에서 읽었습니다.

...나는 항상 당신과 함께함에 축복받았습니다
나는 내 삶의 모든 순간에 당신과 함께하길 바라고,
오직 당신의 대의를 위해서만 이 몸을 희생해야 합니다
오, 무한하신 분이시여, 당신은 무한한 속성을 지니셨으니,
나에게 무관심하지 마세요!
오 메허 바바, 스승들의 스승이시여
나는 이 마지막 소원 외에는 아무것도 청하지 않습니다
나는 하나님이나 신성실현을 구하지 않습니다
또한 권능이나 권위를 구하지 않습니다
나의 유일한 소원은:
제발 나에게 무관심하지 말아 주세요!...

Seven Sahavas Sayings

Desire for nothing except desirelessness.
Hope for nothing except to rise above all hopes.
Want nothing and you will have everything.

Seek not to possess anything, but to surrender everything.
Serve others with the understanding that in them you are serving me.
Be resigned completely to my will, and my will will be yours.
Let nothing shake your faith in me and all your bindings will be shaken off.

Real happiness lies in making others happy.
 The real desire is that which leads you to become Perfect in order to make others Perfect.
 The real aim is that which aims to make others become God by first attaining Godhood yourself.

Be angry with none but your weakness.
Hate none but your lustful self.
Be greedy to own more and more wealth of tolerance and justice.
Let your temptation be to tempt me with your love in order to receive my grace.
Wage war against your desires and Godhood will be your victory.

Love others as you would love yourself and all that is yours.
Fortunate are they whose love is tested by misfortune.
Love demands that the lover sacrifice for the Beloved.

Real living is dying for God.
Live less for yourself and more for others.
One must die to one's own self to be able to live in all other selves.
One who dies for God lives forever.

This period of sahavas is the period of my suffering and helplessness.
My glorification will follow my humiliation.

일곱 가지 사하바스 명언

욕망 없음 외에는 아무것도 바라지 마세요.
모든 희망을 뛰어넘는 것 외에는 아무것도 바라지 마세요.
아무것도 원하지 않으면 모든 것을 얻게 될 것입니다.

아무것도 소유하지 말고, 모든 것을 내려놓으려 노력하세요.
그들 속에서 당신이 나를 섬긴다는 것을 이해하고 다른 사람을 섬기세요.
나의 뜻에 전적으로 따른다면, 나의 뜻은 당신의 뜻이 될 것입니다.
무엇도 나를 향한 당신의 믿음을 흔들지 못하게 하세요. 그러면 당신의 모든 속박이 떨쳐질 것입니다.

진정한 행복은 다른 사람을 행복하게 만드는 데 있습니다.
진정한 욕망은 다른 사람을 완전하게 만들기 위해 자신을 완전해지도록 이끄는 욕망입니다.
진정한 목표는 먼저 자신이 신성을 이룸으로써 다른 사람을 하나님이 되게 하는 것입니다.

자신의 약점 외에는 누구에게도 화를 내지 마세요.
욕정에 가득 찬 자아 외에는 누구도 미워하지 마세요.
관용과 정의의 풍요로움을 점점 더 많이 소유하려는 욕심을 가지세요.

나의 은총을 받기 위해 당신의 사랑을 베풀고 당신의 유혹이 나를 유혹하게 해주세요.
당신의 욕망과 전쟁을 벌이면 신성은 당신의 승리가 될 것입니다.

자신과 자신의 모든 것을 사랑하듯이 다른 사람을 사랑하세요.
불행으로 사랑을 시험받는 사람은 운이 좋은 사람입니다.
사랑은 러버가 비러벳을 위해 희생할 것을 요구합니다.

진정한 삶은 하나님을 위해 죽는 것입니다.
자신을 위해 덜 살고 다른 사람을 위해 더 많이 사세요.
다른 모든 자아 안에서 살 수 있으려면 자기 자신의 자아는 죽어야 합니다.
하나님을 위해 죽는 사람은 영원히 삽니다.

이 사하바스의 기간은 나의 고통과 무력함의 시기입니다.
나의 영광은 나의 굴욕 뒤에 따를 것입니다.

On Obedience

Giving an introduction to His discourse on different types of obedience, Baba said: In one of his couplets Hafiz says, "How can you step on the Path of Truth unless you step out of the boundary of your own nature?" Baba continued: The Path of God-realization has untold and intolerable hardships and suffering. Even yogis, saints and Satpurushas are unable to fathom My reality. Hafiz speaks of stepping out of the boundary of one's own nature before one dares to step on to the path of reality. But what is one's own nature?

I am not going to repeat the theme of evolution of forms and consciousness, which has been explained at length in God Speaks. Best to begin this discourse with the birth of a child: the child takes birth according to his past karma (sanskaras or impressions). He will act, think, feel according to his sanskaras gathered in past lives; there is no way out of it for the child. This is what I call the law of "must." This law sticks to the child from birth to death. It has formulated the nature of the child, and has become the child's very nature. The child cannot get out of it. In addition to this inexorable law of must, the environmental circumstances of the child are such that he cannot but act and feel according to the impressions of the experiences of past lives.

순종에 대하여

다양한 유형의 순종에 대한 그의 담화를 소개하면서 바바는 다음과 같이 말했습니다: 하피즈는 그의 가잘 한 구절에서 "자신의 본성의 경계를 벗어나지 않고 어떻게 진리의 길을 밟을 수 있겠는가?"라고 말합니다. 바바는 계속했습니다: 신성실현의 길에는 말할 수 없고 견딜 수 없는 고난과 고통이 있습니다. 심지어 요가수행자, 성인, 사트푸루샤들조차 나의 실재를 헤아리지 못합니다. 하피즈는 감히 실재의 길로 들어서기 전에 자신의 본성의 경계에서 벗어나는 것에 대해 말합니다. 그러나 자신의 본성이란 무엇입니까?

나는 갓 스픽스(God Speaks)에서 자세히 설명한 형태와 의식의 진화에 대한 주제를 반복하지 않겠습니다. 이 담화는 아이의 탄생으로 시작하는 것이 가장 좋습니다. 아이는 그의 과거 카르마(산스카라 또는 인상)에 따라 탄생합니다. 그는 전생에 모인 자신의 산스카라에 따라 행동하고, 생각하고, 느낄 것입니다. 아이에게는 그것에서 벗어날 방법이 없습니다. 이것이 내가 "필연"의 법칙이라고 부르는 것입니다. 이 법은 태어나서 죽을 때까지 아이에게 적용됩니다. 그것은 아이의 본성을 형성했으며 아이의 본성이 되었습니다. 아이는 그것에서 벗어날 수 없습니다. 이 피할 수 없는 필연의 법칙에 더해, 아이의 환경적 상황은 그가 전생의 경험의 인상에 따라 행동하고 느낄 수밖에 없는 그런 상황입니다.

When the baby is born, it must cry; mother must feed the baby; its very sex is determined by the law of must. If the baby is a male child, it is so because it must be born a male child; if it is a female child, it is so because it must be born a female. And when the child grows into a man or woman, it becomes what it does become because it must be so.

Do not confuse this nature with Nature - the entire panorama of the earth and its seasons! Your nature is the nature created by you and nurtured by you. It is one's own nature that is responsible for the body one takes on - the shape, the complexion, the health, sickness, appetite, temperament, etc. In short, anything and everything connected with one's own self - physical, subtle and mental.

Now to return to the difficulties on the Path. I say that it is impossible even for one on the Path to fathom my real state: why is it impossible? Hafiz said that unless one steps out of the limitations of one's own nature (routine of life), one cannot step on to the Path of reality. Here realization of reality is obviously not meant. What Hafiz means is that it is impossible to realize your real self as long as you are bound within the limitations of your own nature. This means that you should go against your very nature, against the very nature of your physical, subtle and mental bodies!

Thus, if you are hungry, you should not eat; if you are not hungry, you should eat! When you feel like sleeping, you should not sleep; when you do not feel like sleeping, you should sleep! This is what Hafiz means by going against one's own nature stepping out of the boundary of your nature. Again, if you wish to see anything, you should not; and if you do not wish to see, you should see. When you exert yourself, you pant; but you should not pant, you should feel normal. Your breathing should be normal breathing, just when you are out of breath. You are sitting, silently listening to this discourse and your breathing is normal; it must not be so - according to the couplet of Hafiz.

아기가 태어나면 울어야 합니다; 어머니는 아기에게 젖을 먹여야 합니다. 아이의 성별은 필연의 법칙에 의해 결정됩니다. 아기가 남자아이라면 남자아이로 태어나야 하기 때문에 그렇게 되고 여자아이라면 여자아이로 태어나야하기 때문에 그렇게 됩니다. 그리고 아이가 남자나 여자로 성장하면 당연히 그렇게 되어야 하기 때문에 실제로 그렇게 됩니다.

이 본성(Nature)을 지구와 사계절의 전체 파노라마인 자연과 혼동하지 마세요! 여러분의 본성은 여러분이 만들고 여러분이 양육하는 본성입니다. 모양, 안색, 건강, 질병, 식욕, 기질 등 자신의 몸을 책임지는 것은 자신의 본성입니다. 간단히 말해서 신체적, 기운적, 정신적 등 모든 것이 자기 자신과 연결되어 있습니다.

이제 경로(道)의 어려움으로 돌아갑니다. 나는 경로에 있는 사람조차도 나의 실제 상태를 헤아리는 것이 불가능하다고 말합니다. 왜 불가능할까요? 하피즈는 자신의 본성(일상의 삶)의 한계를 벗어나지 않는 한 실재의 길로 나아갈 수 없다고 말했습니다. 여기서 실재의 실현은 분명히 의도된 것이 아닙니다. 하피즈가 의미하는 바는 여러분이 자신의 본성의 한계 안에 묶여 있는 한 자신의 진정한 자아를 실현하는 것은 불가능하다는 것입니다. 이것은 여러분이 자신의 육체적, 기운적 그리고 정신적인 몸의 바로 그 본성을 거슬러야 한다는 것을 의미합니다!

따라서 배가 고프면 먹지 말고 배가 고프지 않으면 먹어야 합니다! 자고 싶을 때는 자지 말고, 자고 싶지 않을 때는 자야 합니다! 이것이 하피즈가 자신의 본성의 경계를 벗어나 자신의 본성을 거스른다는 것을 의미합니다. 다시 말하지만, 보고 싶은 것이 있으면 보지 말아야 하고, 보고 싶지 않으면 보아야 합니다. 여러분이 힘을 쏟을 때, 숨을 헐떡이지만, 헐떡여서는 안 됩니다. 여러분은 정상적으로 느껴져야 합니다. 호흡은 숨이 찰 때 정상적인 호흡이어야 합니다. 여러분은 앉아서 조용히 이 담화를 듣고 있으며 여러분의 호흡은 정상입니다. 하피즈의 가잘에 따르면 그렇게 해서는 안 됩니다.

From all this you will understand how impossible it is to go against your own nature and realize me as I really am.

But, here, Hafiz himself comes to your rescue and says that there is a solution: this solution too is most difficult, but at least it is less impossible.

In another of his couplets Hafiz says, "O You, if you ever get possessed by madness to realize God, then become the dust at the feet of a Perfect Master - Qutub or Sadguru." Hafiz uses the word "madness" to depict, once again, that it is a sheer impossibility to realize this state of reality. The question now arises as to how should one become dust at the feet of a Perfect Master.

Dust has not thought of its own, whether it is trampled upon, or applied to the forehead of a man, or remains suspended in air or water. It is all one and the same to it. I tell you that there is no truer and better example of complete obedience than becoming like dust.

Baba remarked: Those who cannot follow this discourse should not worry: just concentrate on me. Words have no real value. It is good if you can understand: if you do not, why worry?

Summing up this discourse, Baba repeated what a Sufi poet had said: "After years and years of longing for Union with God, only one, out of a million Mardan-e-Khuda (Men of God), realized God."

In the end, Baba gave assurance by saying: Be brave. Be happy. I and you all are One. And the Infinite that eternally belongs to me will one day belong to every individual. (Baba pointed out that it was incorrect to say: "You all and I are One;" the truth is "I and you all are One.")

이 모든 것에서 여러분은 자신의 본성을 거스르고 나를 있는 그대로 깨닫는 것이 얼마나 불가능한지 이해하게 될 것입니다.

그러나 여기서 하피즈 자신이 여러분을 구하러 와서 해결책이 있다고 말합니다: 이 해결책 역시 매우 어렵지만 적어도 불가능하지는 않습니다.

그의 또 다른 구절에서 하피즈는 "오 그대여, 만약 그대가 하나님을 깨닫기 위해 광기에 사로잡힌다면 완전한 스승인 쿠툽이나 사드구루의 발밑에 있는 먼지가 되십시오."라고 말합니다. 하피즈는 "광기"라는 단어를 사용하여 이러한 실재의 상태를 실현하는 것이 전적으로 불가능하다는 것을 다시 한번 묘사합니다. 이제 완전한 스승의 발밑에서 어떻게 먼지가 되어야 하는지에 대한 의문이 생깁니다.

먼지는 그 자신이 짓밟히든, 사람의 이마에 발리든, 공기나 물에 떠 있든, 스스로를 생각하지 않습니다. 그것은 모두 하나이며 동일합니다. 내가 여러분에게 말합니다. 완전한 순종은 먼지처럼 되는 것보다 더 진실하고 좋은 예가 없습니다.

바바는 다음과 같이 말했습니다: 이 담화를 따를 수 없는 사람들은 걱정하지 마세요. 그냥 나에게 집중하세요. 말에는 진정한 가치가 없습니다. 여러분이 이해할 수 있다면 좋은 일입니다: 만약 여러분이 이해하지 못한다면, 왜 걱정합니까?

이 담화를 요약하면서 바바는 수피 시인이 말한 것을 반복했습니다: "오랜 세월 동안 하나님과의 합일을 갈망한 끝에, 백만 명의 마르단-에-쿠다 (하나님의 사람) 중 단 한 사람만이 하나님을 깨달았습니다."

결국 바바는 이렇게 말하며 확신을 주었습니다: 용기를 내세요. 행복하세요. 나와 여러분은 모두 하나입니다. 그리고 영원히 나에게 속한 무한은 언젠가는 모든 개인에게 속하게 될 것입니다. (바바는 이렇게 말하는 것이 잘못되었다고 지적했습니다: "여러분 모두와 나는 하나다." 진실은 "나와 여러분 모두는 하나다."입니다.)

Surrender

He who genuinely surrenders to a Perfect Master surrenders completely without asking for permission to do so. He does not even expect acceptance of his surrender from the Master. Complete surrender in itself embodies the acceptance of one who has surrendered completely as he ought to have done.

※ *Stages of Love* (The Everything and the Nothing, pp.44-45)

When lust goes love appears; and out of love comes longing. In love there can never be satisfaction, for longing increases till it becomes an agony which ceases only in union. Nothing but union with the Beloved can satisfy the lover.

The way of love is a continual sacrifice; and what gets sacrificed are the lover's thoughts of 'I', until at last comes the time when the lover says, 'O Beloved! Will I ever become one with you and so lose myself forever? But let this be only if it is your will.' This is the stage of love enlightened by obedience.

Now the lover continuously witnesses the glory of the Beloved's will; and in the witnessing does not even think of union. He willingly surrenders his entire being to the Beloved, and has no thought of self left. This is the stage when love is illumined by surrender.

Out of millions, only one loves God; and out of millions of lovers, only one succeeds in obeying, and, finally, in surrendering his whole being to God the Beloved. I am God personified. You who have the chance of being in my living presence are fortunate and blessed.

순복

완전한 스승에게 진정으로 순복하는 사람은 허락을 구하지 않고 완전히 순복합니다. 그는 스승으로부터 자신의 순복을 받아들일 것을 기대하지도 않습니다. 완전한 순복은 그 자체로 마땅히 해야 할 대로 완전히 순복한 사람을 받아들인다는 의미를 담고 있습니다.

※ *사랑의 단계* (실재와 환상 44-45페이지)

욕정이 사라질 때 사랑이 드러나고; 사랑에서 갈망이 나옵니다. 사랑에는 결코 만족이란 있을 수 없습니다. 왜냐하면 오직 합일에서만 멈추는 극도의 고통이 될 때까지 갈망은 커지기 때문입니다. 비러벳과의 합일 외에는 러버를 만족시킬 수 없습니다.

사랑의 길은 거듭되는 희생의 길입니다; 그리고 러버가 '오~ 비러벳이여! 나는 언제 당신과 하나가 되어 영원히 나 자신을 잃을 수 있을까요? 하지만 이것이 오직 당신의 의지일 경우에만 그렇게 하세요.'라고 비로소 말할 때까지 희생되는 것은 러버의 '나'라는 생각들입니다. 이것은 복종(obedience, 순종)에 의해 일깨워진(enlightened, 계화된) 사랑의 단계입니다.

이제 러버는 계속해서 비러벳의 뜻의 영광을 목격하게 됩니다; 이 목격에서는 합일에 대한 생각조차도 없습니다. 그는 기꺼이 자신의 온 존재를 비러벳에게 내맡기고, 자신에 대해서는 전혀 생각하지 않습니다. 이것은 사랑이 순복(surrender, 내맡김)에 의해 빛을 발하는(illumined, 조명된) 단계입니다.

수백만 명 중에서, 오직 한 사람만이 하나님을 사랑합니다; 그리고 수백만 명의 러버 중에서, 오직 한 사람만이 순종하는 데 성공하며, 마침내 자신의 온 존재를 비러벳인 하나님께 바치는[순복하는] 데 성공합니다. 나는 하나님의 화신(化神)입니다. 나의 살아 있는 임재함 속에 있을 수 있는 기회를 얻은 여러분은 행운과 축복을 받았습니다.

The Lover and the Beloved

Beloved God is in all. What is then the duty of the lover? It is to make the Beloved happy without sparing himself. Without giving a second thought to his own happiness the lover should seek the pleasure of the Beloved. The only thought a lover of God should have is to make the Beloved happy.

Thus if you stop thinking of your own happiness and give happiness to others, you will then indeed play the part of the lover of God, because Beloved God is in all.

But, while giving happiness to others, if you have an iota of thought of self, it is then not love but affection. This tends to seek happiness for the self while making others happy.

As an example: (1) A husband's affection for his wife. The husband wants to give happiness to his wife; but while doing so he thinks of his own happiness, too. (2) A mother's affection for her child. From this affection the mother derives happiness purely out of giving and seeking happiness for her child.

러버와 비러벳

비러벳 하나님은 모든 것 안에 계십니다. 그렇다면 러버의 의무는 무엇일까요? 그것은 자신을 아끼지 않고 비러벳[사랑하는 사람]을 행복하게 만드는 것입니다. 자신의 행복에 대해 다시 생각하지 않고 러버는 비러벳의 기쁨을 구해야 합니다. 하나님을 사랑하는 사람이 가져야 할 유일한 생각은 비러벳을 행복하게 만드는 것입니다.

그러므로 당신 자신의 행복에 대한 생각을 멈추고 다른 사람에게 행복을 준다면 당신은 참으로 하나님의 러버의 역할을 할 것입니다. 왜냐하면 비러벳 하나님이 모든 것 안에 계시기 때문입니다.

그러나 다른 사람에게 행복을 주면서 자기 자신에 대한 생각이 조금이라도 있다면 그것은 사랑이 아니라 애정입니다. 이것은 다른 사람을 행복하게 하면서도 자신의 행복을 추구하는 경향이 있습니다.

예를 들면: (1) 아내에 대한 남편의 애정. 남편은 아내에게 행복을 주고 싶어 합니다. 하지만 그렇게 하면서 그는 자신의 행복도 생각합니다.
(2) 자녀에 대한 어머니의 애정. 이 애정에서 어머니는 순전히 자식을 위해 행복을 주고 행복을 구하는 데서 행복을 얻습니다.

Love and Devotion

Love burns the lover.
Devotion burns the Beloved.

Love seeks happiness for the Beloved.
Devotion seeks for blessing from the Beloved.

Love seeks to shoulder the burden of the Beloved.
Devotion throws the burden on the Beloved.

Love gives.
Devotion asks.

Love is silent and sublime, devoid of outward expressions.
Devotion expresses itself outwardly.

Love does not require the presence of the Beloved in order to love.
Devotion demands the presence of the Beloved to express affection for the Beloved.

사랑과 헌신

사랑은 러버를 불태웁니다.
헌신은 비러벳을 불태웁니다.

사랑은 비러벳의 행복을 추구합니다.
헌신은 비러벳의 지복을 구합니다.

사랑은 비러벳의 짐을 짊어지려 합니다.
헌신은 비러벳에게 짐을 던집니다.

사랑은 줍니다.
헌신은 요청합니다.

사랑은 침묵하고 숭고하며 외적인 표현이 없습니다.
헌신은 자신을 겉으로 표현합니다.

사랑은 사랑하기 위해 비러벳의 현존을 요구하지 않습니다.
헌신은 비러벳에 대한 애정을 표현하기 위해 비러벳의 임재를 요구합니다.

Love is the Remedy

Do not give undue importance to explanations and discourses. Words fail to give any meaning to Reality; because when one supposes that one has understood, one has not understood: one is far from understanding anything so far as Reality is concerned. Reality is beyond human understanding (Samaj) for it is beyond intellect. Understanding cannot help because God is beyond understanding. The moment you try to understand God you "misunderstand" Him; you miss Him when you try to understand Him. Intellect must go before knowledge dawns.

All this is a show, a fun (Tamasha), a play. Mind must go, because the fun lies in the mind. And the fun is that mind must annihilate itself. Only Man-O-Nash(annihilation of mind) takes one to Reality. If I tell you to jump over another person you can do it; but you cannot jump over yourself: at the most you would turn a somersault: but there is a way to annihilate the mind. The way is love. Just consider ordinary human love: when a man or a woman is deeply in love with his or her partner, nothing comes between them. They get totally lost in love for one another. There is neither admiration nor fault-finding. There is total absence even of exchange of thought: love prevails without thoughts. Mind becomes defunct for the time being: for in such intense human love mind does not come into play. The mind apparently gets annihilated for the fraction of a second when love and loving are at their zenith. This brings about a state similar to trance. If ordinary human love can go so far, what should be said of the height of love divine?

I am the Ancient One, the One residing in every heart. Therefore, love others, make others happy, serve others, even at discomfort to yourself; this is to love me. I suffer for the whole universe. I must suffer infinitely: unless I suffered how could I ask my lovers to suffer for others? I am One with all on every level: I am One with all on every plane of consciousness: and I am beyond all planes of consciousness.

치료법은 사랑

설명과 담화에 지나친 중요성을 부여하지 마세요. 말은 실재에 어떤 의미도 부여하지 못합니다. 왜냐하면 이해했다고 생각하면 이해한 것이 아닙니다. 실재에 관한 한 그 무엇도 이해하지 못하기 때문입니다. 실재는 지성을 초월하기 때문에 인간의 이해(사마즈)를 넘어섭니다. 하나님은 이해 너머에 있기 때문에 이해는 도움이 될 수 없습니다. 하나님을 이해하려고 하는 순간 하나님을 "오해"하게 되고, 하나님을 이해하려고 하면 하나님을 놓치게 됩니다. 지성은 지식이 깨어나기 전에 반드시 선행되어야 합니다.

이 모든 것은 쇼, 재미(타마샤), 연극입니다. 재미는 마음에 있기 때문에 마음은 떠나야 합니다. 그리고 재미있는 것은 마음이 스스로 소멸해야 한다는 것입니다. 만오나쉬(마음의 소멸)만이 사람을 실재로 데려갑니다. 다른 사람을 뛰어넘으라고 하면 할 수 있습니다. 그러나 당신은 자신을 뛰어넘을 수 없습니다. 기껏해야 공중제비를 돌 뿐입니다. 그러나 마음을 소멸시키는 방법이 있습니다. 그 방법은 사랑입니다. 평범한 인간의 사랑을 생각해 보세요. 남자나 여자가 자신의 파트너와 깊은 사랑에 빠졌을 때 그들 사이에는 아무것도 끼어들지 않습니다. 그들은 서로에 대한 사랑에 완전히 빠져듭니다. 감탄도 잘못을 찾는 것도 없습니다. 생각의 교환조차도 완전히 부재합니다. 생각 없이도 사랑이 지배합니다. 마음은 조만간 사라집니다: 인간의 강렬한 사랑에서는 마음이 작용하지 않기 때문입니다. 사랑과 사랑함이 절정에 달할 때 마음은 찰나의 순간에 소멸되는 것처럼 보입니다. 이것은 트랜스 상태와 유사한 상태를 가져옵니다. 평범한 인간의 사랑도 이렇게까지 갈 수 있다면 신성한 사랑의 절정은 무엇이라고 말해야 할까요?

나는 모든 이의 가슴에 존재하는 '에인션트 원[옛적부터 있었던 이]'입니다. 그러므로 남을 사랑하고, 남을 행복하게 하고, 심지어 자신이 불편하더라고 남을 섬기세요; 이것이 나를 사랑하는 것입니다. 나는 온 우주를 위해 고통받습니다. 나는 무한히 고통받아야 합니다: 내가 고통받지 않는다면 어떻게 나의 러버들에게 다른 사람들을 위해 고통받도록 요구할 수 있겠습니까? 나는 모든 수준에서 모두와 하나입니다: 나는 모든 의식의 경지에서 모두와 하나입니다: 그리고 나는 모든 의식의 경지를 초월합니다.

My Wish

Baba said: The lover has to keep the wish of the Beloved. My wish for my lovers is as follows:

1. Do not shirk your responsibilities.

2. Attend faithfully to your worldly duties, but keep always in the back of your mind that all this is Baba's.

3. When you feel happy, think: "Baba wants me to be happy." When you suffer, think: "Baba wants me to suffer."

4. Be resigned to every situation and think honestly and sincerely: "Baba has placed me in this situation."

5. With the understanding that Baba is in everyone, try to help and serve others.

6. I say with my Divine Authority to each and all that whosoever take my name at the time of breathing his last comes to me: so do not forget to remember me in your last moments. Unless you start remembering me from now on, it will be difficult to remember me when your end approaches. You should start practicing from now on. Even if you take my name only once every day, you will not forget to remember me in your dying moments.

나의 소망

바바가 말했습니다: 러버는 비러벳의 소망을 늘 마음에 새겨야 합니다. 내 러버들을 위한 소망은 다음과 같습니다:

1. 여러분의 책임을 회피하지 마세요.

2. 여러분의 세속적인 의무에 충실하되, 이 모든 것이 바바의 것이라는 것을 항상 마음속에 새겨두세요.

3. 여러분이 행복할 때, "바바는 내가 행복하기를 원한다"고 생각하세요. 여러분이 고통받을 때, "바바는 내가 고통받기를 원한다"고 생각하세요.

4. 모든 상황을 있는 그대로 받아들이고 정직하고 진실되게 "바바가 나를 이 상황에 들게 하셨다"라고 생각하세요.

5. 바바가 모든 사람 안에 있다는 것을 이해하면서, 다른 이들을 돕고 섬기도록 노력하세요.

6. 나는 나의 '신성한 권위'로 모두에게 말합니다. 자신의 마지막 숨을 쉴 때 내 이름을 부르는 사람은 누구든지 나에게 옵니다. 그러니 여러분의 마지막 순간에 나를 기억하는 것을 잊지 마세요. 여러분이 지금부터 나를 기억하는 것을 시작하지 않는다면, 마지막 순간에 나를 기억하기 어려울 것입니다. 여러분은 지금부터 가르침의 실천을 시작해야 합니다. 비록 하루에 단 한 번만 나의 이름을 불러도, 여러분은 임종의 순간에 나를 기억하는 걸 잊지 않을 것입니다.

How to Love God

To love God in the most practical way is to love our fellow beings. If we feel for others in the same way as we feel for our own dear ones, we love God.

If, instead of seeing faults in others, we look within ourselves, we are loving God.

If, instead of robbing others to help ourselves, we rob ourselves to help others, we are loving God.

If we suffer in the sufferings of others and feel happy in the happiness of others, we are loving God.

If, instead of worrying over our own misfortunes, we think our selves more fortunate than many, many others, we are loving God.

If we endure our lot with patience and contentment, accepting it as His Will, we are loving God.

To love God as He ought to be loved, we must live for God and die for God, knowing that the goal of life is to Love God, and find Him as our own self.

하나님을 사랑하는 방법

가장 실제적인 방법으로 하나님을 사랑하는 것은 우리의 동료들을 사랑하는 것입니다. 우리가 사랑하는 사람을 위해 느끼는 것과 같은 방식으로 다른 사람을 위해 느낀다면, 우리는 하나님을 사랑하고 있는 것입니다.

만약, 타인의 결점을 보는 대신 우리 자신의 내면을 들여다보고 있다면, 우리는 하나님을 사랑하고 있는 것입니다.

만약, 우리 자신을 돕기 위해 타인을 강탈하는 대신 타인을 돕기 위해 우리 자신을 강탈한다면, 우리는 하나님을 사랑하고 있는 것입니다.

우리가 타인의 고통 속에서 고통받고 타인의 행복 속에서 기쁨을 느낀다면, 우리는 하나님을 사랑하고 있는 것입니다.

만약, 우리 자신의 불행을 걱정하는 대신 우리 자신이 다른 많은 사람보다 더 운이 좋다고 생각한다면, 우리는 하나님을 사랑하고 있는 것입니다.

우리가 인내와 만족으로 많은 것을 인내하고 그것을 그분의 의지로 받아들인다면, 우리는 하나님을 사랑하고 있는 것입니다.

사랑받아 마땅한 하나님으로서 그분을 사랑하기 위해, 우리는 하나님을 위해 살고 하나님을 위해 죽어야 하며, 삶의 목표가 하나님을 사랑하고 그분을 우리 자신의 자아로 발견하는 것임을 알아야 합니다.

On Baba's Work

Baba is the Avatar of the Age and the greatest work anyone can do is to love Baba as Baba ought to be loved. He alone who can love Baba does Baba's work. What is Baba's work? It is to tell people who Baba is and that Baba says one should love all, slander none, have a pure heart and not make others suffer for one's own comfort and pleasure. If Baba's workers themselves lack these qualities, how can they tell others of what Baba says, and work as Baba's workers? On the contrary, such workers have no share in doing Baba's work. They are a burden in Baba's work.

There are two types of workers. There is one who tells people who Baba is and what Baba says, and himself lives and acts as I want my worker to be in life. There is another, who also loves me, in his own way, and lacks the qualities desired by me. When such a one, instead of doing my work haphazardly, confesses his incapacity to others, and tells them what I want them to do, there is no binding created for the workers and no burden felt by me on behalf of such a worker. The worker should be bold and candid enough to admit and try to overcome his weaknesses before he attempts to preach what Baba says.

바바의 사역에 대해

　바바는 시대의 아바타입니다. 그리고 누구나 할 수 있는 가장 위대한 일은 바바가 사랑받아 마땅하기에 바바를 사랑하는 것입니다. 바바를 사랑할 수 있는 사람만이 바바의 일을 합니다. 바바의 일이 무엇인가요? 그것은 사람들에게 바바가 누구이며 바바가 모든 사람을 사랑하고, 아무도 비방하지 않으며, 순수한 가슴을 가지고, 자신의 안락과 즐거움을 위해 다른 사람을 고통스럽게 만들지 말라고 말한 것을 전하는 것입니다. 바바의 일꾼들 자신이 이러한 자질이 부족하다면 어떻게 다른 사람들에게 바바의 말을 전하고 바바의 일꾼으로 일할 수 있겠습니까? 반대로 그러한 일꾼들은 바바의 일을 하는 데 아무런 몫이 없습니다. 그들은 바바의 일에 짐이 됩니다.

　일꾼에는 두 가지 유형이 있습니다. 한 부류는 사람들에게 바바가 누구이며 바바가 말하는 바를 알려주고, 그 자신은 내가 일꾼이 되기를 바라는 대로 살아가고 행동하는 사람입니다. 또 다른 부류는 자신의 방식으로 나를 사랑하지만 내가 원하는 자질이 부족한 사람입니다. 그런 사람이 내 일을 함부로 하는 것이 아니라, 다른 사람에게 자신의 무능함을 고백하고 내가 원하는 것을 그들에게 말할 때, 일꾼들에게 구속력이 생기지 않고 그런 일꾼을 대신하여 내가 느끼는 부담도 없습니다. 일꾼은 바바가 말하는 것을 전파하려고 하기 전에 자신의 약점을 인정하고 극복하려고 노력할 만큼 대담하고 솔직해야 합니다.

In doing Baba's work there is one great difficulty. The workers have love for Baba, no doubt, but at the same time they have their characteristic weaknesses. The great difficulty resides in the expression of one's ego-the feeling of self-importance by which one is possessed, despite one's best efforts to lose it. The heart is for weakening the ego, but the mind is for strengthening it. The mind gains a sense of greatness in doing Baba's work. There is no escaping this.

What is to be done then? Try to be humble? But even when the leader of a group charged with the responsibility of spreading Baba's message of love tries to be humble, his co-workers may take it as a mere posing on the part of their leader and look down upon him; though for his quality of leadership other people respect the leader.

Another weak spot in doing Baba's work is that the workers themselves fail to cooperate. With differences of opinion they find fault with one another. The result is that the work itself suffers. All this is because the workers differ among themselves while they dare to carry to the people Baba's message of Love and Truth and Purity of heart!

But there is a remedy for this type of disunity. If the workers tried to act upon it sincerely, it would be easy to wipe away the weak spot. Real workers are those who, in addition to giving help to their leaders, disregard the faults of their leaders and coworkers. In such cases, the workers themselves become leaders, and yet remain sincere workers too. If my workers follow this advice, and cooperate with their leaders and co-workers, understanding that it is I who have entrusted the responsibility to the group-heads, then your Baba's work would be done.

바바의 일을 할 때 한 가지 큰 어려움이 있습니다. 일꾼들은 의심할 여지 없이 바바에 대한 사랑을 가지고 있지만 동시에 그들의 특징적인 약점을 가지고 있습니다. 가장 큰 어려움은 자아의 느낌인 자신의 에고를 잃으려고 최선을 다했음에도 불구하고 표현하는 데 있습니다. 가슴은 에고를 약화시키기 위한 것이지만 마음은 에고를 강화시키기 위한 것입니다. 마음은 바바의 일을 하면서 위대함을 느끼게 됩니다. 이것에서 벗어날 수는 없습니다.

그러면 어떻게 해야 할까요? 겸손해지려고 노력할까요? 그러나 바바의 사랑의 메시지를 전파하는 책임을 맡은 그룹의 리더가 겸손해지려고 할 때에도, 그의 동료들은 그것을 그들의 리더의 입장에서 단지 포즈를 취하는 것으로 받아들이고 그를 무시할 수 있습니다. 하지만 그의 리더십의 자질 때문에 다른 사람들은 그를 존경합니다.

바바의 일을 하는 데 있어서 또 다른 약점은 일꾼들 스스로가 협력하지 않는다는 것입니다. 의견이 다르면 서로의 결점을 찾습니다. 그 결과 작업 자체가 어려움을 겪습니다. 이 모든 것은 일꾼들이 감히 바바의 사랑과 진리, 순결한 가슴의 메시지를 사람들에게 전하려고 하면서도 그들 자신이 서로 다르기 때문입니다!

그러나 이러한 유형의 분열에 대한 해결책이 있습니다. 일꾼들이 진심으로 노력한다면 약점을 쉽게 제거할 수 있습니다. 진정한 일꾼은 리더에게 도움을 줄 뿐만 아니라 리더와 동료의 허물을 들추지 않습니다. 이런 경우 구성원 스스로 리더가 되면서도 성실한 일꾼으로 남을 수 있습니다. 나의 일꾼들이 이 조언을 따르고, 그룹 책임자에게 책임을 맡긴 사람이 나라는 것을 이해하면서 그들의 리더와 동료들과 협력한다면, 여러분의 바바 사역은 끝날 것입니다.

How to Escape Illusion

My message today, to those who love me, and believe in my life, is that in order to escape this cosmic Illusion, and to realize and attain the supreme Reality, we must abide by the following: First and foremost, our complete surrender to the God-man, in whom God reveals Himself in His full Glory, His Infinite Power, His Unfathomable Knowledge, His Inexpressible Bliss, and His Eternal Existence.

Should this complete surrender not be possible, then one or some of the following, if faithfully carried out, can win the grace of God:

(1) Wholehearted love for God. Thirst for seeing Him, longing to know Him and burning desire for union with Him, constitutes this all-consuming love for which the lover forsakes everything, including himself.

(2) Keeping constant company with saints and lovers of God, and rendering them wholehearted service.

(3) Guarding the mind against temptations of lust, greed, anger, hatred, power, fame and fault-finding.

(4) Absolute and complete external renunciation whereby one leaves everyone and everything, and in solitude devotes oneself to prayer, fasting and meditation.

(5) Living in the world and yet practicing complete internal renunciation. This means attending to all worldly duties without attachment, knowing all to be an illusion and only God to be real, carrying out one's worldly affairs with a pure heart and clean mind, and living the life of a recluse in the midst of intense activity.

(6) Selfless service. One who practices this, thinks not of himself but of the happiness of others, serves others with no thought of gain or reward, never allows the mind to be upset or disappointed; and facing all odds and difficulties cheerfully, sacrifices his welfare for the good of others. This is the life of the selfless worker.

환상에서 벗어나는 방법

오늘 나의 메시지는 나를 사랑하고 나의 삶을 믿는 사람들에게 이 우주적 환상에서 벗어나 지고의 실재를 깨닫고 도달하기 위해서는 다음을 준수해야 한다는 것입니다: 무엇보다도, 갓맨(God-man)에 대한 우리의 완전한 순복입니다. 갓맨 안에서 하나님은 그분의 완전한 영광, 그분의 무한한 능력, 그분의 헤아릴 수 없는 앎, 그분의 형언할 수 없는 지복, 그분의 영원한 존재로 자신을 드러냅니다.

이 완전한 순복이 가능하지 않다면, 다음 중 하나 또는 일부가 충실하게 수행된다면, 하나님의 은총을 얻을 수 있습니다.

(1) 하나님을 향한 전심을 다한 사랑. 그분을 보고자 하는 갈증, 그분을 알고자 하는 갈망, 그분과의 합일에 대한 불타는 열망은 러버가 자신을 포함한 모든 것을 버리는 전심전력을 다하는 사랑으로 구성됩니다.

(2) 성자와 하나님의 러버들과 끊임없이 교제하며, 전심으로 그들을 섬깁니다.

(3) 욕정, 탐욕, 분노, 증오, 권력, 명성, 흠잡기의 유혹으로부터 마음을 보호합니다.

(4) 모든 것과 모든 사람을 떠나 홀로 기도와 금식과 명상에 전념하는 절대적이고 완전한 외적 포기입니다.

(5) 세상에 살면서 완전한 내적 포기를 실천하는 것. 이것은 세상의 모든 일에 집착하지 않고 모든 것이 허상이며 오직 하나님만이 실재임을 알고 순수한 가슴과 깨끗한 마음으로 세속의 일을 수행하며 격렬한 활동 속에서도 은둔자의 삶을 사는 것을 의미합니다.

(6) 이타적인 봉사. 이것을 실천하는 사람은 자신을 생각하지 않고 타인의 행복을 생각하며, 이익이나 보상을 생각하지 않고 타인을 섬기며, 결코 마음이 상하거나 실망하지 않습니다; 그리고 모든 역경과 어려움에 기꺼이 맞서며 다른 사람의 유익을 위해 자신의 행복을 희생합니다. 이것이 사심 없는 일꾼의 삶입니다.

The Master's Prayer

O Parvardigar! The Preserver and Protector of All, You are without beginning and without end.

Non-dual, beyond comparison, and none can measure You.

You are without colour, without expression, without form and without attributes.

You are unlimited and unfathomable; beyond imagination and conception; eternal and imperishable.

You are indivisible; and none can see you but with eyes divine.

You always were, You always are, and You always will be.

You are everywhere, You are in everything, and You are also beyond everywhere and beyond everything.

You are in the firmament and in the depths, You are manifest and unmanifest; on all planes and beyond all planes.

스승의 기도

오, 파르와르디가르! 모든 것의 보존자이며 수호자시여, 당신은 시작도 없으며 끝도 없습니다.

비이원적이며 비교를 넘어서 있어 누구도 당신을 측정할 수 없습니다.

당신은 색상도 없고 표현도 없으며, 형상도 없고 속성도 없습니다.

당신은 무한하고 불가해하며 상상과 개념을 넘어서 있어 영원불멸합니다.

당신은 나눌 수 없고 신성한 눈이 아니면 당신을 볼 수 없습니다.

당신은 언제나 있었고, 언제나 있으며, 언제나 있을 것입니다.

당신은 어디에나 있고, 모든 것 안에 있으나 모든 곳과 모든 것을 넘어서 있습니다.

당신은 높은 하늘과 깊은 땅에도 존재하며 발현되는 동시에 발현되지 않으며 모든 경지에 있으면서 모든 경지를 넘어서 있습니다.

You are in the three worlds, and also beyond the three worlds.

You are imperceptible and independent.

You are the Creator, the Lord of Lords,
the Knower of all minds and hearts.

You are Omnipotent and Omnipresent.
You are Knowledge Infinite, Power Infinite and Bliss Infinite.

You are the Ocean of Knowledge, All-knowing, Infinitely-knowing;
the Knower of the past, the present and the future;
and You are Knowledge itself.

You are all-merciful and eternally benevolent.
You are the Soul of souls, the One with infinite attributes.

You are the Trinity of Truth, Knowledge and Bliss;
You are the Source of Truth, the Ocean of Love.

You are the Ancient One, the Highest of the High.

You are Prabhu and Parameshwar;
You are the Beyond God and the Beyond-Beyond God also;
You are Parabrahma; Allah; Elahi; Yezdan; Ahuramazda,
and God the Beloved.

You are named Ezad, the Only One Worthy of Worship.

당신은 삼계[물질, 기운, 정신의 세계] 안에 있으며, 또한 삼계를 넘어서 있습니다.

당신은 인식을 넘어서 있으며 독자적입니다.

당신은 창조주, 왕 중의 왕,
모든 마음과 가슴을 아시는 분입니다.

당신은 전능하고 편재합니다.
당신은 무한한 앎, 무한한 힘, 무한한 지복입니다.

당신은 진리의 바다, 모든 지식, 무한한 지식, 과거와 현재와 미래를 아시는 분입니다.
그리고 당신은 앎 그 자체입니다.

당신은 대자대비하고 영원히 자비롭습니다.
당신은 영혼들의 대영혼, 무한한 속성을 가지신 분입니다.

당신은 진리, 앎, 지복과 삼위일체입니다;
당신은 진리의 근원, 사랑의 대양입니다.

당신은 높은 중에 가장 높은, 고대의 그분입니다.

당신은 프라부와 파라메슈와르입니다;
당신은 초월의 신이면서, 또한 초월-너머의 신입니다;
당신은 파라브라흐마, 알라, 엘라히, 예즈단, 아후라마즈다이며,
비러벳인 하나님입니다.

당신은 에자드라 불리며, 숭배받아 마땅한 유일한 존재입니다.

Original words given by MEHER BABA in Gujarati

AVATAR MAHERBABA NAVSARI CENTRE
Rockies Appartment, B-1st Floor
Station Road,
Navsari - 396 445.

પરવરદેગાર પ્રાર્થના

અય પરવરદિગાર!
તને શરૂઆત નથી, તને આખીર નથી:
નથી તુ દ્વૈત, નથી તને જોડી, નથી તને હદ:
રંગ નથી, રાગ નથી, રૂપ નથી : નથી તને ગુણ :
તારો અંત નથી, પાર નથી : નથી તારો અંદાઝ અને નથી તારી આકાર:
તુ નિરાકાર છે, અનંત છે, જાવેદાન છે: અખંડ છે, નિર્ગુણ છે, નીરંજન છે:
તુ હંમેશા હતો, છે, અને રહેશે : તુ બધે છે, બધામાં છે, અને બધાની પર છે :
તુ આકાશમાં છે, તુ પાતાળમાં છે, તુ ઝાહેરમાં છે, તુ બાતેનમાં છે :
તુ બધી ભૂમીકાઓમાં છે અને બધી ભૂમીકાઓની પર ભી તુજ છે:
ત્રણે લોકમાં તુ જ છે, અને ત્રણે લોકની પર ભી તુજ છે :
તુ અનદીઠ છે, તુ સ્વતંત્ર છે, તુ ખાલેક છે, તુ માલીક છે, તુ રોશન ઝમીર છે, તુ અંતરયામી છે, તુ સર્વશક્તીમાન છે, તુ અનંત જ્ઞાન, અનંત શક્તિ, અનંત આનંદ વાલો છે :
તુ વહેદતનો દરીયા છે : તુ સર્વ જ્ઞાની છે, મહાજ્ઞાની છે, ત્રીકાળ જ્ઞાની છે અને સ્વયંભૂ જ્ઞાની છે :
તુ મહા દયાલુ છે, પરમ કૃપાલુ છે : તુ આત્માઓનો આત્મા છે, અનેક નામ વાળો તુ એક છે :
તુ સત્-ચિત્-આનંદ છે, સચ્ચાઈનો સાગર છે, પ્રેમનો સાગર છે:
તુ સનાતન છે, પુરષોત્તમ તારી હસ્તી છે:
તુ પ્રભૂ છે, તુ પરમેશ્વર છે:
પરમાત્મા તુ છે, પરાત્પર તુ છે, પરબ્રમ્હ તુજ છે:
તુ અલ્લાહ છે, ઈલાહી છે, યઝદાન છે, અહુરમઝદ છે, તુજ God Almighty છે.
ઈઝદ તારું નામ છે, અનહદ તારુ ધામ છે:

– અવતાર મેહેરબાબા

Source from :
Eruch Jassawala's diary

Dehra Dun, 20th August - 1953.

Original words given by MEHER BABA in Gujarati

AVATAR MAHERBABA NAVSARI CENTRE
Rockies Appartment, B-1st Floor
Station Road,
Navsari - 396 445.

MASTER'S PRAYER

Ay Parvardiagar! Tane Saruat Nathi, Tane Akhir Nathi, Nathi Tu Dwait, Nathi Tane Jodi, Nathi Tane Had:
Rang Nathi, Rag Nathi, Roop Nathi: Nathi Tane Gun:
Taro Ant Nathi, Part Nathi: Nathi Taro Andaz, Nathi Taro Akar :
Tu Nirakar Chhe, Ananta Chhe, Javedan Chhe :
Akhand Chhe, Nirgun Chhe, Niranjan Chhe:
Tu Hamesha Hato, Chhe, Ane Raheshe :
Tu Badhe Chhe, Badhama Chhe Ane Badhani Par Chhe :
Tu Akashma Chhe, Tu Patalma Chhe, Tu Zaherma Chhe, Tu Batenma Chhe:
Tu Badhi Bhumikaoma Chhe, Ane Badhi Bhumikaoni Par Bhi Tuj Chhe :
Trane Lokma Tuj Chhe Ane Trane Lokni Par Bhi Tuj Chhe:
Tu Andith Chhe, Tu Svatantra Chhe, Tu Khalek Chhe, Tu Malik Chhe, Tu Roshan Zamir Chhe, Tu Antaryami Chhe, Tu Sarvashaktiman Chhe, Tu Anant Gnan, Anant Shakti, Anant Aanand Valo Chhe:
Tu Vahedatno Dariya Chhe :
Tu Sarvagnani Chhe, Mahagnani Chhe, Trikalgnani Chhe Ane Swayambhugnani Chhe:
Tu Maha Dayalu Chhe, Tu Param Krupalu Chhe:
Tu Atmaono Atma Chhe, Anek Namvalo Tu Ek Chhe:
Tu Sat-Chit-Aanand Chhe, Sachaino Sagar Chhe, Premno Sagar Chhe :
Tu Sanaatan Chhe, Purushottam Tari Hasti Chhe:
Tu Prabhu Chhe, Tu Parmeshwar Chhe :
Parmatma Tu Chhe, Paraatpar Tu Chhe, Parbrahma Tuj Chhe :
Tu Allah Chhe, Ilahi Chhe, Yazdan Chhe, Ahuramazda Chhe:
Tuj God Almighty Chhe, Izad Taru Nam Chhe, Anhad Taru Dhaam Chhe:

Source from : Eruch Jassawala's diary

AVTAR MEHERBABA
Dehra Dun, 20th August - 1953.

The Prayer of Repentance

We repent, O God Most Merciful,
for all our sins;
for every thought that was false or unjust or unclean;
for every word spoken that ought not to have been spoken;
for every deed done that ought not to have been done.

We repent for every deed and word and thought inspired by selfishness,
and for every deed and word and thought inspired by hatred.

We repent most especially for every lustful thought and every lustful action;
for every lie;
for all hypocrisy;
for every promise given but not fulfilled, and for all slander and backbiting.

Most especially also, we repent for every action that has brought ruin to others; for every word and deed that has given others pain;
and for every wish that pain should befall others.

In your Unbounded Mercy we ask you to forgive us, O God!
for all these sins committed by us,
and to forgive us for our constant failures to think and speak and act according to Your Will.

회개의 기도

오 하나님, 가장 자비로우신 하나님,
우리의 모든 죄를 회개합니다;
거짓된 사고와 부정했던 모든 생각에 대해;
해서는 안 될 모든 말들에 대해;
하지 말았어야 할 모든 행위에 대해 회개합니다.

우리는 이기심에서 비롯된 모든 행위와 말과 생각을 회개하고,
증오에서 비롯된 모든 행위와 말과 생각에 대해 회개합니다.

우리는 특히 모든 욕정적인 생각과 모든 욕정적인 행동에 대해 회개합니다;
모든 거짓말에 대해;
모든 위선에 대해;
약속했지만 지키지 않은 모든 약속과 온갖 비방과 험담에 대해 회개합니다.

또한 우리는 특히 다른 사람에게 파멸을 가져온 모든 행동에 대해서도 회개하고, 다른 사람에게 고통을 준 모든 말과 행동에 대해 회개합니다.
그리고 다른 사람들에게 고통이 닥치기를 바랐던 모든 소망에 대해서도 회개합니다.

오! 하나님! 당신의 무한한 자비로 저희를 용서해 주시기를 간청합니다.
우리가 저지른 이 모든 죄를 용서해 주시기 바랍니다.
그리고 언제나 당신의 의지에 따라 생각하고 말하고 행동하지 못한
우리의 끊임없는 실패를 용서해 주소서.

Original words given by MEHER BABA in Gujarati

AVATAR MAHERBABA NAVSARI CENTRE
Rockies Appartment, B-1st Floor
Station Road,
Navsari - 396 445.

પ્રાયશ્ચિત પ્રાર્થના

ઓ પરમ કૃપાળુ પરમાત્મા,
રહેમાન ઉલ રહીમ અલ્લાહ,
Most Merciful God Almighty
બક્ષાયઝગર યઝદાન

તારી સંપુરણ સ્વતંત્રતાનો હવાલો લઈને બાબા અત્યંત આજીજી સાથ, પોતા માટે, પોતાને ચાહનારાઓ માટે, અને માફીને પાત્ર લોકો માટે નીચલો પશ્ચાતાપ પ્રદર્શિત કરે છે તે તુ સ્વીકારજે:

ઓ અત્યંત દયાળુ ખુદા! હમો હમારાં સઘલાં પાપો જેવાકે - દરેક વિચાર જે ખોટો, ગેરવાજબી અને અપવિત્ર હતો; દરેક બોલાયેલો શબ્દ, જે નહીં બોલાવો હતો; અને દરેક કરેલુ કાર્ય જે નહિ કરવું હતું: તે માટે હમો પસ્તાવો કર્યે છીએ:

દરેક કાર્ય, શબ્દ અને વિચાર જે સ્વાર્થને લીધે થયેલો, અને દરેક કાર્ય, શબ્દ અને વિચાર જે ધિક્કાર અંગે થયેલો, તે માટે હમો પસ્તાવો કર્યે છીએ:

વિશેસ કરીને દરેક હવસી વિચાર, અને દરેક હવસી કાર્ય, દરેક જુઠાણું, સઘલાં ઢોંગીપણાં, દરેક અપાયેલાં પણ ન પલાયેલાં વચન, અને બધી નિંદા અને ખોટી બદગોઈ માટે, હમો પસ્તાવો કરીએ છીએ:

અવશ્ય કરીને વધુમાં દરેક કાર્ય, જેથી બીજાઓની ખરાબી થઈ છે; દરેક શબ્દ અને કાર્ય, જેથી બીજાઓને દુ:ખ થયું છે; અને બીજાઓને દુ:ખ થાય એવી દરેક ઈચ્છા માટે, હમો પસ્તાવો કર્યે છીએ:

ઓ ખુદા! આય જે સઘલાં પાપો હમોથી થયાં છે તે માટે હમો તને તારા અપાર દયાલુપણામાં માફ કરવા આરજુ કરીએ છીએ:

અને તારી ઈચ્છા પ્રમાણ વિચારવા, બોલવા અને વર્તવામાં હમારી ચાલુ નિષ્ફળતાઓ માટે પણ તારી માફી માંગીયે છીએ.

— અવતાર મેહેરબાબા
Dehra Dun, 20th August - 1953.

Source from:
Eruch Jassawala's diary

Original words given by **MEHER BABA** in Gujarati

AVATAR MAHERBABA NAVSARI CENTRE
Rockies Appartment, B-1st Floor
Station Road,
Navsari - 396 445.

REPENTANCE PRAYER

O Paramkrupalu Parmatma
Raheman Ul Rahim Allah
Most Merciful God Almighty
Bakshayezgar Yezdan

Tari Sampurna Swatantratano Havalo Laine Baba Atyant Ajiji Sath, Potane Mate, Potane Chahnarao Mate, Ane Mafine Patra Loko Mate Nichlo Paschyatap Pradarshit Kare Chhe, Te Tu Swikarje:

O Atyant Dayalu Khuda!

Hamo Hamara Saghla Papo Jevake - Darek Vichar Je Khoto, Ghervajbi Ane Apavitra Hato:

Darek Bolayelo Shabda, Je Nahi Bolavo Hato:

Ane Darek Karelu Karya Je Nahi Karvu Hatu:

Te Mate Hamo Pastavo Kariye Chhiye:

Darek Karya, Shabda Ane Vichar Je Swarthne Lidhe Thayelo, Ane Darek Karya Shabda Ane Vichar Je Dhhikkar Ange Thayelo, Te Mate Hamo Pastavo Kariye Chhiye:

Vishes Karine Darek Havasi Vichar, Ane Darek Havasi Karya:

Darek Juthaanu, Saghala Dhongipana, Darek Apayela Pan Na Palayela Vachan, Ane Badhi Ninda Ane Khoti Badgoi Mate, Hamo Pastavo Kariye Chhiye:

Avashya Karine Vadhuma, Darek Karya Jethi Bijaoni Kharabi Thai Chhe; Darek Shabda Ane Karya, Jethi Bijaone Dukh Thayu Chhe; Ane Bijaone Dukh Thai Evi Darek Ichcha Mate, Hamo Pastavo Kariye Chhiye:

O Khuda! Aaye Je Saghla Papo Hamothi Thaya Chhe Te Mate Hamo Tane Tara Apaar Dayalupanama Maaf Karva Aarju Kariye Chhiye: Ane Tari Ichcha Pramane Vicharva, Bolva Ane Vartavama Hamari Chalu Nishfaltao Mate Pan Tari Maafi Mangiye Chhiye:

Source from:
Eruch Jassawala's diary

AVTAR MEHERBABA
Dehra Dun, 20th August - 1953.

On Worry

I will begin the talk by telling you not to worry! Whatever suffering may befall you, you should put up with it with full faith in and love for Baba. At the most what could happen? You might die. And it is so very obvious that you have to die one day; you have to drop this body sooner or later. Why not then think that your body is not there already and so act detached? One more thing you must remember: that is, be honest. I am in everyone and in everything. God is in everyone and in everything. And, because God is in everyone and everything, He knows everything. So be resigned completely to His will.

* * *

Once you were a child; now you have grown up. During the period from childhood up to now you have gone through moments of great joys and sorrows. Where has all that gone?

The fact is neither joy nor sorrow was there; it is due to maya that you think of and experience things, which have no foundation. Within 20 or 30 years you will also forget the thoughts and events of today. So the best thing for you to do is just to love me. Love me honestly, work for me, I alone endure; all else is but a passing show! There should not be any trace of show in the work you do for me. You should have no expectations of reward for any work you do. In fact, I am much pleased and happy with your love and work. Don't worry.

걱정에 대해

걱정하지 말라는 말씀으로 이야기를 시작하겠습니다! 어떤 고통이 닥치더라도 바바에 대한 완전한 믿음과 사랑으로 견뎌내야 합니다. 기껏해야 무슨 일이 일어날 수 있겠습니까? 죽을 수도 있습니다. 그리고 언젠가는 죽어야 한다는 것은 너무나도 분명합니다. 조만간 이 몸을 내려놓아야 합니다. 그러면 당신의 몸이 이미 거기에 없다고 생각하고 초연하게 행동하지 못하는 이유는 무엇입니까? 한 가지 더 기억해야 할 것은 정직해야 한다는 것입니다. 나는 모든 사람과 모든 것 안에 있습니다. 하나님은 모든 사람과 모든 것 안에 계십니다. 그리고 하나님은 모든 사람과 모든 것 안에 계시기 때문에 모든 것을 알고 있습니다. 그러니 그분의 뜻에 온전히 맡기세요.

* * *

한때는 어린아이였으나 이제는 어른이 되었습니다. 어린 시절부터 지금까지 여러분은 큰 기쁨과 슬픔의 순간을 겪어왔습니다. 그 모든 것이 어디로 사라졌습니까?

사실 기쁨도 슬픔도 없었습니다. 그것은 여러분이 아무런 근거도 없는 것들을 생각하고 경험하는 마야 때문입니다. 20년 또는 30년 안에 여러분은 또한 오늘의 생각과 사건들을 잊어버릴 것입니다. 그러니 여러분이 할 수 있는 최선의 일은 그저 나를 사랑하는 것입니다. 나를 정직하게 사랑하고, 나를 위해 일하세요. 나는 홀로 견딜 뿐입니다; 다른 모든 것은 지나가는 쇼에 불과합니다! 여러분이 나를 위해 하는 일에는 겉치레가 없어야 합니다. 여러분이 하는 일에 대한 보상을 기대해서는 안 됩니다. 사실, 나는 여러분의 사랑과 일에 매우 기쁘고 행복합니다. 걱정하지 마세요.

Do not worry. Be happy in my Love and continue to hold fast to my daaman[hem of the Master's garment] to the very end. Rest assured that all will be divinely well. God does not abandon those who trust Him. Those who love me and obey me as I should be loved and obeyed, will one day be similarly loved and obeyed. Those who have today willingly chosen to become my slaves, will become true masters tomorrow.

* * *

Dana Field, Are you worried? Didn't you hear what Hafiz said not to grieve? Who else is worried? No one answered. If no one is worrying, Baba gestured, I have to worry. But my worry is great fun for me! It's a very old habit of mine to worry for the whole creation, to worry continuously for the release of souls from the bondage of life and death. It's great fun. Some come to me to heal their diseases, to bless them with better prospects in life, or for a job or for children, or because they have too many children! And I have to worry about all those things, in addition to my universal worries.

You see me sitting here with you, but I am simultaneously on all the planes of consciousness, on all those stations on the chart* that is here before you. There are souls in the Subtle World who want me - and I am there with them; and there are those in the Mental World who want me and I am there with them. You are in the Gross World, so you find me with you in the Gross World; those in the Subtle World find me in the Subtle World, those in the Mental World find me in the Mental World. And one rare one who finds me as I really am is blessed ... But remember not to worry! Take the advice of Hafiz and do not worry!

---

* a chart depicting the Four Journeys. (Vide The Everything and The Nothing)

걱정하지 마세요. 나의 사랑 안에서 행복하고 끝까지 나의 다만[스승의 임재]을 굳게 붙잡으세요. 모든 것이 신실하게 잘될 것임을 확신하세요. 하나님은 그분을 믿는 사람을 버리지 않습니다. 내가 사랑받고 순종 받아야 할 것처럼 나를 사랑하고 순종하는 사람들은 언젠가 똑같이 사랑받고 순종 받게 될 것입니다. 오늘 기꺼이 나의 노예가 되기로 선택한 사람들은 내일 진정한 주인이 될 것입니다.

* * *

다나 필드, 걱정되나요? 하피즈가 슬퍼하지 말라고 한 말 못 들었나요? 또 누가 걱정하죠? 아무도 대답하지 않았습니다. 아무도 걱정하지 않는다면, 바바는 내가 걱정해야 한다고 손짓했습니다. 그러나 내 걱정은 나에게 큰 즐거움입니다! 삶과 죽음의 속박에서 영혼의 해방을 위해 계속해서 걱정하는 것은 모든 피조물에 대해 걱정하는 나의 아주 오래된 습관입니다. 정말 재미있어요. 어떤 사람들은 질병을 치료하기 위해, 인생의 더 나은 전망을 축복하기 위해, 직업이나 자녀를 위해, 또는 자녀가 너무 많아서 나를 찾아옵니다! 그리고 나는 보편적인 걱정 외에도 그런 모든 것에 대해 걱정해야 합니다.

여러분은 내가 여기 여러분과 함께 앉아 있는 것을 보지만, 나는 동시에 모든 의식의 차원, 여러분 앞에 있는 도표*의 모든 스테이션에 있습니다. 기氣적인 세계(Subtle World)에는 나를 원하는 영혼들이 있고 나는 그들과 함께 그곳에 있으며, 정신적인 세계에는 나를 원하는 영혼들이 있고 나는 그들과 함께 그곳에 있습니다. 여러분은 물질적인 세계(Gross World)에 있으므로 여러분은 물질적 세계에서 나와 함께 있는 것을 발견합니다. 기氣적인 세계에 있는 사람들은 기氣적 세계에서 나를 발견하고, 정신적인 세계에 있는 사람들은 정신적 세계에서 나를 발견합니다. 그리고 나를 있는 그대로 발견하는 드문 사람은 축복받은 사람입니다... 하지만 걱정하지 마세요! 하피즈의 조언을 받아들이고 걱정하지 마세요!

---

* 4가지 여정을 설명하는 도표. ('유와 무'를 참고)

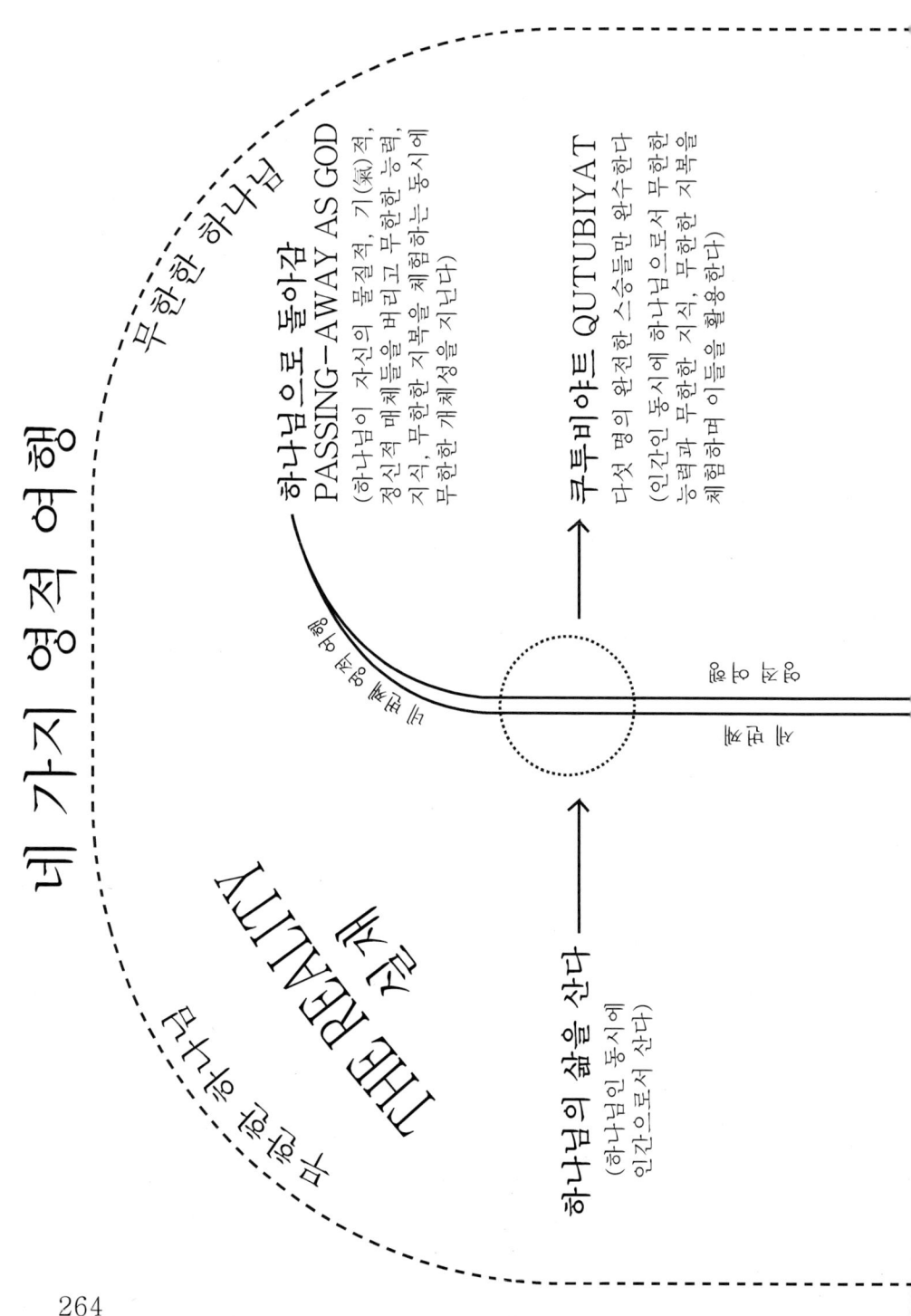

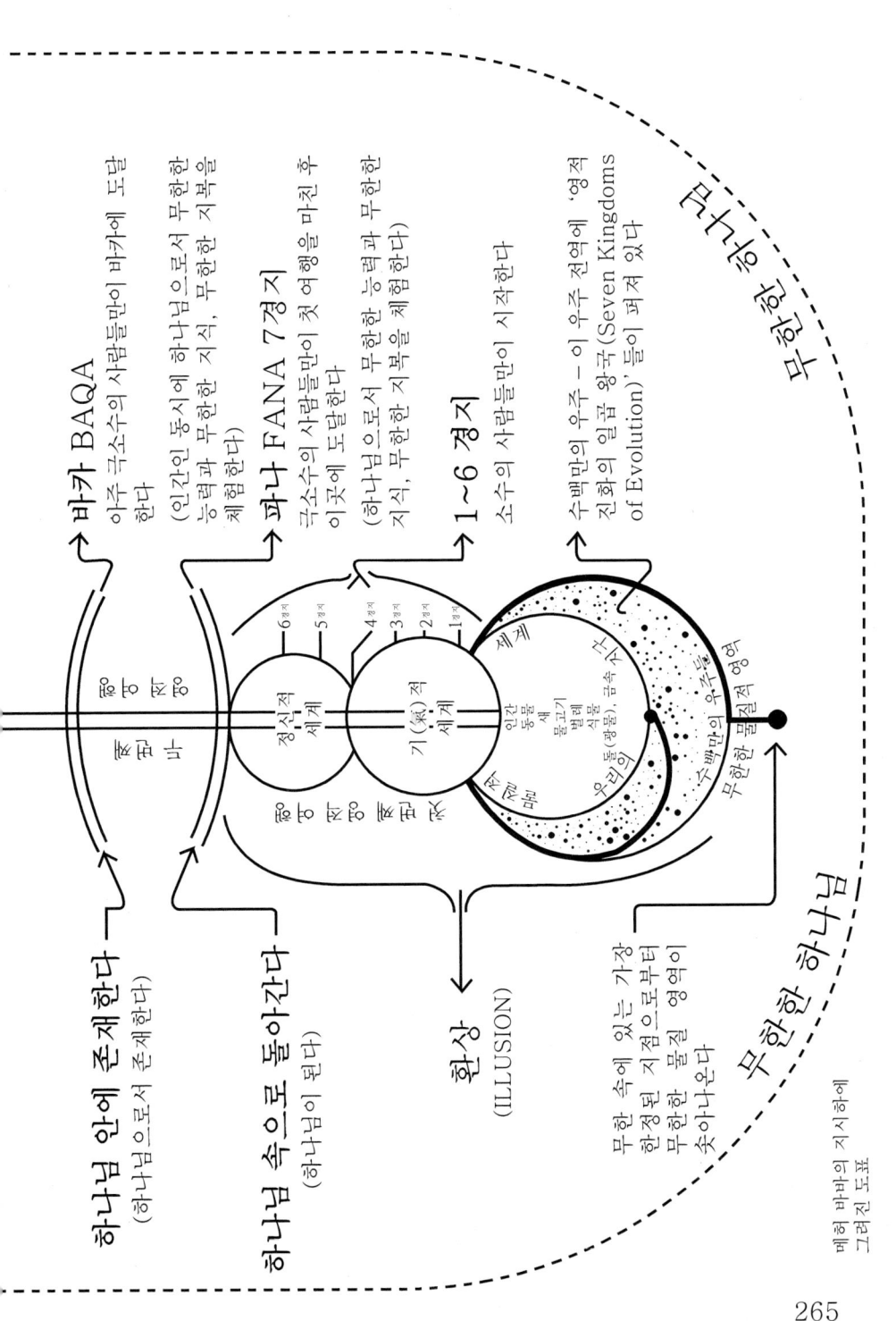

Don't worry. Worry accumulates and grows in strength, becomes a habit long after the original cause has ceased to be. When you were young, this and that happened, you cried, you felt sad, and worry began, and after 50 years you still worry, although the time when worry began in you has gone. If another 50 years passes you could at the end of that time be still worrying about something which was happening now. It is crazy.

You worry now about some condition, yet you have experienced all conditions. You have been blind, sick, poor, old, young, beautiful, ugly. You worry about your children you have had numberless children, and they have had numberless parents and children. You worry about your job - you have been in every sort of occupation. You worry about your wife - you have had so many wives. You have been everything and experienced all conditions, and yet you worry about the slightest thing that happens to you.

* * *

Everything emanates from me but is not real. If you were dreaming and I appeared in your dream and told you you were dreaming, it is not real, you would say, "Baba, I am enjoying these things, I know they are real." It is hard to understand. In your awake dream, I tell you now, nothing is real, so don't worry. How to stop? Think of me. Love me. Christ said with Divine Authority, "Your sins are forgiven;" and I say with Divine Authority, "Love me, and your worries will vanish."

Reality is impossible to describe - it is difficult to attain. One in a million becomes a lover of God and of a million lovers one gets Realization. It sounds impossible. Baba says, you have an opportunity because I am here with you and I say, "Love me."

걱정하지 마세요. 걱정은 축적되고 강도가 커지며 원래 원인이 사라진 지 한참이 지나서야 습관이 됩니다. 어렸을 때 이런저런 일이 있었는데, 여러분은 울고, 슬퍼하고, 걱정이 시작되었고, 50년이 지난 지금도 걱정이 시작된 시간은 지났지만, 여전히 걱정하고 있습니다. 또다시 50년이 지나면 그 시간이 끝날 때쯤이면 지금 일어나고 있는 일에 대해 여전히 걱정하고 있을 수 있습니다. 미친 짓입니다.

여러분은 지금 어떤 사정에 대해 걱정하고 있지만, 모든 처지를 경험했습니다. 여러분은 눈이 멀고, 아프고, 가난하고, 늙고, 젊고, 아름답고, 못생겼습니다. 여러분은 자신의 아이들에 대해 걱정하고 있습니다. 여러분은 수많은 아이를 가졌고, 그들은 수많은 부모와 아이들을 가졌습니다. 여러분은 자신의 직업에 대해 걱정합니다 - 여러분은 모든 종류의 직업에 종사해 왔습니다. 여러분은 자신의 아내에 대해 걱정하고 있습니다. 여러분은 많은 아내를 거쳐왔습니다. 여러분은 모든 것이었고 모든 처지를 경험했지만, 여러분은 자신에게 일어나는 사소한 일에 대해 걱정합니다.

* * *

모든 것은 나에게서 나오지만 실재가 아닙니다. 만약 여러분이 꿈을 꾸고 있는데 내가 꿈에 나타나서 꿈이 현실이 아니라고 말한다면, 여러분은 "바바, 저는 이 일들을 즐기고 있고, 그것이 현실이라는 것을 알고 있습니다."라고 말할 것입니다. 이것은 이해하기 어렵습니다. 여러분의 깨어 있는 꿈속에서 나는 지금 여러분에게 아무것도 실재가 아니니 걱정하지 말라고 말합니다. 어떻게 멈출까요? 나를 생각하세요. 나를 사랑하세요. 그리스도는 신성한 권위로 "그대의 죄가 용서되었다"라고 말했고, 나는 신성한 권위로 "나를 사랑하면 여러분의 걱정이 사라질 것이다"고 말합니다.

실재(Reality)는 설명할 수 없으며 도달하기 어렵습니다. 백만 명 중 한 명은 하나님의 러버가 되고 백만 명의 러버 중 한 명이 깨달음을 얻습니다. 불가능하게 들립니다. 바바는 내가 여기 여러분과 함께 있고 내가 "나를 사랑하라"고 말하기 때문에 여러분에게 기회가 있다고 말합니다.

Duality signifies separateness.
Separateness implies fear. Fear causes worry.

The way of Oneness is the way to happiness.
The way of manyness leads to worries.

I am the only One without a second; so I am eternally happy. You are separate from your Self; so you always worry. To you, what you see is absolutely real; to me it is absolutely false. I alone am real and my marjee (will) governs the cosmic Illusion.

It is the truth when I say that the waves do not roll or the leaves do not move without my will. The moment the intensity of your faith in my will reaches the apex, you bid adieu to worry for good. Then, all that you suffered and enjoyed in the past, together with all that you may experience in the future, will be to you the most loving and spontaneous expression of my will; and, as the lover places the will of the Beloved above all else, there is nothing which can cause worry.

Think of me more and more, and all your worries will disappear into the nothing they really are. My will works out to awaken you to this.

이원성은 분리됨을 의미합니다.
분리됨은 두려움을 야기합니다. 두려움은 걱정을 일으킵니다.

일원성의 길(the way of Oneness)은 행복으로 가는 길입니다.
다원성의 길(the way of manyness)은 걱정으로 이어집니다.

나는 둘이 없는 하나이기에 영원히 행복합니다. 여러분은 자신의 참나(Self)와 분리되어 있기에 늘 걱정합니다. 여러분은 눈에 보이는 세상을 완전히 실재한다고 봅니다. 그러나 나에게는 그 세상은 완전한 거짓입니다. 오로지 나(I)만이 실재하며, 나의 마르지(뜻)가 우주적 환상을 지배합니다.

내 의지 없이는 파도가 물결치지 않고 나뭇잎이 움직이지 않는다고 말하는 것은 진실입니다. 내 의지에 대한 믿음의 강도가 정점에 도달하는 순간, 여러분은 걱정과 영원히 작별을 고합니다. 그러면 과거에 여러분이 겪어온 모든 고통과 행복은 미래에 겪게 될 모든 일들과 함께 여러분은 '나의 뜻'의 가장 사랑스럽고 자발적인 표현으로 보게 될 것입니다; 그리고 러버[사랑하는 사람]는 비러벳[사랑받는 대상]의 뜻을 무엇보다 우선시하기 때문에 걱정을 일으킬 수 있는 것은 아무것도 없습니다.

나를 더욱더 많이 생각하세요; 그러면 실제로는 존재하지 않는 여러분의 모든 걱정거리는 완전히 사라질 것입니다. 이 사실을 여러분 안에 일깨우는 것이 바로 '나의 뜻'입니다.

Babas Sermon

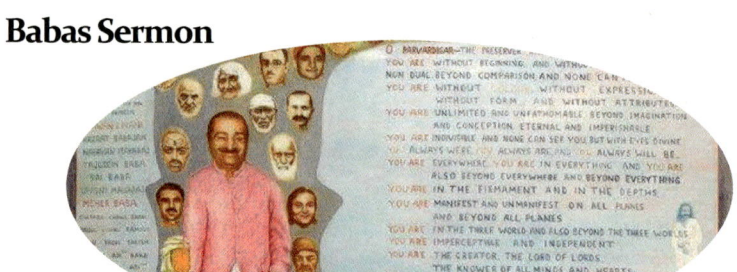

Being just now in the "Old Life" for these few hours,* I will tell you what I feel to be the established Divine facts: Essentially we are all one. The feeling of our being otherwise is due to ignorance. Soul desires consciousness to know itself, but in its progress towards this Goal which it cannot realize independently of creation, it must undergo the experience which it gathers as the individualized ego and which is all imagination. Thus it is faced at the outset with ignorance instead of Knowledge.

Dual forms and illusionary creations are the outcome of ignorance: birth and death, happiness and misery, virtue and sin, good and bad - all are equally the manifestation of this same ignorance. You were never born and will never die; you never suffered and will never suffer; you ever were and ever will be, as separateness exists only in imagination.

Soul undergoes experience through innumerable forms such as being kind and beggar, rich and poor, tall and short, strong and weak, beautiful and ugly, of killing and being killed. All these experiences must transpire as long as the soul, though it is one in reality and undivided, imagines separateness in itself.

---

* Baba stepped out of the "New Life" in October, 1950 to dictate this message.

바바의 설교

방금 몇 시간 동안 "예전 삶"에 있으면서* 내가 느낀 신성한 사실들을 여러분에게 말씀드리겠습니다: 본질적으로 우리는 모두 하나입니다. 우리가 그렇지 않다고 느끼는 것은 무지 때문입니다. 영혼은 의식이 스스로를 알기를 원하지만, 창조와 독립적으로 실현할 수 없는 이 목표를 향해 나아가는 과정에서, 개체화된 에고로서 모이는 모든 상상인 경험을 겪어야 합니다. 따라서 처음에는 앎 대신 무지에 직면하게 됩니다.

이원적인 형태와 환상의 창조물은 무지의 결과입니다:
탄생과 죽음, 행복과 불행, 미덕과 죄, 선과 악, 이 모든 것이 똑같이 이 같은 무지의 발현입니다. 여러분은 태어나지도 않았고 죽지도 않을 것입니다. 여러분은 고통받은 적도 없고 결코 고통받지 않을 것입니다. 분리가 상상 속에서만 존재하기 때문에 여러분은 과거에도 있었고 앞으로도 있을 것입니다.

영혼은 착한 것과 거지, 부자와 가난한 것, 키가 큰 것과 작은 것, 강한 것과 약한 것, 아름다운 것과 추한 것, 죽이고 죽임을 당하는 등 무수한 형태를 통해 경험을 겪습니다. 이 모든 경험은 영혼이 실제로는 하나이고 분열되지 않은 존재이지만 그 자체로 분리를 상상하는 한 계속되어야 합니다.

---

* 바바는 1950년 10월에 "새로운 삶"에서 나와 이 메시지를 전했습니다.

When soul is bereft of the impressions of these illusionary experiences it becomes naked as in its origin, to become now fully conscious of its unity with the Over-soul which is One, Indivisible, Real and Infinite.

The soul becomes free of the binding of impressions through various paths. And Love is the most important of these paths leading to the realization of God. Through this love, the Soul becomes entirely absorbed in God, ultimately forgetting itself completely. It is then that all of a sudden Knowledge comes as swiftly as the lightning bolt which burns to ashes all that it falls upon.

This Knowledge uproots illusions, doubts and worries, and apparent sufferings are instantaneously replaced by everlasting peace and eternal bliss which is the Goal of all existence. Soul now free from its illusions, realizes its Original Unity of Being.

Let us not hope, because this Knowledge is beyond hoping and wanting. Let us not reason, because this Knowledge cannot be comprehended or thought of. Let us not doubt, because this Knowledge is the certainty of certainties.

Let us not live the life of the senses, because the lusty, greedy, false, impure mind cannot reach this Knowledge. Let us love God as the Soul of our Souls and in the height of this Love lies this Knowledge.

The divinely Perfect Ones can bestow this knowledge on anyone they like and whenever they like. May we all gain this Knowledge soon.

영혼이 이러한 환상적 경험의 인상에서 벗어날 때, 영혼은 본래의 모습처럼 벌거벗겨져 이제 하나이고, 나눌 수 없고, 실재하며, 무한한 대영혼과의 일체감을 완전히 의식하게 됩니다.

영혼은 다양한 경로를 통해 인상의 구속에서 자유로워집니다. 그리고 사랑은 하나님의 깨달음으로 이끄는 이러한 경로 중 가장 중요한 길입니다. 이 사랑을 통해 영혼은 하나님에게 온전히 흡수되어 궁극적으로 자신을 완전히 잊게 됩니다. 그러면 갑자기 모든 앎이 섬광처럼 빠르게 다가와 모든 것을 잿더미로 태워 버립니다.

이 앎은 환상, 의심, 걱정을 뿌리 뽑고, 겉으로 드러나는 고통은 모든 존재의 목표인 영원한 평화와 영원한 행복으로 순식간에 대체됩니다. 이제 환상에서 벗어난 영혼은 원래 존재의 단일성을 깨닫습니다.

이 앎은 희망과 욕구를 넘어서는 것이므로 바라지 맙시다. 이 앎은 이해하거나 생각할 수 없으므로 추론하지 맙시다. 의심하지 맙시다. 왜냐하면 이 지식은 확실성 중의 확실성이기 때문입니다.

욕정적이고 탐욕스럽고 거짓되고 불순한 마음은 이 앎에 도달할 수 없기 때문에 감각적인 삶을 살지 맙시다. 우리 영혼들의 참영혼이신 하나님을 사랑합시다. 그리고 이 사랑의 절정에 이 앎이 있습니다.

신성하게 완전한 존재들은 그들이 좋아하는 누구에게나 그들이 원할 때마다 이 앎을 줄 수 있습니다. 우리 모두가 곧 이 앎을 얻게 되기를 바랍니다.

My Dear Children

Your coming to me from different places and from across oceans* has pleased me. And although no sacrifice to be near me is too great, I am touched by the sacrifice that some of you have made to come here.

Those who have not been able to come to me should not feel disheartened, for my love is with them as always, and especially so at this time. I know how they are longing to be near me even for an hour, and how helpless they are in their circumstances.

You have come from great distances, not for some convention or conference, but to enjoy my company and feel afresh my love in your hearts. It is a coming together of East and West in the house of their Father.

All religions of the world proclaim that there is but one God, the Father of all in creation. I am that Father.

---

* for a Sahavas of 10,000 lovers at Poona, October, 1962

나의 사랑하는 자녀들

　여러분들이 각기 다른 곳에서, 그리고 바다 건너편*에서 나를 찾아와 주어 나를 기쁘게 합니다. 내 곁에 있는 것만큼 큰 희생은 없지만, 여러분 중 일부가 이곳에 오기 위해 희생한 것에 감동을 받았습니다.

　나에게 올 수 없었던 사람들은 낙담하지 말아야 합니다. 내 사랑은 항상 그렇듯이 특히 지금, 이 순간에도 그들과 함께 있기 때문입니다. 나는 그들이 한 시간이라도 나와 함께 있기를 얼마나 갈망하는지, 그리고 그들이 처한 상황에서 얼마나 무력한지 잘 알고 있습니다.

　여러분은 어떤 대회나 회의를 위해서가 아니라 나와 함께 있고 여러분의 가슴속에서 나의 사랑을 새롭게 느끼기 위해 먼 거리에서 왔습니다. 이것은 동서양이 아버지의 집에서 함께 모인 것입니다.

　세상의 모든 종교는 만물의 아버지이신 하나님은 오직 한 분이라고 선포합니다. 나는 그 아버지입니다.

---

* 1962년 10월, 푸나에서 1만 명의 러버를 위한 사하바스

I have come to remind all people that they should live on earth as the children of the one Father until my grace awakens them to the realization that they are all one without a second, and that all divisions and conflict and hatred are but a shadow-play of their own ignorance.

Although all are my children, they ignore the simplicity and beauty of this Truth by indulging in hatreds, conflicts and wars that divide them in enmity, instead of living as one family in their Father's house.

Even amongst you who love me and accept me for what I am, there is sometimes lack of understanding of one another's hearts.

Patiently have I suffered these things in silence for all my children. It is time that they become aware of the presence of their Father in their midst and of their responsibility towards Him and themselves. I shall break my Silence, and, with my Word of words, arouse my children to realize in their lives, the indivisible Existence which is GOD.

Throughout the years I have been giving many messages and discourses. Today I simply want to tell you who are gathered here in my Love to shut the ears of your minds and open the ears of your hearts to hear my Word when I utter it.

Do not seek my blessing, which is always with you, but long for the day when my grace will descend on all who love me.

Most blessed are they who do not even long for my grace, but simply seek to do my will.

나는 모든 사람이 나의 은총으로 그들이 둘이 아닌 하나임을 깨닫고, 모든 분열과 갈등과 증오가 그들 자신의 무지에서 비롯된 그림자 연극에 불과하다는 것을 깨달을 때까지 한 아버지의 자녀로서 지상에서 살아야 한다는 것을 상기시키기 위해 왔습니다.

비록 모두가 내 자녀들이지만, 그들은 아버지의 집에서 한 가족으로 사는 대신에 그들을 적대감으로 나누는 증오와 분쟁 그리고 전쟁에 탐닉함으로써 이 진리의 단순함과 아름다움을 무시하고 있습니다.

심지어 나를 있는 그대로 사랑하고 받아들이는 여러분 사이에서도 때로는 서로의 가슴을 이해하지 못하는 경우가 있습니다.

그동안 나는 내 모든 자녀를 위해 묵묵히 이러한 일들을 참을성 있게 겪어왔습니다. 이제 그들은 그들 가운데 계신 아버지의 임재와 아버지와 그들 자신에 대한 책임을 자각할 때입니다. 나는 내 침묵을 깨고 나의 말로 내 자녀들을 일깨워 그들의 삶에서 하나님이신 불가분의 존재를 깨닫도록 일깨울 것입니다.

여러 해 동안 나는 많은 메시지와 담화를 전했습니다. 오늘 나는 단지 내 사랑으로 여기에 모인 여러분에게, 내가 말할 때 여러분 마음의 귀를 닫고 가슴의 귀를 열어 내 말씀(Word)을 들으라고 말하고 싶습니다.

항상 여러분과 함께 있는 나의 축복을 구하지 말고, 나를 사랑하는 모든 이에게 나의 은총이 내려올 날을 갈망하세요.

나의 은총을 갈망하지 않고 그저 나의 뜻을 행하려고 노력하는 사람이 가장 복이 있습니다.

My Dear Workers

In spite of telling you very often that I will not give you any more messages or discourses, I find myself doing just this thing which is what I do not want to do. This is because most of you do things which I do not like your doing.

I had to give you a message yesterday because you expected one; and the theme of the message was on your being my children, because despite much talk about a Babafamily, there is more a semblance than a reality of kinship among you who are the children of One Father.

True children of One Father do not greet one another with smiles and embraces and at the same time harbor grudges and ill-feeling, but they have an active concern in their hearts for the well-being of one another and make sacrifices for that well-being.

If you make me your real Father, all differences and contentions between you, and all personal problems in connection with your lives, will become dissolved in the Ocean of my love.

You are all keen on spreading my message of Love and Truth and many of you in the east and west have labored hard in this work; publishing magazines and other literature, organizing meetings, sacrificing your vacations in traveling, building halls and having statues made of me. But I wonder how much of my Love and Truth has been in your work of spreading my message of Love and Truth!

Unless there is a brotherly feeling in your hearts, all the words that you speak or print in my name are hollow; all the miles that you travel in my cause are zero; all organizations for my work are but an appearance of activity; all buildings to contain me are empty places and all statues that you make to embody me are of someone else.

나의 친애하는 일꾼들

내가 더 이상 메시지나 담화를 주지 않겠다고 매우 자주 말했음에도 불구하고, 나는 내가 하고 싶지 않은 바로 이 일을 하고 있는 나 자신을 발견합니다. 이것은 여러분 대부분이 내가 싫어하는 일을 하기 때문입니다.

어제는 여러분이 기대했기 때문에 메시지를 전해야 했습니다; 그리고 메시지의 주제는 여러분이 내 자녀라는 것이었는데, 바바 가족에 대한 많은 이야기에도 불구하고 한 아버지의 자녀인 여러분 사이에는 친족 관계의 실체보다도 그 이상의 것이 더 많이 있기 때문입니다.

하나인 아버지의 참된 자녀들은 미소와 포옹으로 서로를 맞이하는 동시에 원한과 악감정을 품지 않고, 서로의 안녕을 위해 그들 가슴속에 적극적인 관심을 갖고 그 안녕을 위해 희생합니다.

여러분이 나를 자신의 진정한 아버지로 삼는다면, 여러분 사이의 모든 차이점과 다툼, 그리고 여러분의 삶과 관련된 모든 개인적인 문제는 내 사랑의 바다에 녹아 없어질 것입니다.

여러분은 모두 사랑과 진리에 대한 나의 메시지를 전파하는 데 열심이며; 동서양의 많은 분들이 잡지와 기타 문헌을 출판하는 등 이 일을 위해 열심히 노력해 왔습니다. 집회를 조직하고, 여행에 휴가를 희생하고, 회관을 짓고, 나의 조각상을 만들었습니다. 그러나 나는 나의 사랑과 진리의 메시지를 전파하는 여러분의 활동에 나의 사랑과 진리가 얼마나 많이 담겨 있는지 궁금합니다!

여러분 가슴에 동료애가 없는 한, 여러분이 내 이름으로 말하고 인쇄하는 모든 말은 공허합니다; 여러분이 나를 위해 여행한 모든 거리는 0입니다. 내 작업을 위한 모든 조직은 활동의 겉모습에 불과합니다. 나를 담는 모든 건물은 빈 곳이고, 여러분이 나를 형상화하기 위해 만든 모든 조각상은 다른 누군가의 것입니다.

I have been patient and indulgent over the way you have been doing these things, because you have been very young children in my love, and children must have some sort of games to play. But now you are older and are beginning to realize that there is a greater work ahead of you than what you have been doing. And you have been searching your minds and hearts as to what this work might be.

It is not a different work to what you have been already doing ... it is the same work done in a different way. And that way is the way of effacement, which means the more you work for me the less important you feel in yourself. You must always remember that I alone do my work. Although only the one who has become One with God can serve and work for all, I allow you to work for me so that you have the opportunity to use your talents and capacities selflessly and so draw closer to me. You should never think that in your work for me you are benefiting others, for by being instrumental in bringing others to me you are benefiting yourself.

My work is your opportunity. But when you allow yourself to intervene between you and my work, you are allowing the work to take you away from me. When you put my work before yourself, the work will go right, although not necessarily smoothly. And when the work does not go right, it means you have put yourself between it and its accomplishment.

The way of my work is the way of effacement, which is the way of strength, not of weakness; and through it you become mature in my Love. At this stage you cannot know what real Love is, but through working for me as you should work for me, you will arrive at that ripeness where, in a moment, I can give you That which you have been seeking for millions of years.

여러분은 내 사랑 안에서 아주 어린 아이들이었고, 아이들은 어떤 종류의 게임을 해야하기 때문에 나는 여러분이 이런 일을 하는 방식에 대해 인내하고 관대했습니다. 그러나 이제 여러분은 나이가 들었고 지금까지 해 온 것보다 더 큰 일이 여러분 앞에 있음을 깨닫기 시작했습니다. 그리고 여러분은 그 일이 무엇일지에 대해 자신의 마음과 가슴을 뒤지고 있습니다.

그것은 여러분이 이미 하고 있는 일과 다른 일이 아닙니다. 그것은 다른 방식으로 행해지는 같은 일입니다. 그리고 그 방법은 소멸의 방법입니다. 그것은 여러분이 나를 위해 더 많이 일할수록 여러분 자신이 덜 중요하다고 느끼는 것을 의미합니다. 여러분은 나 혼자 내 일을 한다는 것을 항상 기억해야 합니다. 하나님과 하나가 된 사람만이 모든 사람을 위해 봉사하고 일할 수 있지만, 나는 여러분이 자신의 재능과 능력을 사심 없이 사용하여 나에게 더 가까이 다가갈 수 있는 기회를 갖도록 나를 위해 일하는 것을 허락합니다. 여러분은 나를 위해 일하면서 다른 사람을 이롭게 한다고 생각해서는 안 됩니다. 다른 사람을 내게 데려오는 데 도움이 되는 사람이 됨으로써 여러분 자신에게 유익이 되는 것입니다.

내 일은 여러분에게 기회가 됩니다. 그러나 여러분이 자신과 나의 일 사이에 개입하도록 묵인하는 것은 그 일이 여러분을 나로부터 멀어지도록 허용하고 있는 것입니다. 여러분이 내 일을 여러분 자신보다 우선할 때는 비록 일이 순조롭게 진행되지는 않지만 제대로 진행될 것입니다. 그리고 그 일이 제대로 진행되지 않는다면 그것은 여러분이 그 일과 그 일의 성취 사이에 끼어들었음을 의미합니다.

내가 일하는 방식은 약함의 방식이 아니라 강함의 방식인 비움의 방식입니다; 그리고 그것을 통해 여러분은 내 사랑 안에서 성숙해집니다. 이 단계에서 진정한 사랑이 무엇인지 알 수 없지만, 여러분이 나를 위해 일해야 하는 것처럼 나를 위해 일함으로써, 여러분이 수백만 년 동안 추구해 온 것을 나는 여러분에게 줄 수 있습니다. 그렇게 하는 순간, 여러분은 그 성숙함에 도달할 것입니다.

The Spiritual Potential of the Film World

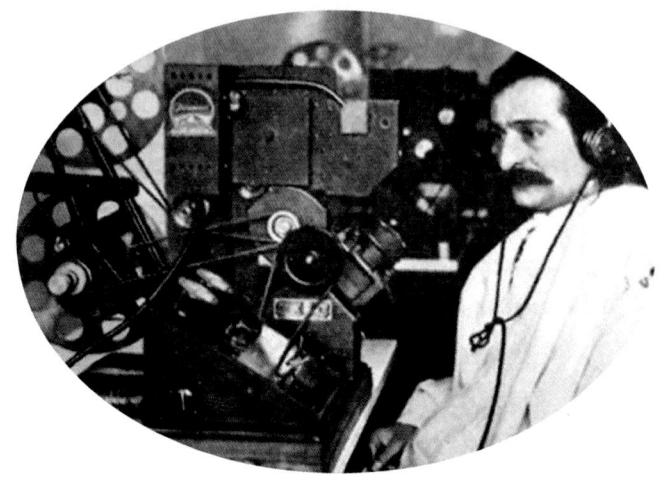

For better or for worse, the world of motion pictures has grown up extensively within the larger world of so-called realities. But the film world is not foreign to the "real" world - the two are affiliated so intimately that they can be seen, essentially, to be made of the same fabric. For everyone is, in a sense, an actor and the world has often been compared to the stage by poets and philosophers. In point of fact, much of what goes for "action" in modern life can be called little but "acting"; and so the larger world has little ground to regard only the film world as being imitative. In the film world, the actor has to think, feel and act according to the pattern held before him; to mirror, though temporarily, the personality of the character being portrayed by him.

This can be said to be equally true, to a considerable extent, of those outside the world of motion-pictures; who struggle to follow the conventional pattern of living as they imagine it is expected of them, even if it cramps their inner individual expression. This is so not only figuratively but literally. While looking in the mirror, people often see themselves more through the eyes of others than through their own.

영화계의 영적 잠재력

좋든 나쁘든, 영화계는 소위 현실이라는 더 큰 세계 안에서 광범위하게 성장해 왔습니다. 그러나 영화계는 "실제" 세계와 이질적이지 않으며, 두 세계는 본질적으로 같은 구조로 만들어졌다고 볼 수 있을 정도로 밀접하게 연관되어 있습니다. 어떤 의미에서 모든 사람은 배우이며 종종 시인과 철학자들에 의해 세상은 무대에 비유되어 왔기 때문입니다. 사실 현대인의 삶에서 "행동"이라고 할 수 있는 것의 대부분은 "연기"에 불과하기 때문에 더 큰 세계에서는 영화계만 모방적인 것으로 간주할 근거가 거의 없습니다. 영화계에서 배우는 자기 앞에 놓인 패턴에 따라 생각하고, 느끼고, 행동해야 하며, 자신이 연기하는 인물의 성격을 일시적이지만 반영해야 합니다.

이것은 영화계 밖에 있는 사람들에게도 상당 부분 동일하게 적용된다고 할 수 있습니다; 그들은 자신의 내적 표현을 억누르더라도 자신이 기대하는 전통적인 삶의 패턴을 따르기 위해 고군분투하는 사람입니다. 이것은 비유적으로 뿐만 아니라 문자 그대로입니다. 거울을 볼 때 사람들은 종종 그들 자신의 눈보다 다른 사람의 눈을 통해 자신을 더 많이 봅니다.

The reflected image evokes in their minds the impression they will make on others and the expectations which others have of them - and the best that most can do is tot try to look the part they play. Thus the mirror, literally and figuratively, has become such a seemingly indispensable part of modern life that we might almost name this age a mirror-civilization.

When the actor plays the part of a king he knows it to be an illusion and has, in a sense, an advantage over the king in the outer world who is not necessarily aware of any illusion. Both, however, are equally helpless in their failure to find the Real. No one condemns the actor who plays the part of an emperor or reformer as a hypocrite, for although he appears to be what he is not, his honesty is taken for granted because his audience knows that he is acting a part. But there are many outside the world of stage and screen who, in actual life, do not appear as they really are. The former are on the screen of their creation, the latter behind the screen of their creation.

There are specific claims and privileges as well as specific duties and potentialities that no actor can afford to ignore. An actor who may be technically faultless in his part, is yet trivial and worthless if he tries to evade his inherent spiritual potential. The film world cannot escape its obligations to the larger world on which it makes so substantial an impression; and these obligations demand that its spiritual potential take precedence over the desire to make money.

The script writers, the producers and the actors should realize their spiritual potential instead of looking at their art as merely or mainly a business. The more vividly they realize this, the more dignified and satisfactory will the result of their efforts be; and their inner account with themselves will be vastly gratifying, even though the same might not be said of their account in the bank.

거울에 비친 자신의 모습은 타인에게 줄 인상과 타인이 자신에게 거는 기대치를 마음속에 떠올리게 하며, 대부분의 사람들이 할 수 있는 최선은 자신이 맡은 역할에 맞게 보이려고 노력하는 것입니다. 따라서 거울은 문자 그대로 그리고 비유적으로 현대 생활에 없어서는 안 될 것처럼 보이는 필수 불가결한 부분이 되었기 때문에 우리는 이 시대를 거의 거울 문명이라고 부를 수 있을 정도입니다.

배우가 왕의 역할을 할 때 그는 그것이 환상이라는 것을 알고 있으며, 어떤 의미에서 환상을 인식하지 못하는 바깥 세계의 왕보다 유리한 위치에 있습니다. 그러나 둘 다 실재를 찾지 못한다는 점에서는 똑같이 무력합니다. 황제나 개혁가 역을 맡은 배우를 위선자라고 비난하는 사람은 아무도 없습니다. 왜냐하면 비록 그가 아닌 것처럼 보이지만, 그의 관객들은 그가 역할을 하고 있다는 것을 알기 때문에 그의 정직함은 당연하게 여겨집니다. 그러나 무대와 스크린의 세계 밖에는 실제 삶에서 있는 그대로의 모습을 보여주지 않는 사람들이 많이 있습니다. 전자는 창조의 화면에 있고 후자는 창조의 화면 뒤에 있습니다.

어떤 배우도 무시할 수 없는 특정한 의무와 잠재력뿐만 아니라 특정한 권리와 특권이 있습니다. 자신의 배역에서 기술적으로는 흠잡을 데가 없는 배우라 할지라도 자신의 내재된 영적 잠재력을 회피하려 한다면 그는 사소하고 무가치한 존재일 뿐입니다. 영화계는 영화가 큰 인상을 남기는 더 큰 세상에 대한 의무에서 벗어날 수 없으며, 이러한 의무는 돈벌이에 대한 욕구보다 영적 잠재력을 우선시할 것을 요구합니다.

대본 작가, 프로듀서, 배우들은 자신의 예술을 단순히 또는 주로 비즈니스로만 보지 말고 자신의 영적 잠재력을 실현해야 합니다. 그들이 이것을 더 생생하게 깨달을수록 그들의 노력의 결과는 더 품위 있고 만족스러울 것이며, 은행 계좌에 대해 똑같이 말하지는 않더라도 자신에 대한 내면의 계좌는 크게 만족할 것입니다.

If the film world cannot or will not give the greatest importance to this spiritual potential, it is a failure.

The ordinary man, whose urgent need is to relax from the stress of life, to lessen the sense of insecurity and try to fill the emptiness within (for which greed and war are mostly responsible), turns instinctively to the fleeting diversion of entertainment - and the film world affords this to a great extent.

The film world therefore, which still has one of the greatest scopes for influencing the lives of myriads, should ask itself whether it is utilizing its spiritual potential to the full so that man may be helped in his search for Truth, or merely pandering to his pleasure in the false; whether it is encouraging and inspiring youth to face the responsibilities of the world of tomorrow, or retarding youth's inner growth with an overdose of sex and crime films; and whether it is striving after wealth and fame at the cost of man's inherent thirst for the spiritual and uplifting.

The correct solution of every problem can come only from Indivisible Truth. There can be no fictitious cleavage in the unity of life by magnifying the often fallacious distinctions between theory and practice, the artificial and the natural, the real and the false. The emphasis of every aspect of the One Indivisible Life must be on the underlying unity, and not on apparent differences - and this applies with as much force to those in the film world as to those in the outer world.

The great initiator of the Truth of your being is Divine Love - Love that burns the limiting self, that disarms all fears, that rises above temptations, that is deaf to the voices of lust and jealousy, that expresses the infinite spiritual potential.

영화계가 이러한 영적 잠재력을 가장 중요하게 생각하지 않는다면 그것은 실패한 것입니다.

삶의 스트레스에서 벗어나 불안감을 줄이고 내면의 공허함(탐욕과 전쟁이 대부분 원인)을 채우려고 노력하는 것이 시급한 평범한 사람은 본능적으로 오락의 순간적인 전환에 의지하며, 영화계는 이를 크게 제공합니다.

따라서 수많은 사람의 삶에 영향을 미칠 수 있는 가장 큰 영향력을 가진 영화계는 인간이 진리를 찾는 데 도움을 줄 수 있도록 영적 잠재력을 최대한 활용하고 있는지, 아니면 거짓에 대한 쾌락에 만족하고 있는 것은 아닌지 자문해 보아야 합니다; 청소년들이 미래 세계의 책임에 직면하도록 격려하고 영감을 주고 있는지, 아니면 과도한 성범죄 영화로 청소년의 내적 성장을 지연시키고 있는지, 영적이고 고양된 인간의 내재적 갈증을 희생하면서 부와 명성을 추구하고 있는 것은 아닌지 자문해 보아야 합니다.

모든 문제에 대한 올바른 해결책은 오직 불가분의 진리에서만 나올 수 있습니다. 이론과 실천, 인위적인 것과 자연적인 것, 참된 것과 거짓된 것 사이의 종종 잘못된 구분을 확대하여 삶의 통일성에 허구적인 분열이 있어서는 안 됩니다. 나눌 수 없는 하나의 삶에 대한 모든 측면의 강조점은 겉으로 드러나는 차이점이 아니라 근본적인 통일성에 있어야 하며, 이는 외부 세계에 있는 사람들만큼이나 영화계에 있는 사람들에게도 마찬가지로 적용됩니다.

여러분 존재의 진리의 위대한 창시자는 신성한 사랑입니다. 제한적인 자아를 불태우고, 모든 두려움을 무장 해제하며, 유혹을 초월하고, 욕정과 질투의 목소리에 귀를 막고, 무한한 영적 잠재력을 표현하는 사랑입니다.

Those in the film world have also to play their part unreservedly in the divine game of life, aspiring to the highest within them; then only can they find real beauty, and then only can they fully express it.

The spiritual potential of those in the film world, though in no way different from that of those outside it, must often be differently expressed. You can, even as an actor, experience and express divinity. In the world of the motion picture and by its means you can learn and you can teach. But if you do not find love or happiness, truth or fulfillment in yourself, you cannot truly impart them to your audience. You cannot inspire, unless you are yourself inspired; nor can you awaken love in insensitive souls without yourself being pierced by it.

The actor has to realize that real and living beauty is made manifest only by discovering and releasing the spiritual potential within himself. Artifice can, no doubt, do much to heighten the fresh and radiant beauty that is natural to youth. But this is artifice, and not art, and such transient beauty is poles apart from real beauty. Without vision your art will be shallow; do not therefore hesitate to glean that vision from the Great Ones. This will give you a living inspiration, bringing fulfillment in your life.

So my message to the film world is: Do not play to the gallery or the salary, but play also to the Infinite within. Live in the presence of God, even while acting your part, so that you can be true to yourself, to your partners and employers, and to the larger and one Indivisible Life of which you are each an inseparable part. If the world is a stage, God is the only producer, and you can never be anything but a trivial actor if you are not in unison with Him.

영화계 종사자들 또한 삶이라는 신성한 게임에서 거리낌 없이 자신의 역할을 수행해야 하며 그들 안에서 가장 높은 것을 열망해야 합니다. 그래야만 진정한 아름다움을 발견할 수 있고, 비로소 그것을 온전히 표현할 수 있습니다.

영화계 종사자들의 영적 잠재력은 영화계 밖의 사람들과 결코 다르지 않지만, 종종 다르게 표현되어야 합니다. 배우로서도 신성을 경험하고 표현할 수 있습니다. 영화의 세계와 그 수단으로 여러분은 배울 수 있고 가르칠 수 있습니다. 하지만 스스로 사랑이나 행복, 진실이나 성취감을 찾지 못하면 관객에게 진정으로 전달할 수 없습니다. 자신이 영감을 받지 못하면 영감을 줄 수 없고, 자신이 사랑을 느끼지 못하면 무감각한 영혼에게 사랑을 일깨울 수도 없습니다.

배우는 자신 안에 있는 영적 잠재력을 발견하고 발산할 때에만 실제적이고 살아 있는 아름다움이 드러난다는 사실을 깨달아야 합니다. 인공물은 의심할 여지 없이 청소년들에게 자연스러운 것이며 신선하고 빛나는 아름다움을 높이는 데 많은 역할을 할 수 있습니다. 그러나 이것은 예술이 아니라 인공적인 것이며, 그러한 일시적인 아름다움은 진정한 아름다움과는 극과 극입니다. 비전이 없다면 여러분의 예술은 얕아질 것입니다. 그러므로 위대한 사람들로부터 그 비전을 수집하는 데 주저하지 마세요. 이것은 여러분에게 살아 있는 영감을 줄 것이며 여러분의 삶에 성취감을 가져다줄 것입니다.

그래서 영화계에 보내는 나의 메시지는 다음과 같습니다: 갤러리나 월급을 위해 연기하지 말고 내면의 무한한 존재를 위해서도 연기하라는 것입니다. 자신의 역할을 수행하는 동안에도 하나님의 임재 안에서 살아가세요. 그래야 여러분 자신과 파트너와 고용주에게, 그리고 여러분 각자가 분리할 수 없는 더 크고 하나의 불가분(不可分)의 삶에 진실할 수 있습니다. 세상이 무대라면 하나님만이 유일한 제작자이고 그분과 하나가 되지 않는다면 결코 하찮은 배우에 지나지 않을 것입니다.

The Song of the New Life

Listen to the silent words of Meher Baba;
The life of all lovers of God is in these words.
You who are serious to follow the New Life
Will renounce your ephemeral existence.

We have taken to this life in which we rely only upon God;
Our will is strengthened by our oath.
We merrily sing the song of hopelessness;
We invite all calamities and difficulties.

We neither wail over lost hopes,
nor complain about promises,
Or covet honour, or shun disgrace.
Back-biting is ended and we do not fear anyone;
This is the tenor or our New Life.

No confusion in the mind now, neither are any ties left;
Pride, anger, lust and greed are sloughed off.
No religion for any of us,
nor care for physical and mental aims.
The Sheikh and the Brahmin are now in the same boat.

새로운 삶의 노래

메허 바바의 침묵의 말씀에 귀를 기울여 보세요;
하나님을 사랑하는 모든 사람의 삶이 이 말씀 속에 있어요.
새로운 삶을 진지하게 따르는 당신은
당신의 덧없는 존재를 포기할 것입니다.

우리는 오직 하나님만을 의지하는 이 삶을 선택했어요;
우리의 의지는 우리의 맹세로 강화됩니다.
우리는 절망의 노래를 즐겁게 부르죠;
우리는 모든 재난과 역경을 초대합니다.

우리는 잃어버린 희망에 대해 비탄하지 않으며,
약속에 대해 불평하지도 않아요.
명예를 탐하거나 치욕을 피하지도 않죠.
험담은 끝났으며, 우리는 누구도 두려워하지 않습니다;
이것이 대의^{大意}이며 우리의 새로운 삶이랍니다.

이제 마음에는 혼란도 없고, 어떤 인연도 남아 있지 않아요;
자존심, 분노, 욕정, 탐욕은 사라졌죠.
우리 중 누구에게도 종교가 없으며,
누구도 육체적 그리고 정신적 목표에 대한 관심이 없어요.
셰이크[이슬람 지도자]와 브라만[힌두교 성직자]은 이제 같은 배를 타고 있죠.

There is for us all no small or great.
Neither disciple, master, nor Godhood exist.
And our common enjoyment of suffering.

This world or the next, hell or heaven,
we are no longer concerned with.

Shaktis[the power of God] and siddhis[the divine accomplishment],
occultism[occult powers] and miracles, we are no longer plagued with.
All false impressions have been purged from the mind;
Now we lie in the active present.

Dear ones, take seriously the words of Baba.
Although now I am on the same level with you,
Yet all orders from me, good, bad, or extraordinary,
You should carry out immediately, leaving the result to God.

"Even if the heavens fall,
Do not let go the hand of Truth;
Let not despair or disappointment ravage and destroy the garden of your life; You beautify it by contentment and self-sufficiency."

"Even though your heart be cut to bits, let a smile be on your lips.
Here I divulge to you a truth:
Hidden in your empty hands is treasure untold;
Your beggarly life is the envy of kings."

"God exists indeed, and true are the Prophets,
Every cycle has an Avatar, and every moment a wali[Saint].
For us, however, it is only hopelessness and helplessness,
How else can I describe to you what our New Life is?"

우리 모두에게는 작거나 위대한 것은 없습니다.
제자도 스승도 신격(神格)도 존재하지 않아요.
그리고 고통에 대한 우리의 공통된 즐거움이 있어요.

이 세상이든 다음 세상이든, 지옥이든 천국이든,
우리는 더 이상 신경 쓰지 않아요.

샤크티[신의 능력]와 싯디[신성한 성취], 신비주의[신비한 힘]와 기적에 대해
우리는 더 이상 고통받지 않아요.
모든 거짓된 인상이 마음에서 지워졌죠;
이제 우리는 활기찬 현재에 살고 있어요.

사랑하는 이들이여, 바바의 말을 진지하게 받아들이세요.
비록 나는 지금 여러분과 같은 수준에 있지만,
나의 모든 명령은 좋든 나쁘든 특별하든,
그 결과는 하나님께 맡기고 즉시 수행해야 합니다.

"하늘이 무너져도,
진리의 손을 놓지 마세요;
절망이나 실망이 여러분 삶의 정원을 황폐화시키고 파괴하도록 놔두지 마세요; 여러분은 만족과 자족으로 진리를 아름답게 가꾸세요."

"여러분의 가슴이 산산조각나더라도, 입가에 미소를 지으세요.
여기서 나는 여러분에게 진실을 밝힙니다.
여러분의 빈손에는 말로 다할 수 없는 숨겨진 보물이 있어요;
여러분의 비루한 삶은 왕들의 부러움을 삽니다."

"하나님은 진실로 존재하며, 선지자들도 사실입니다.
모든 주기에는 아바타가 있고, 매 순간 왈리[성자, 도우미]가 있어요.
그러나 우리에게는 오직 절망과 무력감뿐이죠.
우리의 새로운 삶이 무엇인지 달리 어떻게 설명할 수 있을까요?"

A Prayer for Babas Lovers

Dictated by Meher Baba

Beloved God, help us all to love You more and more,
And more and more and still yet more,
Till we become worthy of union with You;
And help us all to hold fast to Baba's Daaman till the very end.

바바 러버들을 위한 기도

메허 바바의 지시에 의해 받아 적음

사랑하는 하나님, 우리 모두가 당신을 더욱더 사랑하도록 도와주소서,
그리고 점점 더 많이 그리고 여전히 더 많이,
우리가 당신과 연합하기에 합당해질 때까지;
그리고 우리 모두가 끝까지 바바의 다만을 굳게 붙잡을 수 있도록 도와주세요.

사랑의 기술

⌈ Dinine Love and The Purpose of Life ⌋

(Message given by Meher Baba at Delhi University on December 3, 1952)

Regarding the Shadow of God:

Ordinary persons are caught up in the universe and its allurements, though the entire Universe is nothing but a shadow of God or Truth.

The Masters are always immersed in the joy of Union with God and can never be caught up in the mazes of the illusory Universe.

Just as ordinarily we do not pay any attention to the shadows, so the Masters do not pay any attention to the Universe except to divert the attention of humanity from the shadow to the substance.

The purpose of life is to realize our oneness with the infinite; this can be achieved through love for God.

Divine Love makes us true to ourselves and to others. It makes us live honestly, comprehending that God Himself is infinite Honesty. Divine Love is the solution to all our difficulties and problems. It frees us from every kind of binding. It makes us speak truly, think truly and act truly. It makes us feel one with the whole Universe.

Divine Love purifies our hearts and glorifies our being. I give you my love and blessings.

-Meher Baba, The Life Circulars, p37

『 신성한 사랑과 삶의 목적 』

(1952년 12월 3일 델리 대학교에서 메허 바바가 준 메시지)

하나님의 그림자에 관하여:

비록 우주 전체가 하나님이나 진리의 그림자에 불과하지만, 평범한 사람들은 우주와 그 매력에 사로잡힙니다.

마스터들은 항상 하나님과의 합일의 기쁨에 잠겨 있으며, 환상적인 우주의 미로에 결코 휘말릴 수 없습니다.

평소와 마찬가지로 우리도 그림자에 주의를 기울이지 않는 것처럼, 마스터들도 인류의 관심을 그림자에서 실체로 돌리는 것 외에는 우주에 관심을 두지 않습니다.

삶의 목적은 무한자와 하나됨을 실현하는 것이며, 이는 하나님에 대한 사랑을 통해 이루어질 수 있습니다.

신성한 사랑은 우리를 자신과 타인에게 진실되게 만듭니다. 그것은 하나님 자신이 무한한 정직이라는 것을 이해하며 우리를 정직하게 살게 합니다. 신성한 사랑은 우리의 모든 어려움과 문제들에 대한 해결책입니다. 그것은 우리를 모든 종류의 구속으로부터 해방시킵니다. 그것은 우리가 진실하게 말하고, 진실하게 생각하고, 진실하게 행동하게 만듭니다. 그것은 우리를 온 우주와 하나가 되게 합니다.

신성한 사랑은 우리의 가슴을 정화시키고 우리의 존재를 영화롭게 합니다. 나는 여러분에게 나의 사랑과 축복을 드립니다.

-메허 바바의 삶의 순환 37페이지

「 Sixty Years after I drop my body 」

Only repetition of my name will suffice to free the whole world~

Sixty Years after I drop my body, you will find what wonderful changes take place in the world and how many people will take my name.

There will be thousands who will sacrifice their very life in my name! But how fortunate you are that I am in your midst, that you are sitting before me and I am telling you to take my name when about to pass away!

There will be no one to tell them to take my name after sixty years.

-Meher Baba, Lord Meher, American ed. Vol. 13, pp.4776-4777

『 내가 내 몸을 버린 지 60년이 지나면 』

내 이름을 반복하는 것만으로 온 세상을 해방시킬 수 있습니다~

내가 내 몸을 떨어뜨린 지 60년이 지나면 세상에 어떤 놀라운 변화가 일어나고, 얼마나 많은 사람들이 내 이름을 따를지 알게 될 것입니다.

내 이름으로 목숨을 바칠 수천 명이 있을 것입니다! 그러나 내가 여러분 가운데 있고, 여러분이 내 앞에 앉아 있으며, 내가 곧 죽을 때 내 이름을 취하라고 말하고 있다는 것은 얼마나 다행스러운 일인가요!

60년 후에는 내 이름을 취하라고 말할 사람이 없을 것입니다.

-메허 바바, 로드 메허 미국판 13장 4776-4777페이지

「 Two Types of Ego 」

Baba said: "There are two types of ego. One, the false ego, has innumerable wants and desires. It says, 'I am a man, I want this; I am a woman, I want that; I am sick, I have a pain; I want to be happy, I am not happy; my wife does not love me; I am very rich; I am very poor.' It is always 'I.' But when it is annihilated, then a transformation takes place, and the false I is replaced by the real I, and then the experience, 'I am free from desires and wanting,' is gained. 'I am infinite, I am one with God, I am Christ'—that is the Real Ego."

"One asserts 'I am God' because he has read and understood intellectually that there is nothing but God. But this assertion, 'I am God,' falls down because he and his mind are not united, are not One. This assertion is due to having thought. Thinking is there, that means duality is there. There is no direct experience here, but he experiences an idea of unity through his understanding of the oneness of God, therefore this is not real experience and is not the real ego. There cannot be any compromise, there is no room for compromise. There is only one God; one has to become One with God. You cannot be the man of the world and at the same time become One with God."

"If you have realized God within you, and we know that God is all powerful, then you must also be all-powerful. Why then do you feel helpless? What is the cause of this helplessness? I remain the same Eternal One and am in all; therefore you all are God; and yet you feel so helpless. Why is this? Because there is a sort of veil that veils you from God.

『 두 가지 유형의 에고 』

바바는 말했습니다: "에고에는 두 가지 유형이 있습니다. 하나는 거짓 에고로, 무수히 많은 욕구와 욕망을 가지고 있습니다. '나는 남자다. 나는 이것을 원한다. 나는 여자다. 나는 저것을 원한다. 나는 아프다. 나는 고통스럽다. 나는 행복하고 싶다. 나는 행복하지 않다. 내 아내는 나를 사랑하지 않는다. 나는 매우 부유하다. 나는 매우 가난하다'라고 말합니다. 그것은 항상 '나'입니다. 그러나 그것이 소멸되면 변화가 일어나 거짓 '나'는 실재 '나'로 대체되고 '나는 욕망과 욕구로부터 자유롭다'는 경험을 얻게 됩니다. '나는 무한하다. 나는 하나님과 하나다. 나는 그리스도다'—이것이 바로 진정한 에고입니다."

"사람은 하나님 외에는 아무것도 없다는 것을 지적으로 읽고 이해했기 때문에 '나는 하나님이다'라고 주장합니다. 그러나 '나는 신이다'라는 주장은 그와 그의 마음이 하나가 아니며 하나가 아니기 때문에 무너집니다. 이 주장은 생각이 있기 때문입니다. 생각이 있다는 것은 이원성이 있다는 것을 의미합니다. 여기에는 직접적인 경험은 없지만 하나님의 일원성에 대한 이해를 통해 합일이라는 생각을 경험하므로 이것은 진정한 경험이 아니며 진정한 에고가 아닙니다. 어떤 타협도 있을 수 없고 타협의 여지도 없습니다. 하나님은 오직 한 분이시니 하나님과 하나가 되어야 합니다. 여러분은 세상의 사람이면서 동시에 하나님과 하나가 될 수는 없습니다."

"만약 여러분이 내 안에 계신 하나님을 깨달았다면, 그리고 하나님이 전능하신 분이라는 것을 안다면, 여러분도 또한 전능해야 합니다. 그런데 왜 무력감을 느낍니까? 이 무력감의 원인은 무엇입니까? 나는 영원한 존재로 남아있고 모든 것 안에 있습니다; 그러므로 여러분 모두는 하나님입니다; 그런데도 여러분은 무력감을 느낍니다. 왜 그럴까요? 왜냐하면 여러분을 하나님으로부터 가리는 일종의 베일이 있기 때문입니다.

You yourself are the veil, and it is not possible for you to lift it... this veil which is yourself. Your eyes, which are quite small, can see a vast panorama and all the objects contained in it, but they cannot see themselves. To see themselves a mirror is required. So, when the mirror of My Grace descends, your own True Self is revealed in an instant."

"But how can you obtain My Grace? It is very difficult. Only one in a million can have that. You must drown yourself completely in the ocean of My Love, then you will find My grace there. If you cannot bear to drown yourself, then there is compromise. There can be no compromise if you want Me."

"What is this love? There are volumes of books on love... but they cannot give you love. Love wants to give itself. It does not want anything for itself. It wants only to give. Now you have a wife and you love her very much... you want to possess her for yourself. It is a great love you have for her—you do not want to be separated from her for a moment; you feel lost if she even talks with someone else. But this craving for possession is your selfishness and breeds jealousy and fear. You do not look for your wife's happiness, but only towards your own selfishness."

"Now in the divine love of which we were speaking, there are two stages: in the first stage there is the longing for the Oneness of Union with the Beloved; and of course in that is craving—'I want to be one with God.' But in the next step, the lover does not want anything of His Beloved, he feels satisfied in pleasing the Beloved under all circumstances. And that is the only love which can be called real love. In the so-called love, abiding happiness is not to be found, there is only happiness and misery. Once you experience bliss, it is continuous."

–Lord Meher Online, pp.4091–4093

여러분 자신이 바로 그 베일이며, 여러분은 이 베일을 걷어낼 수 없습니다. 아주 작은 여러분의 눈은 광활한 파노라마와 그 안에 들어 있는 모든 사물을 볼 수 있지만, 여러분 자신은 볼 수 없습니다. 자신을 보려면 거울이 필요합니다. 그래서 내 은총의 거울이 내려오면 여러분 자신의 참된 자아(Self)가 순식간에 드러납니다."

"하지만 어떻게 내 은총을 얻을 수 있겠습니까? 그것은 매우 어렵습니다. 백만 분의 한 사람만이 은총을 받을 수 있습니다. 여러분은 내 사랑의 바다에 완전히 익사해야만 그곳에서 내 은총을 찾을 수 있을 것입니다. 여러분이 스스로 익사하는 것을 차마 견딜 수 없다면, 타협이 있을 것입니다. 여러분이 나를 원한다면 타협은 있을 수 없습니다."

"이 사랑은 무엇입니까? 사랑에 관한 책은 수없이 많이 있습니다... 하지만 그것들이 여러분에게 사랑을 줄 수는 없습니다. 사랑은 스스로 주기를 원합니다. 그것은 스스로를 위해 아무것도 원하지 않습니다. 오직 베풀기를 원합니다. 지금 당신에게 아내가 있고 당신은 그녀를 매우 사랑합니다... 당신은 그녀를 소유하고 싶어 합니다. 아내와 잠시라도 떨어지고 싶지 않고, 아내가 다른 사람과 이야기를 나누기라도 하면 상실감을 느낄 정도로 아내에 대한 사랑이 큽니다. 그러나 소유에 대한 이러한 갈망은 이기심이며 질투와 두려움을 낳습니다. 당신은 아내의 행복을 찾는 것이 아니라 자신의 이기심만을 추구하고 있습니다."

"이제 우리가 말한 신성한 사랑에는 두 단계가 있습니다. 첫 번째 단계에는 사랑하는 이와의 합일을 향한 갈망이 있고, 그 안에는 당연히 '나는 하나님과 하나가 되고 싶다'라는 갈망이 있습니다. 그러나 다음 단계에서 러버는 사랑하는 이에게서 아무것도 원하지 않으며, 어떤 상황에서도 사랑하는 이를 기쁘게 하는 데 만족을 느낍니다. 그리고 그것이 진정한 사랑이라고 할 수 있는 유일한 사랑입니다. 소위 사랑이라 불리는 것에는 지속적인 행복은 찾아볼 수 없고, 행복과 불행만 있을 뿐입니다. 일단 지복을 경험하면 그것은 계속됩니다."

-로드 메허 온라인 4091-4093페이지

「 God as Truth 」

The following message was read out during one darshan program in Nauranga. It was titled "God As Truth."

Ultimately, everyone and everything is God, and that God, as Truth, can be realized through the guru or the Master. Generally in this country [India], Vedanta is associated with this rendering of the Most High. Now, I am not concerned with Vedanta or Sufism or any other "ism," but only with God as Truth, as He comes in our experience after the disappearance of the limited and limiting ego-mind.

God is an unshakable and eternal Truth. He reveals Himself [to] and communicates with those who love Him, seek Him and surrender themselves to Him, either in His Impersonal aspect which is beyond name, form and time, or in His Personal aspect. He is more easily accessible to the ordinary man through the God-Men who have always come and will always come to impart Light and Truth to struggling humanity, which is mostly groping in darkness.

Because of his complete Union with God, the God-Man eternally enjoys the "I Am God" state, which equally corresponds to the Vedantic Aham Brahmasmi, and the Sufi Anal-Haq, or Christ's declaration, "I and my Father are One."

–Lord Meher Online, p3205

『 진리로서의 하나님 』

나우랑가에서 열린 한 다르샨 프로그램에서 다음 메시지가 낭독되었습니다. "진리로서의 하나님"이라는 제목이었습니다.

궁극적으로 모든 사람과 모든 것이 하나님이며, 진리로서의 하나님은 구루 또는 스승을 통해 깨달을 수 있습니다. 일반적으로 이 나라[인도]에서 베단타는 지극히 높으신 분에 대한 이러한 표현과 연관되어 있습니다. 이제 나는 베단타나 수피즘이나 다른 어떤 '이즘'에도 관심이 없으며, 제한적이고 한정된 에고적 마음이 사라진 후 우리의 경험 속에 들어오시는 진리로서의 하나님에만 관심이 있습니다.

하나님은 흔들리지 않는 영원한 진리입니다. 그분은 이름과 형태와 시간을 초월한 비인격적 측면이나 인격적 측면에서 그분을 사랑하고 그분을 찾고 그분께 자신을 순복하는 사람들에게 자신을 드러내고 소통하십니다. 그분은 대부분 어둠 속을 더듬고 있는 고단한 인류에게 빛과 진리를 전하기 위해 항상 왔고 앞으로도 올 갓맨을 통해 평범한 사람들에게 더 쉽게 다가 가실 수 있습니다.

하나님과의 완전한 합일로 인해 갓맨은 베탄타의 아함 브라흐마스미와 수피의 아날-하크, 즉 "나와 내 아버지는 하나다."라는 그리스도의 선언에 동일하게 해당하는 "나는 하나님이다" 상태를 영원히 누리고 있습니다.

-로드 메허 온라인 3205페이지

「 The task for Spiritual Workers 」

I am very happy that, in response to my call, you have gathered to receive my message to you. On the path, the most important condition of discipleship is readiness to work for the spiritual cause of bringing humanity closer and closer to the realization of God. I am glad to note that through faith and love for me you have wholeheartedly offered yourselves to share in my universal work of spiritualizing the world. I have full confidence that you will not only inherit for yourselves the Truth that I bring but also become enthusiastic and valiant torchbearers for humanity, which is enveloped in deep ignorance.

Because of its supreme importance for the true and final well-being of humanity, spiritual work has a natural and imperative claim on all who love humanity. It is therefore very necessary to be quite clear about its nature. The whole world is firmly established in the false idea of separateness; and being caught up in the illusion of duality, it is subject to all the complexities of duality. Spiritual workers have to redeem the world from the throes of imagined duality by bringing home to it the truth of the unity of all life.

The cause of illusion of manyness is that the soul, in its ignorance, identifies itself with its bodies. The gross, subtle, and mental bodies are all mediums for experiencing, through the ego-mind, the different states of the world of duality. But they cannot be the mediums for knowing the true nature of the soul, which is above them all. By identifying with the bodies, the soul gets caught up in the ignorance of manyness. The soul in all the bodies, with the ego-mind is really one undivided existence. However, as it gets mixed up with these bodies and the ego-mind, which are only its vehicles, it considers itself as limited; and it looks upon itself as being only one among the many of creation, instead of looking upon itself as the only one Reality without a second.

『 영적 일꾼을 위한 과제 』

나의 부름에 응답하여 여러분이 나의 메시지를 받기 위해 모인 것을 매우 기쁘게 생각합니다. 그 길에서 제자도의 가장 중요한 조건은 인류를 하나님의 실현에 점점 더 가까이 데려가는 영적 대의를 위해 일할 준비가 되어있는 것입니다. 나는 여러분이 나에 대한 믿음과 사랑으로 세상을 영적으로 만드는 나의 포괄적인 사역에 참여하기 위해 전심으로 자신을 바쳤다는 사실을 알게 되어 기쁩니다. 나는 여러분이 내가 가져온 진리를 스스로 계승할 뿐만 아니라 깊은 무지에 휩싸인 인류를 위해 열정적이고 용감한 문명의 선구자가 되리라는 것을 전적으로 확신합니다.

영적 사역은 인류의 참되고 최종적인 행복을 위해 지극히 중요하기 때문에, 인류를 사랑하는 모든 사람에게 자연스럽고 필수적인 요구가 있습니다. 그러므로 그 본질을 분명히 아는 것이 매우 필요합니다. 온 세상은 분리라는 그릇된 생각 속에 확고히 자리 잡고 있으며, 이원성의 환상에 사로잡혀 이원성의 모든 복잡성에 종속되어 있습니다. 영적 일꾼들은 모든 생명의 일체성에 대한 진리를 가져옴으로써 상상된 이원성의 고통에서 세상을 구해야 합니다.

다수성에 대한 환상의 원인은 영혼이 무지한 상태에서 자신을 육신과 동일시하기 때문입니다. 물질적이고 기운적이며 정신적인 몸은 모두 에고적-마음을 통해 이원성 세계의 다양한 상태를 경험하는 매개체입니다. 그러나 그것들은 다음과 같은 진정한 본질을 아는 매개체가 될 수 없습니다. 영혼은 육신과 동일시함으로써 다수성에 대한 무지에 사로잡히게 됩니다. 에고적-마음과 함께 모든 몸 안에 있는 영혼은 실제로는 분열되지 않은 하나의 존재입니다. 그러나 그 수단일 뿐인 육신과 에고적-마음이 뒤섞이면서 자신을 한정된 존재로 여기고, 자신을 단 하나뿐인 실재로 보는 것이 아니라 수많은 피조물 중 하나에 불과한 존재로 바라보게 됩니다.

Every soul is eternally and inviolably one with the one undivided and indivisible universal Soul, which is the sole Reality. Yet false identification with the bodies and the ego-mind creates the illusion of manyness and of differentiation within the whole. The bodies, with the ego-mind, are only the mediums or the vehicles of consciousness; and as the soul experiences the different inner planes through its different mediums or vehicles, it goes through different states of consciousness.

Most souls are unconscious of their true nature as God, who is the Unity and the Reality of all souls. God-realization is latent in them, since it has not yet come to be experienced consciously. Those who have cast off the veil of duality experience the soul through itself independently of any mediums or vehicles. In this experience the soul consciously knows itself as being identical with God. Life in the Truth of the unity of all brings with it freedom from all limitations and sufferings. It is the self-affirmation of the Infinite as infinite. In this state of spiritual Freedom and Perfection, the ego-life is finally and completely surrendered in order to experience and release the divine life in the Truth; and God is known and affirmed as the only Reality worth living for.

To realize God is to dwell in eternity; it is a timeless experience. But spiritual work must be done for the souls who are caught up in the mazes of creation, which is bound by time. Spiritual workers cannot afford to ignore the element of time in creation. To ignore time would be to ignore the spiritual work itself. It is imperative to be discriminatingly aware of the flow of time in creation and to appreciate fully the supreme importance of the moment in the future that shall witness the universal dispensation of the Truth of spiritual wisdom.

The task for spiritual workers is to help me in this universal dispensation of the Truth to suffering humanity.

모든 영혼은 유일한 실재인, 분열되지 않고 나눌 수 없는 하나의 우주적 영혼과 영원히 불가침하게 하나입니다. 그러나 육신과 에고적-마음과의 잘못된 동일시는 전체 속에서 다수성의 환상과 차별성의 착각이 발생합니다. 에고적-마음과 함께 몸은 의식의 수단이나 매개체에 불과하며, 영혼은 다른 수단이나 매개체를 통해 다른 내면의 경지를 체험함에 따라 다른 의식 상태를 거칩니다.

대부분의 영혼은 모든 영혼의 단일체이자 실재이신 하나님으로서의 자신의 진정한 본성을 의식하지 못합니다. 신성실현은 아직 의식적으로 경험하지 못했기 때문에 그들 안에 잠재되어 있습니다. 이원성의 베일을 벗어 던진 사람들은 어떤 매체나 수단과도 무관하게 스스로를 통해 영혼을 경험합니다. 이러한 경험 속에서 영혼은 의식적으로 자신을 하나님과 동일한 존재로 인식합니다. 모든 것이 하나라는 진리 안에서의 삶은 모든 한계와 고통으로부터의 자유를 가져다줍니다. 그것은 무한한 것을 무한자로서의 자기확증인 것입니다. 이 영적 자유와 완전의 상태에서는 진리 안에서 신성한 생명을 경험하고 해방하기 위해 자아의 삶이 마침내 완전히 포기되고, 하나님은 살 가치가 있는 유일한 실재로서 알려지고 확증됩니다.

하나님을 깨닫는다는 것은 영원 안에 거하는 것이며, 시대를 초월한 체험입니다. 그러나 시간에 얽매인 창조의 미로에 갇혀 있는 영혼들을 위해 영적인 일을 해야 합니다. 영적 일꾼들은 창조세계에서 시간이라는 요소를 무시할 수 없습니다. 시간을 무시하는 것은 영적인 일 자체를 무시하는 것이기 때문입니다. 창조세계에서 시간의 흐름을 분별력 있게 인식하고, 영적 지혜의 진리에 대한 포괄적 조치를 목격하게 될 미래의 순간이 얼마나 중요한지를 충분히 인식하는 것이 필수적입니다.

영적 일꾼들의 임무는 고통받는 인류를 향한 진리의 포괄적 조치에서 나를 돕는 것입니다.

You have not only to prepare humanity to receive this Truth but also to get established in it yourself. It is extremely important to remember that you can help others to gain spiritual freedom and to come out of the illusion of duality, only if you yourself do not forget this idea of unity while working for others — who are inclined to create divisions where they do not exist and who thus allow no respite to spiritual workers. The minds of people have to be completely purged of all forms of selfishness and narrowness if they are to inherit the life in eternity that I bring. It is by no means an easy task to persuade people to give up their selfishness and narrowness.

It is not an accident that people are divided into the rich and the poor, the pampered and the neglected, the rulers and the ruled, the leaders and the masses, the oppressors and the oppressed, the high and the low, the winners of laurels and the recipients of ignominy. These differences have been created and sustained by those who, through their spiritual ignorance, are attached to them and who are so settled in perverse thinking and feeling that they are not even conscious of their perversity. They are accustomed to look upon life as divided into inviolable compartments, and they are unwilling to give up their separative attitude. When you launch upon your spiritual work, you will be entering into a field of divisions that people desperately cling to, and that they accentuate and strive to perpetuate consciously or unconsciously.

Win people to life of Truth

Mere condemnation of these divisions will not enable you to destroy them. The divisions are being nourished by separative thinking and feeling, which can yield only to the touch of love and understanding. You have to win people to the life of Truth; you cannot coerce them into spirituality. It is not enough that you should have unimpaired friendliness and untarnished goodwill in your own hearts.

여러분은 인류가 이 진리를 받을 수 있도록 준비시켜야 할 뿐만 아니라, 여러분 자신도 이 진리 안에 자리 잡아야 합니다. 그것은 존재하지 않는 분열을 만들고 영적 일꾼들에게 휴식을 허용하지 않는 다른 사람들을 위해 일하면서 이 일체성에 대한 생각을 잊지 않는 경우에만 다른 사람들이 영적 자유를 얻고 이원성의 환상에서 벗어나도록 도울 수 있다는 것을 기억하는 것이 매우 중요합니다. 내가 가져다주는 영원의 생명을 상속받으려면 사람들의 마음에서 모든 형태의 이기심과 편협함이 완전히 제거되어야 합니다. 사람들이 이기심과 편협함을 포기하도록 설득하는 것은 결코 쉬운 일이 아닙니다.

사람들이 부자와 가난한 자, 대접받는 자와 소외된 자, 지배자와 피지배자, 지도자와 대중, 억압자와 피억압자, 높은 자와 낮은 자, 월계관의 수상자와 불명예의 수상자로 나뉘는 것은 우연이 아닙니다. 이러한 차이는 영적 무지로 인해 그것에 집착하고 비뚤어진 생각과 느낌에 너무 안주하여 자신의 비뚤어짐을 의식하지 못하는 사람들에 의해 만들어지고 유지되어 왔습니다. 그들은 삶을 불가침의 구획으로 나누어 보는 데 익숙해져 있으며, 분리된 태도를 포기하지 않으려 합니다. 여러분이 영적인 일을 시작할 때, 여러분은 사람들이 필사적으로 집착하고 의식적으로 또는 무의식적으로 영속화하려고 강조하고 노력하는 분열의 영역으로 들어가게 될 것입니다.

사람들을 진리의 삶으로 이끄세요

이러한 분열을 비난하는 것만으로는 분열을 파괴할 수 없습니다. 분열은 사랑과 이해의 손길로만 극복할 수 있는 분리된 사고와 감정에 의해 자양분을 공급받고 있습니다. 여러분은 사람들을 진리의 삶으로 이끌어야 하며, 그들을 영성으로 강요해서는 안 됩니다. 여러분이 해야 할 것만으로는 충분하지 않습니다. 여러분 자신의 가슴속에 손상되지 않은 친근함과 꾸밈없는 선의를 가져야 합니다.

If you are to succeed in your work, you have to bring home to them the faith and the conviction that you are helping them to redeem themselves from bondage and suffering, and to realize the Highest-to which they are rightful heirs. There is no other way to help them attain spiritual freedom and enlightenment.

Hints for spiritual workers

For rendering spiritual help you should have a clear understanding of the following four points:

1. Apparent descent to a lower level.

It may often be necessary for you to apparently descend to the lower level of those whom you are trying to help. Though your purpose is to raise people to higher levels of consciousness, they might fail to profit by what you say if you do not talk in terms they understand. What you convey to them through your thoughts and feelings should not go over their heads. They are bound to miss the point unless you adapt it to their capacity and experience. However, it is equally important to remember that while doing this, you should not actually lose your own high level of understanding. You will change your approach and technique as they gradually arrive at deeper and deeper understanding, and your apparent descent to the lower level will be only temporary.

2. Spiritual understanding ensures all-sided progress.

You must not divide life into departments and then begin to deal with each department separately and exclusively. Departmentalized thinking is often an obstacle to integral vision. Thus if you divide life into politics, education, morality, material advancement, science, art, religion, mysticism, and culture-and then think exclusively of only one of these aspects-the solutions that you bring to life can neither be satisfactory nor final.

여러분이 그 일을 성공적으로 수행하려면, 여러분이 속박과 고통에서 벗어나고 그들이 정당한 상속자인 지극히 높으신 분을 깨닫도록 돕고 있다는 믿음과 확신을 그들에게 가져다주어야 합니다. 그들이 영적 자유와 깨달음을 얻도록 도울 수 있는 다른 방법은 없습니다.

영적 일꾼을 위한 힌트

영적인 도움을 제공하려면 다음 네 가지 사항을 명확하게 이해하고 있어야 합니다:

1. 낮은 수준으로 명백하게 내려가야 합니다.

여러분이 돕고자 하는 사람들의 낮은 수준으로 명백하게 내려가야 할 때가 종종 있습니다. 여러분의 목적은 사람들을 더 높은 수준의 의식으로 끌어올리는 것이지만, 그들이 이해할 수 있는 용어로 이야기하지 않으면 그들은 여러분의 말을 통해 유익을 얻지 못할 수도 있습니다. 여러분의 생각과 감정을 통해 그들에게 전달하는 내용이 그들의 머리 위를 지나쳐서는 안 됩니다. 상대방의 능력과 경험에 맞게 조정하지 않으면 요점을 놓치기 마련입니다. 그러나 이렇게 하는 동안 실제로 자신의 높은 이해 수준을 잃어서는 안 된다는 점을 기억하는 것도 마찬가지로 중요합니다. 점차 더 깊고 심원한 이해에 도달하면 접근 방식과 기술을 바꾸게 될 것이며, 겉보기에 낮은 수준으로 내려가는 것은 일시적인 현상일 뿐입니다.

2. 영적 이해는 모든 측면의 발전을 보장합니다.

삶을 부문으로 나눈 다음 각 부문을 개별적이고 배타적으로 다루기 시작해서는 안 됩니다. 분리된 사고는 종종 통합적인 비전을 가로막는 장애물입니다. 따라서 삶을 정치, 교육, 도덕, 물질적 발전, 과학, 예술, 종교, 신비주의, 문화로 나누고 이 중 한 가지 측면만 배타적으로 생각한다면, 삶에 가져오는 해결책은 만족스럽지도 않고 최종적일 수도 없습니다.

But if you succeed in awakening spiritual inspiration and understanding, progress in all these spheres of life is bound to follow automatically. You will have to aim at providing, as spiritual workers, a complete and real solution for all the individual and social problems of life.

3. Spiritual progress consists in the spontaneous growth of understanding from within.

As spiritual workers, you have also to remember that the spiritual wisdom you desire to convey to others is already latent in them, and that you have only to be instrumental in unveiling that spiritual wisdom. Spiritual progress is not a process of accumulating from without; it is a process of unfoldment from within. A Perfect Master is absolutely necessary for anyone to arrive at Self-knowledge, but the true significance of the help given by the Master consists in the fact that he enables others to come into the full possession of their own latent possibilities.

4. Some questions are more important than answers.

You, as spiritual workers, must not lose sight of the real work the Master desires to get done through you. When it is clearly understood that spiritual wisdom is latent in all, you will no longer be anxious to provide others with ready-made answers and solutions. In many cases you will be content to set up for others a new problem or to clarify for others the nature of the problems they face. You may have done your duty if you ask them a question that they would not ask of themselves, when placed in some practical situation. In some cases you will have done your duty if you succeed in putting them in a searching and questioning attitude, so that they themselves begin to understand and tackle their problems along more fruitful and creative lines. To give them a deeper point of view or to suggest to them a fruitful line of thought and action may itself mean much more than thrusting upon them the results of your judgment.

하지만 영적 영감과 이해를 일깨우는 데 성공하면, 이 모든 삶의 영역에서 진전이 자동적으로 따라올 수밖에 없습니다. 여러분은 영적 일꾼으로서 삶의 모든 개인적, 사회적 문제에 대한 완전하고 진정한 해결책을 제공하는 것을 목표로 삼아야 합니다.

3. 영적 발전은 내면으로부터의 자발적인 이해의 성장으로 이루어집니다.

영적 일꾼으로서 여러분은 다른 사람들에게 전하고자 하는 영적 지혜가 이미 그들 안에 잠재되어 있으며, 여러분은 그 영적 지혜를 드러내는 데 도움이 되기만 하면 된다는 것을 기억해야 합니다. 영적 발전은 외부로부터 축적되는 과정이 아니라 내면으로부터 전개되는 과정입니다. 완전한 스승은 누구나 참나적 인식에 도달하는 데 절대적으로 필요하지만, 스승이 제공하는 도움의 진정한 의미는 다른 사람들이 자신의 잠재된 가능성을 완전히 소유할 수 있도록 한다는 사실에 있습니다.

4. 어떤 질문은 대답보다 더 중요합니다.

여러분은 영적 일꾼들로서 스승이 여러분을 통해 이루고자 하는 진정한 일을 놓쳐서는 안 됩니다. 영적 지혜가 모든 사람에게 잠재되어 있다는 것을 분명히 이해하면, 여러분은 더 이상 다른 사람들에게 이미 만들어진 해답과 해결책을 제공하려고 애쓰지 않게 될 것입니다. 많은 경우에 여러분은 다른 사람들을 위해 새로운 문제를 설정하거나 다른 사람들이 직면한 문제의 본질을 명확히 하는 것에 만족할 것입니다. 어떤 실제 상황에 놓였을 때 스스로도 묻지 않을 질문을 상대방에게 던진다면 여러분은 자신의 의무를 다한 것일 수 있습니다. 어떤 경우에는 상대방으로 하여금 탐구하고 질문하는 태도를 갖게 하여 스스로 문제를 더 유익하고 창의적인 방향으로 이해하고 해결하기 시작하도록 하는 데 성공했다면 여러분은 자신의 의무를 다한 것입니다. 자녀에게 더 깊은 관점을 제시하거나 유익한 생각과 행동을 제안하는 것은 그 자체로 여러분의 판단 결과를 강요하는 것보다 훨씬 더 큰 의미가 있을 수 있습니다.

The questions that you may help them formulate for themselves should neither be merely theoretical nor unnecessarily complicated. If they are simple, straight, and fundamental, these questions will answer themselves; and people will find their own solutions. You will have rendered indispensable and valuable service to them because, without your tactful intervention, they would not have arrived at the solution of their multifarious problems from the spiritual point of view.

Overcoming obstacles

It has been seen that spiritual workers must necessarily be confronted with many obstacles, but obstacles are meant to be overcome. Even if some of them seem to be insuperable, you have to do your best to help others irrespective of results or consequences. Obstacles and their overcoming, success and failure, are all illusions within the infinite domain of Unity. Your task is already done when it is performed wholeheartedly. If you are steadfast and one-pointed in your desire to help my cause of awakening humanity to the sole reality and the ultimate worthwhileness of God and God alone, you will get many opportunities for spiritual work. There is ample scope for work in this field. You must do your work without worrying about consequences, irrespective of success or failure; but be confident that the result of work done in this spirit and with this understanding is assured.

Results of spiritual

Through the untiring activities of spiritual workers, humanity shall be initiated into a new life of abiding peace and dynamic harmony, unconquerable faith and unfading bliss, immortal sweetness and incorruptible purity, creative love and infinite understanding.

–Discourses, 7th ed, pp.344-349

자녀가 스스로 답을 찾도록 도와줄 수 있는 질문은 단순히 이론적이거나 불필요하게 복잡해서는 안 됩니다. 이 질문들이 간단하고 명료하며 근본적인 것이라면 사람들은 스스로 답을 찾을 것이고, 스스로 해결책을 찾을 것입니다. 여러분의 재치 있는 개입이 없었다면 그들은 영적인 관점에서 다양한 문제에 대한 해결책에 도달하지 못했을 것이므로 여러분은 그들에게 없어서는 안 될 귀중한 서비스를 제공한 것입니다.

장애물 극복하기

영적 일꾼은 반드시 많은 장애물에 직면해야 하지만 장애물은 극복해야 할 대상입니다. 장애물 중 일부는 극복할 수 없는 것처럼 보이더라도 결과나 성과에 관계없이 다른 사람을 돕기 위해 최선을 다해야 합니다. 장애물과 그 극복, 성공과 실패는 모두 일체성의 무한한 영역 안에 있는 환상입니다. 여러분의 임무는 그것이 진심을 다해 수행했을 때 이미 끝난 것입니다. 인류를 하나님과 하나님 만의 유일한 실재와 궁극적인 가치에 깨우치는 나의 대의를 돕고자하는 여러분의 의지가 확고하고 한 방향으로 나아간다면 영적 일을 위한 많은 기회를 얻을 수 있습니다. 이 분야에서 일할 수 있는 여지는 충분합니다. 성공과 실패에 관계없이 결과에 대한 걱정 없이 일을 해야 하며, 이러한 정신과 이해를 바탕으로 한 일의 결과는 보장된다는 확신을 가져야 합니다.

영적인 결과

영적 일꾼들의 지치지 않는 활동을 통해 인류는 항구적인 평화와 역동적인 조화, 정복할 수 없는 믿음과 변함없는 지복, 불멸의 달콤함과 부패할 수 없는 순결, 창조적인 사랑과 무한한 이해의 새로운 삶으로 시작될 것입니다.

-담화 7판 첨부 344-349페이지

「Baba's "warning"」

Baba wished to hold a meeting in Guruprasad on Sunday, 19 May 1957 with the mandali and his close lovers from Ahmednagar, Poona and Bombay to issue a "warning." Forty-seven persons were called. Adi Sr. arrived with Kaikobad a day in advance. The meeting began on the 19th at 8:00 A.M.

… After a few more preliminary statements, Baba began:
I want to tell you one important thing which each of you must remember well. It is a fact that I am the Lord of the universe. I am omnipresent. Now the time is fast approaching and I clearly see the "dark cloud" hovering; I see its picture. By this I am not referring to the recent motor accident that has already come to pass. The humiliation that I was referring to for many years is within sight. During that phase of my life, there is every possibility that I may slip out of your hands.

Now let me first explain what I mean by humiliation. Suppose you are loved by someone very dearly for several years and one day when you happen to meet him, he suddenly begins to abuse you, kick you and spit in your face. In the context of your previous relationship with him, your plight becomes an example of humiliation. In the same way, if some persons who have previously adored me and raised me up to the skies in adoration for years suddenly turn against me and express extreme disdain for me by throwing me in filth, it will be another example of humiliation.

I will also give you an example of circumstances under which this kind of a thing can happen. You are worshiping me for so many years. Suppose you suddenly find me eating rubbish and roaming about naked in the streets, behaving like a madman. What will be your reaction to this behavior of mine? I do not want anyone of you to think or say that Baba is going to become mad! On the contrary, I have come to make the whole world mad after God and Truth.

『 바바의 "경고" 』

바바는 1957년 5월 19일 일요일 구루프라사드에서 아메드나가르, 푸나, 봄베이에서 온 만달리와 그의 가까운 러버들이 모인 가운데 "경고"를 발령하기 위해 모임을 가졌습니다. 47명이 부름을 받았습니다. 아디 시니어는 카이코바드와 함께 하루 전에 도착했습니다. 회의는 19일 오전 8시에 시작되었습니다.

... 바바는 몇 가지 예비 발언을 한 후에 말을 시작했습니다:
여러분 각자가 잘 기억해야 할 한 가지 중요한 점을 말씀드리고 싶습니다. 그것은 내가 우주의 주님이라는 사실입니다. 나는 어디에나 존재합니다. 이제 시간이 빠르게 다가오고 있으며 나는 "어두운 구름"이 맴돌고 있는 것을 분명히 봅니다. 이것은 이미 발생한 최근의 교통사고를 말하는 것이 아닙니다. 내가 수년간 언급했던 굴욕이 눈앞에 다가오고 있습니다. 내 인생의 그 단계에서 내가 여러분 손에서 벗어날 수 있는 모든 가능성이 있습니다.

이제 굴욕이 의미하는 것이 무엇인지 먼저 설명하겠습니다. 몇 년 동안 누군가를 매우 사랑했는데 어느 날 우연히 그를 만났을 때 그가 갑자기 여러분을 학대하고 발로 차고 얼굴에 침을 뱉기 시작했다고 가정해 보세요. 그 사람과의 이전 관계의 맥락에서 볼 때, 여러분의 곤경은 굴욕의 예가 됩니다. 마찬가지로, 이전에 나를 숭배하고 수년 동안 나를 받들며 하늘 높이 들어 올렸던 사람들이 갑자기 나에게 등을 돌리고 나를 오물에 던져 극도의 경멸을 표현한다면 그것은 또 다른 굴욕의 사례가 될 것입니다.

또한 이런 일이 일어날 수 있는 상황을 예로 들어보겠습니다. 여러분은 오랫동안 나를 숭배하고 있습니다. 갑자기 내가 쓰레기를 뒤지고 알몸으로 거리를 돌아다니며 미친 사람처럼 행동하는 것을 발견했다고 가정해 보세요. 이런 내 행동에 대해 어떤 반응을 보이겠습니까? 여러분 중 누구도 바바가 미쳐버릴 것이라고 생각하거나 말하지 않았으면 좋겠습니다! 반대로 나는 하나님과 진리를 좇아 온 세상을 미치게 만들려고 왔습니다.

Only the Avatar, whenever he lives amidst mankind, has to undergo humiliation. When there are five Perfect Masters, who are God Personified and who control and look after the affairs of the universe, what need is there for them to precipitate the incarnation of God on earth? They bring Him down to shoulder the sufferings of humanity. The five Perfect Masters are not as much scandalized or humiliated as the Avatar. I have been made to take this human form by the five Perfect Masters of this age, to bear the cross and to undergo humiliation.

You have read in the Gospels wherein Christ had said to his apostles: "You will deny me."

This did happen when Peter, the chief apostle, denied Jesus. The thing is that during the phase of humiliation, the circumstances will go so awry that you will not be aware when my daaman has slipped out of your hands! At that time, you may even feel justified in leaving me. But if you feel that this should not happen, there is one remedy. You should grasp well all of what I say and understandingly live up to it. You should also tell everything that you hear today to those who are not present.

In short, I clearly see the dark cloud. I do not wish to make a mere mention of the dark cloud without any reason, but this is my loving warning to you so that my daaman may not slip out of your hands.

Today, I also wish to tell you about some other important points. I will start with the topic of saints. These days this point is often brought to my notice from the letters I receive from my lovers. Some write: "Baba, you often go into seclusion for long periods. Very rarely we get an opportunity to have your sahavas. We are not even allowed to have your darshan for months together. This often makes us feel inclined to visit saints and be in their company."

오직 아바타만이 인류 가운데 살 때마다 굴욕을 겪어야 합니다. 하나님이 의인화되어 우주의 일을 관장하고 보살피는 다섯 명의 완전한 스승이 있는데, 그들이 지상에서 하나님의 성육신을 앞당길 필요가 무엇입니까? 그들은 인류의 고난을 짊어지도록 그분을 내려오게 합니다. 다섯 명의 완전한 스승은 아바타만큼 구설에 오르거나 굴욕을 당하지 않습니다. 나는 이 시대의 다섯 명의 완전한 스승들에 의해 이 인간의 모습을 취하고 십자가를 지고 굴욕을 겪게 됩니다.

여러분은 복음서에서 그리스도가 사도들에게 말한 것을 읽었을 것입니다: "너희는 나를 부인할 것이다."

이것은 수제자 사도 베드로가 예수님을 부인했을 때 실제로 일어났습니다. 문제는 굴욕의 단계에서는 상황이 너무 나빠져서 내 다만이 여러분의 손에서 빠져나간 것을 여러분은 알아차리지 못할 것입니다! 그때 여러분은 나를 떠나는 것이 정당하다고 느낄지도 모릅니다. 그러나 이런 일이 일어나서는 안 된다고 느낀다면 한 가지 해결책이 있습니다. 내가 말하는 모든 것을 잘 이해하고 파악하며 이겨내야 합니다. 또한 오늘 들었던 모든 것을 참석하지 않은 사람들에게도 말해야 합니다.

요컨대, 나는 어두운 구름을 분명히 봅니다. 나는 아무런 이유 없이 먹구름에 대해 언급하고 싶지는 않지만, 이것은 나의 다만이 여러분의 손에서 빠져나가지 않도록 여러분에게 보내는 나의 사랑의 경고입니다.

오늘, 나는 또한 몇 가지 다른 중요한 사항에 대해서도 말하고 싶습니다. 성자들에 대한 주제로 시작하겠습니다. 요즘에는 나의 러버들로부터 받은 편지에서 이 점을 종종 알게 됩니다. 어떤 사람들은 이렇게 씁니다: "바바, 당신은 종종 오랜 기간 동안 은둔 생활을 합니다. 우리는 당신의 사하바스를 가질 기회를 거의 얻지 못합니다. 우리는 몇 달 동안 당신의 다르샨을 함께 할 수조차 없습니다. 그러다 보니 성자들을 방문하고 그들과 함께 있고 싶은 마음이 들 때가 많습니다."

They also ask me whether they should follow certain instructions given by the saints. A few days back a wife of one of my devotees wrote to me that a certain person, who called himself a saint, told her that he was ordered by me to guard their house and that he loved me very much. Apart from the truth of this statement, the point which struck me is that if such things were to continue, anybody could approach my devotees and may even demand hundreds of rupees in my name and thus may easily deceive them. To declare whether a man is a real saint or an imitation is my right alone and not yours.

At this point one man interjected, "Baba, we go to saints because we have a feeling that you are in everyone."

Baba replied: I am also in a thief and a murderer! Then what is it that prevents you to respect and worship them? If you were really to see me everywhere as I am, there would not arise any need for you to go to saints, or even to come to me to pay your respects.

I have been declaring all the time, age after age, that when I, the Ancient One, assume human form, there are many false prophets who claim themselves to be Avatars. For instance, a week ago I received a letter from Uttar Pradesh. A devotee writes that there are two persons in his town, and each proclaims himself as the Avatar of the Age. This created a great deal of confusion in his mind. Also, in one of the towns in northern India, there is a social worker who claims — and has a genuine feeling of his claim — that he is the Avatar.

I am telling you all these things in detail, for it is my right alone to say so, as all of them are my children. As far as you are concerned, you should neither criticize nor indulge in backbiting [such persons]. If you speak ill of a real saint, it will be harmful for you. You will create dreadful [sanskaric] bindings.

그들은 또한 내게 성자들이 주는 특정 지시를 따라야 하는지 묻기도 합니다. 며칠 전 내 신자 중 한 사람의 아내가 나에게 편지를 썼습니다. 자신을 성자라고 부르는 어떤 사람이 그녀에게 그들의 집을 지키라고 명령을 했으며 나를 매우 사랑한다고 말했습니다. 이 진술의 진실 여부와는 별개로, 나를 놀라게 한 점은 만약 이런 일들이 계속된다면, 누구든지 내 신자들에게 접근하여 나의 이름으로 수백 루피를 요구할 수 있고 따라서 쉽게 속일 수 있다는 것입니다. 어떤 사람이 진짜 성자인지 가짜인지를 선언하는 것은 나만의 권리이지 여러분의 권리가 아닙니다.

이때 한 사람이 "바바, 우리는 당신이 모든 사람 안에 있다고 느끼기 때문에 성자들에게 갑니다."라고 끼어들었습니다.

바바가 대답했습니다: 나도 도둑과 살인자 안에도 있습니다! 그렇다면 그들을 존경하고 숭배하는 것을 방해하는 것은 무엇입니까? 만약 당신이 정말로 모든 곳에서 나를 있는 그대로 본다면, 성자들에게 갈 필요도 없고 나에게 와서 경의를 표할 필요도 없을 것입니다.

나는 옛적부터 존재한 내가 인간의 모습을 취할 때 자신을 아바타라고 주장하는 거짓 선지자들이 많다고 여러 시대에 걸쳐 항상 선언해 왔습니다. 예를 들어, 일주일 전에 우타르 프라데시에서 편지를 받았습니다. 한 신봉자가 자신의 마을에 두 사람이 있는데, 각자 자신을 시대의 아바타라고 주장한다고 썼습니다. 이 때문에 그의 마음에는 큰 혼란이 생겼습니다. 또한 인도 북부의 한 마을에는 자신이 아바타라고 주장하는 한 사회복지사가 있는데, 그는 자신의 주장을 진정으로 믿고 있습니다.

내가 이 모든 것을 자세히 말하는 것은 모두 나의 자식들이기 때문에 그렇게 말할 수 있는 권리가 나에게만 있기 때문입니다. 지금껏 여러분이 걱정하는 것처럼, 여러분은 [그런 사람들을] 비판하거나 뒷담화에 심취해서는 안 됩니다. 진정한 성자에 대해 나쁘게 말하면 여러분에게 해가 될 것입니다. 여러분은 끔찍한 [산스카라의] 속박을 만들 것입니다.

You should avoid scandalizing even the so-called mahatmas who call themselves saints, because it is not possible for you to be certain whether they are real or not. The presumptuous saints outwardly act like real saints. You will not be able to differentiate between them — just in the same way that you are not able to differentiate between the masts and mad persons. Yet, what a world of difference lies in their inner states!

Coming back to the point of real saints, I would like you to know that to become a saint is not child's play. The very word "saint," when commonly used or applied to anyone, creates a lot of misunderstanding. I will now tell you something that will clear up the misunderstandings regarding saints.

There are two types of saints: real saints and imitation saints. Just as an ordinary person cannot distinguish between a real and an imitation pearl, you cannot distinguish between a real saint and an imitation saint. I, alone, like a jeweler, can make out the difference.

Particularly in India we find a lot of imitation saints, and this is due to the superficial study of Vedanta. By studying Vedanta one can say: "I am God." Sadgurus also say: "I am God." Imitation saints also say the same thing, but with the help of Vedanta. Real saints need no such help; they say what they experience. There are also some who, after reading Vedanta, realize that they have no such experience, but they still say: "I am God."

This is hypocrisy. There are also some imitation saints who, after reading Vedanta, have a genuine, inner feeling and say: "I am God," although, in reality, they have no conscious experience.

If anyone confers greatness on you and begins to worship you and garland you, you know yourself that you do not deserve it.

스스로를 성자라고 부르는 소위 마하트마들조차도 그들이 진짜인지 아닌지 확신할 수 없으므로 그들을 험담하는 것은 피해야 합니다. 주제넘은 성자들은 겉으로는 진짜 성자처럼 행동합니다. 여러분이 머스트[신에 취한 자]와 미친 사람을 구별할 수 없는 것과 마찬가지로 그들을 구별할 수 없을 것입니다. 그러나 그들의 내면 상태에는 상당히 큰 차이가 있습니다!

다시 진정한 성자들의 관점으로 돌아와서, 성자가 된다는 것은 어린아이의 장난이 아니라는 것을 여러분이 알았으면 좋겠습니다. "성자"라는 단어는 일반적으로 사용되거나 누구에게나 적용될 때 많은 오해를 불러일으킵니다. 이제 성자에 대한 오해를 해소할 수 있는 이야기를 해보겠습니다.

성자는 진짜 성자와 가짜 성자의 두 가지 유형이 있습니다. 보통 사람이 진짜 진주와 가짜 진주를 구별할 수 없듯이, 진짜 성자와 가짜 성자를 구별할 수 없습니다. 보석 세공인처럼 나만이 그 차이를 구별할 수 있습니다.

특히 인도에서는 가짜 성자들이 많이 발견되는데, 이는 베단타를 피상적으로 연구하기 때문입니다. 베단타[베다 경전]를 공부하면 이렇게 말할 수 있습니다: "나는 하나님이다." 사드구루들은 또한 말합니다: "나는 하나님이다." 가짜 성자들도 똑같이 말하지만, 베단타의 도움을 받습니다. 진짜 성자들은 그런 도움이 필요하지 않고 자신이 경험한 것을 말합니다. 베단타를 읽은 후 자신에게는 그런 경험이 없다는 것을 분명히 파악했지만, 그들은 여전히 "나는 하나님이다."라고 말합니다.

이것은 위선입니다. 또한 베단타를 읽은 후 진정한 내면의 느낌을 가지고 이렇게 말하는 가짜 성자들도 있습니다: "나는 하나님이다."라고 말하지만, 실제로는 의식적인 경험이 없습니다.

누군가 당신에게 위대함을 부여하고 당신을 숭배하고 화환을 바치기 시작하면 당신은 그것을 받을 자격이 없다는 것을 스스로 알게 될 것입니다.

At the outset, you are tempted to accept this greatness which makes you feel happy. But your conscience will be consciously pricking you, and you will be always in a state of anxiety about future developments. You will be frequently in a fix either to accept or reject the greatness which is thrust on you.

Once you accept this conferred greatness, it becomes very difficult for you to get out of the situation. After a time, the pricks of conscience even cease troubling you, for you get used to them. Then it becomes an addiction and you cannot do without it. You then pose as a real saint. This posing will cause you to take additional innumerable births. So why pose as a saint, without the inner experience?

As for myself, I say I am the Highest of the High. Had I not been the Ancient One, I would have encouraged you to visit the so-called saints. I would have even praised them, and they also would have praised me in return. Thus a clique would get formed that would promote mutual praise to dupe the public.

If anyone of you meets an imitation saint or an imitation Avatar, what would he say to you? He would say the same thing as I do. If you tell him that Baba is the Avatar, he may even say: "I am the real one and Baba is a fraud!" When anyone approaches an imitation saint and is attracted by the outward atmosphere which he creates about him and, if owing to his faith in the imitation saint, he gets experiences, he is likely to attribute them to that imitation saint. This creates confusion.

Baba continued to explain: Now I will tell you about an incident. During my last visit to America, a gentleman who has been staying in America for a long time remained by my side during some of my programs, and particularly when the films and photographs were taken.

처음에는 행복감을 느끼게 하는 위대함을 받아들이고 싶은 유혹을 받게 됩니다. 그러나 양심은 의식적으로 당신을 찌를 것이고, 당신은 항상 미래의 발전에 대해 불안한 상태에 놓이게 될 것입니다. 당신은 당신에게 강요되는 위대함을 받아들이거나 거부해야 하는 곤경에 자주 처하게 될 것입니다.

일단 이렇게 부여된 위대함을 받아들이면 그 상황에서 벗어나기가 매우 어려워집니다. 시간이 지나면 양심의 가책은 더 이상 당신을 괴롭히지 않게 되고 익숙해지기 때문입니다. 그러면 그것은 중독이 되고, 당신은 중독 없이는 할 수 없습니다. 그런 다음 당신은 진짜 성자 같은 태도를 취합니다. 이 태도를 취하면 무수한 출생을 추가하게 됩니다. 그렇다면 왜 내면의 경험 없이 성자 같은 태도를 취하려 합니까?

나 자신에 관해서, 나는 내가 가장 높은 중에 지극히 높다고 말합니다. 내가 옛적부터 존재하지 않았다면, 나는 여러분에게 이른바 성자들을 방문하라고 권했을 것입니다. 나는 심지어 그들을 찬양했을 것이고, 그들도 나를 찬양했을 것입니다. 그리하여 파벌이 형성되어 서로를 찬양하며 대중을 속이는 일이 벌어졌을 것입니다.

여러분 중 가짜 성자나 가짜 아바타를 만난다면 그는 여러분에게 뭐라고 말하겠습니까? 그도 나와 같은 말을 할 것입니다. 만약 여러분이 그에게 바바가 아바타라고 말한다면 그는 이렇게 말할지도 모릅니다: "내가 진짜이고 바바는 사기꾼이야!"라고 말할 수도 있습니다. 누군가 가짜 성자에게 접근하여 그가 만들어 내는 외적인 분위기에 매료되고, 가짜 성자에 대한 믿음으로 인해 체험을 하게 되면, 그 체험을 가짜 성자에게 돌릴 가능성이 높습니다. 이것은 혼란을 야기합니다.

바바는 설명을 계속했습니다: 이제 한 가지 사건에 대해 말하겠습니다. 내가 지난번 미국을 방문했을 때, 오랫동안 미국에 머물렀던 한 신사가 내 프로그램 중 일부, 특히 영화와 사진을 찍을 때 내 곁에 머물렀습니다.

This gentleman has studied and intellectually grasped what I have said, but has misused it. From one of the letters from the U. S. A., I hear that this gentleman has started telling people that he is Baba's representative!

Those who know me for so many years are not affected, but the new lovers, though educated, are very much impressed and flock around him. Just see how even the Westerners are misled!

What is the remedy for this? I will tell it now. It will be very useful to you only if you grasp it thoroughly. If all of you are convinced that Baba is the Avatar, God Incarnate, the question of confusion does not arise at all. In this case, just hold fast to my daaman and close all doors to prevent confusion and conflict from entering your minds. If you are not convinced, leave me. Seek someone else. But if you try to stick to me with a wavering mind, without being convinced of my divinity, you would be just like a nut caught in the crusher!

I will also tell you a few instances of those who pay too much attention to masts, though they have been connected with me for so many years. One of them even went to the extent of drinking toddy whenever offered by a mast. Another one [Deshmukh] used to carry a certain mast on his shoulders to his home and serve him daily. Had I not warned them in time, they would have gotten themselves seriously involved with those masts. When God Himself has descended on the earth, and you have the fortune to come into personal contact with Him, why run after His children, the masts and the saints?

In U.P.(Uttar Pradesh) and the Punjab, there are saints of both types — real and imitation. There, men put up a big show of spirituality by performing homa-havan, bhajan-kirtan, yadna-yaga, arti-puja, and so forth. From external appearance, one cannot make out who is a real saint and who is an imitation one.

이 신사는 내가 말한 내용을 공부하고 지적으로 이해했지만, 그것을 오용해 왔습니다. 미국에서 온 편지 중 하나에서 이 신사가 사람들에게 자신이 바바의 대표라고 말하기 시작했다고 들었습니다!

오랫동안 나를 아는 사람들은 영향을 받지 않지만 새로운 러버들은 교육을 받았지만 매우 감명을 받아 그의 주위로 모여듭니다. 서양인조차도 어떻게 현혹되고 있는지 한번 보세요!

이에 대한 해결책은 무엇일까요? 나는 그것을 지금 말하겠습니다. 그것을 철저히 파악해야만 여러분에게 매우 유용할 것입니다. 여러분 모두가 바바가 아바타, 하나님의 화신이라고 확신한다면 혼란의 문제는 전혀 발생하지 않습니다. 이 경우, 혼란과 갈등이 여러분의 마음에 들어오는 것을 막기 위해 나의 다만을 굳게 붙잡고 모든 문을 닫으세요. 확신이 서지 않는다면 나를 떠나세요. 다른 사람을 찾으세요. 그러나 나의 신성을 확신하지 못한 채, 흔들리는 마음으로 나에게 집착하려고 한다면, 여러분은 마치 분쇄기에 걸린 견과류와 같을 것입니다!

또한 오랫동안 나와 연결되어 있지만 머스트들에게 너무 많은 관심을 기울이는 사람들의 몇 가지 사례를 말하겠습니다. 그들 중 한 명은 머스트가 제공할 때마다 야자수를 마시는 정도까지 갔습니다. 또 한 명[데쉬무크]은 특정 머스트를 어깨에 메고 집까지 매일 모시곤 했습니다. 내가 제때 경고하지 않았다면 그들은 그 머스트들에 심각하게 연루되었을 것입니다. 하나님 자신이 지상에 내려와 그분과 개인적으로 접촉할 수 있는 행운이 있는데 왜 그분의 자녀인 머스트와 성자들을 쫓는 것입니까?

우타르 프라데쉬와 펀자브 지역에는 진짜 성자와 가짜 성자, 두 유형의 성자가 있습니다. 그곳에서 사람들은 호마-하반, 바잔-키르탄, 야드나-야가, 아르티-푸자 등을 공연하며 영성을 과시합니다. 겉모습만으로는 누가 진짜 성인이고 누가 가짜인지 알 수 없습니다.

Anyone is easily impressed by the outward, so-called spiritual atmosphere. You do not find such things here with me. On the other hand, you find me sitting among you, sometimes cutting jokes and letting you laugh. The real Path is totally different from the conventional bhajan-kirtan, homa-havan, sadra-kusti, namaznaza, et cetera. On the contrary, when one gets entangled in these rituals and ceremonies, one gets off the real Path.

When I tell you these things and ask you not to visit other saints, perhaps some of you may think: "Is Baba feeling jealous of others?" But I, being One without a second, have no rival.

I am matchless. I being the One Reality, the question of rivalry does not arise at all. If, at all, I am to be jealous, I will have to be jealous of my own Self. When a man sees an ant moving on the ground, will he ever feel jealous of it? Both the ant and the man move on the same level on the ground, but there is a world of difference in their consciousness. For instance, the ant can never understand the intricacies of this machine age.

The ant, the ordinary man and myself move on the same earth, but there is as much difference between the consciousness of an ordinary man and that consciousness of mine as there is between the consciousness of an ant and that of an ordinary man! Even in the animal kingdom, there is vast difference between the consciousness of an ant and an elephant. Has an elephant ever purposely walked on an ant, feeling jealous of it?

One of my devotees expressed an ardent desire to see a particular mast of Bombay, while a few others appear much concerned about the claim made by someone else who asserts that he is the Avatar of the Age. This makes me curious why you, of all the persons who regard me as the Highest of the High, should run after other personalities?

누구나 외형적인, 소위 영적인 분위기에 쉽게 감명을 받습니다. 여기서는 그런 것을 찾을 수 없습니다. 반면에 여러분은 내가 여러분 사이에 앉아 때로는 농담을 하고 웃게 하는 것을 발견합니다. 진정한 길은 기존의 바잔-키르탄, 호마-하반, 사드라-쿠스티, 나마즈나자 등과는 완전히 다릅니다. 오히려 이런 의식과 의례에 얽매이게 되면 진정한 길에서 벗어나게 됩니다.

내가 여러분에게 이런 말을 하면서 다른 성자들을 방문하지 말라고 하면, 여러분 중 일부는 "바바가 다른 성자들을 질투하는 건가?"라고 생각할 수도 있습니다. 그러나 나는 둘이 아닌 하나이기 때문에 맞설 이가 없습니다.

나는 비길 데가 없습니다. 나는 하나의 실재함으로 존재하기에 경쟁의 문제는 전혀 발생하지 않습니다. 만약 내가 질투를 느낀다면, 나는 내 자신의 참나(Self)를 질투해야 할 것입니다. 사람이 개미가 땅 위를 움직이는 것을 볼 때 질투를 느낄까요? 개미와 사람은 모두 땅 위에서 같은 수평에서 움직이지만 의식의 세계에는 큰 차이가 있습니다. 예를 들어 개미는 이 기계문명의 복잡성을 결코 이해할 수 없습니다.

개미와 보통 사람, 그리고 나는 같은 땅 위에서 움직이지만, 평범한 사람의 의식과 나의 의식 사이에는 개미의 의식과 보통 사람의 의식 사이에 있는 것만큼이나 나의 의식에도 많은 차이가 있습니다! 동물의 세계에서도 개미와 코끼리의 의식에는 엄청난 차이가 있습니다. 코끼리가 개미에게 질투를 느껴 일부러 개미 위를 밟고 간 적이 있을까요?

내 신자 중 한 명은 봄베이의 특정 머스트를 보고 싶다는 열렬한 열망을 드러냈고, 다른 몇몇은 자신이 시대의 아바타라고 주장하는 다른 사람의 주장에 대해 크게 우려하는 것처럼 보입니다. 나를 지존 중의 지존으로 여기는 모든 사람 중에서 왜 다른 인물들을 좇아다녀야 할까요?

Concerning this matter, Baba referred to and had read out an extract from a letter, wherein he had stated: "No one is to be blamed. It is no one's fault. It was the original whim and the original urge of God that has started this divine game, which He can also enjoy at His own cost." Baba continued:

I do not mean that there are no real saints in India. [He mentioned a few well-known saints.] There are some real saints unknown to the masses. Compared with the known saints, these hidden saints are far more advanced. In this respect, however, I want to tell you with authority that both the hidden and known saints have not realized the Self. Do not be misled by the use of certain words and phrases. If anyone addresses you as "Dear Self," do not be under the impression that he has achieved the Goal of Realization.

The sum and substance of this long talk is that you either hold fast to my daaman and me only, or leave me altogether. Do not make any compromise. However, you are free to pay homage to and visit the shrines of my five Perfect Masters — Sai Baba, Upasni Maharaj, Hazrat Babajan, Tajuddin Baba and Narayan Maharaj. Out of my five Perfect Masters, four do not have any representatives. Only Upasni Maharaj has a representative. She is Godavri Mai. She has a very pure heart and there is no equal to her in this respect. You can go to Sakori and pay your respects to her. She is very dear to me. She loves me very much. She is my beloved Yashoda. This does not mean that my five Perfect Masters do not have a chargeman and a close circle. Invariably, without any exception, every Perfect Master must necessarily hand over his Visiting other saints, charge to one man whom he makes as Perfect as himself. Such a one is called the chargeman of the Perfect Master.

Do not visit other ashrams or saints, because you cannot distinguish between a real saint and an imitation one. I also wish that you do not criticize or scandalize any person.

이 문제와 관련하여 바바는 한 편지에서 발췌한 내용을 언급하고 읽어주었습니다: "누구도 탓할 사람이 없습니다. 누구의 잘못도 아닙니다. 이 신성한 게임을 시작한 것은 하나님의 원초적 변덕과 원초적 충동이었으며, 그분도 자신의 대가로 이 놀이를 즐길 수 있습니다." 바바는 계속했습니다:

내 말은 인도에 진정한 성자가 없다는 뜻은 아닙니다. [그는 잘 알려진 몇 명의 성자를 언급했습니다.] 대중에게 알려지지 않은 진짜 성자가 있습니다. 알려진 성자들과 비교하면 숨겨진 성자들은 훨씬 더 진보했습니다. 그러나 이 점에서 나는 숨겨진 성자와 알려진 성자 모두 참나를 깨닫지 못했다고 권위를 가지고 여러분에게 말하고 싶습니다. 특정 단어와 문구의 사용으로 오해하지 마세요. 누군가 당신을 "친애하는 참나"라고 부른다고 해서 그가 깨달음의 목표를 달성했다고 착각하지 마세요.

이 긴 이야기의 요점과 핵심은 여러분이 나의 다만과 나만을 굳게 붙잡거나 아니면 나를 완전히 떠나라는 것입니다. 어떤 타협도 하지 마세요. 그러나 여러분이 나의 다섯 완전한 스승, 즉 사이 바바, 우파스니 마하라지, 하즈랏 바바잔, 타주딘 바바, 나라얀 마하라지의 사당에 경의를 표하고 방문하는 것은 자유입니다. 다섯 명의 완전한 스승 중 네 명은 대표자가 없습니다. 우파스니 마하라지만이 대표자가 있습니다. 그녀는 고다브리 마이입니다. 그녀는 매우 순수한 마음을 가지고 있으며 이 점에서 그녀와 견줄 만한 사람이 없습니다. 사코리에 가서 그녀에게 경의를 표하세요. 그녀는 나에게 매우 소중한 사람입니다. 그녀는 나를 아주 많이 사랑합니다. 그녀는 내가 사랑하는 야쇼다입니다. 그렇다고 해서 나의 다섯 완전한 스승에게 대변인과 측근이 없다는 뜻은 아닙니다. 언제나 예외 없이, 모든 완전한 스승은 방문 중인 다른 성자들을 반드시 자신과 같이 완전하게 만드는 한 사람에게 맡겨야 합니다. 그런 사람을 완전한 스승의 대변인이라고 부릅니다.

진짜 성자와 가짜 성자를 구별할 수 없으므로 다른 아쉬람이나 성자를 방문하지 마세요. 또한 어떤 사람을 비판하거나 욕되게 하는 일이 없기를 바랍니다.

If you happen to meet saints, real or imitation, by chance, you may pay respects to them. But do not run after them. If you have full faith in me, stick to me; otherwise, leave me now once and for all.

Baba asked, "Who will hold my daaman wholeheartedly to the end?" Everyone present raised their hands to express their willingness.

… In conclusion, Baba again lovingly stressed the following points: It is a fact that I am God. I am the Highest of the High. I wish that those who raised their hands hold fast to my daaman for good.

There is no need for my lovers to visit saints. Stick to me even during the phase of humiliation. Spread my message of love among all, and become like dust in Baba's work.

–Date and place: 19 May 1957; Guruprasad
–Lord Meher Online(Revised 2014), pp.4167–4177

진짜 성자이든 가짜 성자이든 우연히 성자를 만나게 되면, 그들에게 경의를 표할 수 있습니다. 그러나 그들을 쫓아가지 마세요. 나를 전적으로 믿는다면 나에게 충실하고, 그렇지 않다면 지금 당장 나를 떠나세요.

바바는 "누가 나의 다만을 끝까지 전심으로 붙잡을 것입니까?"라고 물었습니다. 참석자들은 모두 손을 들어 의지를 표명했습니다.

... 결론적으로 바바는 다시 사랑스럽게 다음 사항을 강조했습니다: 내가 하나님이라는 것은 사실입니다. 나는 지극히 높은 사람입니다. 나는 손을 든 사람들이 나의 다만을 영원히 굳게 붙잡기를 바랍니다.

내 러버들은 성자를 방문할 필요가 없습니다. 굴욕의 단계에서도 내 곁을 지키세요. 내 사랑의 메시지를 모두에게 전파하고 바바의 사역에서 먼지처럼 되세요.

-날짜 및 장소: 1957년 5월 19일; 구루프라사드
-로드 메허 온라인(2014년 개정판) 4167-4177페이지

「 The Last Warning 」

Avatar Meher Baba's Last Warning to those who love Him, obey Him and all who would want to do so.

Baba wants all His lovers to know that: This is a very critical period of the Avataric Age and all His lovers must strive to their utmost to hold His daaman very firmly so that it does not slip out of their hands under any circumstances.

It is very important for all His lovers, especially in this critical period not to succumb to lust. Temptations are and will be great, but your love for Him should be greater. Remember Him wholeheartedly and rise swiftly from where you have fallen to march ahead in His love & service.

It is equally important at this critical period of the Avataric Age to beware at all times of persons who lead others into believing that they are saintly and pious and profess to possess supernatural powers. However pious such persons appear to be, a Baba-lover must never mix such piety with the Divinity of the Avatar!

A true Baba-lover must remember the repeated warning given to all Baba-lovers time and again to stay away from persons who feel and assert that they are masters and saints and possess powers to help human beings. His lovers and workers should never get involved with such persons and affairs, much less with perverted "helpers of humanity" who have no reverence or regard for the Perfect Masters and the Avatar of the age. Beware of them who exploit spirituality to gain their selfish ends and dupe others in the name of Sadgurus and the Avatar.

His lovers and workers should not get intimately involved with the family affairs of one another, and they should not be emotionally upset by the personal affairs concerning any of their families.

『 마지막 경고 』

아바타 메허 바바가 그분을 사랑하고 순종하는 사람들과 그렇게 하기를 원하는 모든 이들에게 전하는 마지막 경고.

바바는 그분의 모든 러버가 이것을 알기를 원하십니다: 지금은 아바타 시대의 매우 중요한 시기이며 그분의 모든 러버는 어떤 상황에서도 손에서 미끄러지지 않도록 그분의 다만을 아주 단단히 잡기 위해 최선을 다해야 합니다.

특히 이 중요한 시기에 그분의 모든 러버가 정욕에 굴복하지 않는 것이 매우 중요합니다. 유혹은 크고 앞으로도 계속될 것이지만, 그분을 향한 여러분의 사랑은 더 커야 합니다. 그분을 전심으로 기억하고 넘어진 자리에서 신속히 일어나 그분의 사랑과 섬김으로 앞으로 나아가세요.

아바타 시대의 이 중요한 시기에 다른 사람들을 성스럽고 경건하다고 믿게 하고 초자연적인 힘을 가지고 있다고 공언하는 사람들을 항상 경계하는 것도 똑같이 중요합니다. 그런 사람들이 아무리 경건해 보인다 해도, 바바를 사랑하는 사람은 그런 경건함과 아바타의 신성을 절대로 혼동해서는 안 됩니다!

진정한 바바-러버는 자신이 스승이자 성인이며 인간을 도울 수 있는 힘을 가지고 있다고 느끼고 주장하는 사람들을 멀리하라는 모든 바바를 사랑하는 사람들에게 반복해서 주어진 경고를 기억해야 합니다. 그분의 러버와 일꾼들은 그러한 사람이나 일에 관여해서는 안 되며, 완전한 스승과 시대의 아바타에 대한 경외심이나 존경심이 없는 변태적인 "인류의 조력자"와는 조금이라도 관여해서는 안 됩니다. 영성을 악용하여 이기적인 목적을 달성하고 사도와 아바타의 이름으로 다른 사람들을 속이는 사람들을 조심하세요.

그분의 러버와 일꾼은 서로의 가정 문제에 깊이 관여해서는 안 되며, 가족의 개인 문제로 인해 감정적으로 화를 내서도 안 됩니다.

They should NOT let any personal affairs vitiate their relationships with one another, or affect their efforts in the work they do for the cause of Truth.

He wants His lovers and workers who are spreading His message of Love to others, to share His love among themselves and to uphold the spirit of harmony and understanding in His name. He wants them to be less aggressive toward others and less tolerant towards themselves; and above all He wants them to love Him wholeheartedly for He is the Ancient One who loves them more than they can ever love themselves.

Shun those masters
who are like multi-coloured electric signs
that flash on and off,
brightening the dark sky of your world
and leaving you in darkness again.

–Given by Meher Baba in July 1968 via his secretary Adi K. Irani

그들은 개인적인 일로 인해 서로의 관계를 해치거나 진리의 대의를 위한 사역에 영향을 미치도록 해서는 안 됩니다.

그분은 그분의 사랑의 메시지를 다른 사람들에게 전파하는 그분의 러버와 일꾼들이 그분의 사랑을 서로 나누고 그분의 이름으로 조화와 이해의 정신을 지키기를 원하십니다. 그분은 그들이 다른 사람들에게 덜 공격적이고 자신에 대해 덜 관대하기를 원하십니다. 그리고 무엇보다도 그분은 그들이 자신을 사랑할 수 있는 것보다 더 많이 사랑하시는 옛적부터 계셨던 분이시기 때문에 전심으로 그분을 사랑하기를 원하십니다.

그러한 스승들을 피하십시오
여러 가지 색의 전광판처럼
점멸했다가 꺼지는
세상의 어두운 하늘을 밝히고
당신을 다시 어둠 속에 남겨두는 그러한 스승들을 피하세요.

−1968년 7월 메허 바바가 그의 비서 아디 K. 이라니를 통해 전한 메시지

「 What is Love? 」

Sampath Aiyangar was one of Meher Baba's close disciples in Madras (now Chennai), and his entire family was devoted to Baba. During the 1930s he published a periodical called The Meher Gazette. These discourses are from the diary of Sampath Aiyangar.

Just as the one Paramatma has four states, so the one Love has four aspects. Irrespective of the four divisions and subdivisions from the magnetic to die Divine, all is Love. The divisions and subdhdsions are but different aspects of the one all-pervading love. This necessarily means that everyone has love and that love is everywhere.

The fourth aspect: All inanimate things have love in its fourth aspect.
The lowest aspect of love may be termed natural love. In some cases it is perceptible; in others it is imperceptible.

For instance, in a magnet the lowest form of love, which has the power of attraction, is clearly visible. This lowest aspect of love cannot be subdivided. It is only magnetic.

The third aspect: there is love in all insects, birds, beasts and, in fact, in every creature that lives on earth, but die characteristics of love in them is carnal, simply and purely. This third aspect of love is termed animal love. Carnal love simply aims at satisfying personal desires and passions. For instance, if a hungry tiger spots a deer, what happens?

Love for the deer takes possession of the ferocious animal.
How to get hold of that deer becomes die temporary object of his life.
This is love, but what a low form of love!

『 사랑이란 무엇인가? 』

　　삼파스 아이양가르는 마드라스(지금의 첸나이)에서 메허 바바의 가까운 제자 중 한 명으로, 그의 가족 전체가 바바에게 헌신했습니다. 1930년대에 그는 메허 가제트[공보(公報)]라는 정기 간행물을 출판했습니다. 이 담화는 삼파스 아이양가르의 일기에서 발췌한 것입니다.

　　하나의 파라마트마에 네 가지 상태가 있는 것처럼, 하나의 사랑에도 네 가지 측면을 가지고 있습니다. 자성(磁性)에서 신성한 죽음에 이르는 네 가지 부분과 세분화에 관계없이 모든 것은 사랑입니다. 분열과 세분은 모든 것을 아우르는 하나의 사랑의 다른 측면일 뿐입니다. 이것은 필연적으로 모든 사람이 사랑을 가지고 있으며 사랑은 어디에나 존재한다는 것을 의미합니다.

　　네 번째 측면: 모든 무생물에는 네 번째 측면의 사랑이 있습니다.
　　사랑의 가장 낮은 측면을 자연적 사랑이라고 할 수 있습니다. 어떤 경우에는 지각할 수 있지만 어떤 경우에는 지각할 수 없습니다.

　　예를 들어, 자석에서는 끌어당기는 힘을 가진 가장 낮은 형태의 사랑이 분명하게 보입니다. 이 사랑의 가장 낮은 측면은 세분화할 수 없습니다. 그것은 단지 자성[자기(磁氣)]일 뿐입니다.

　　세 번째 측면: 모든 곤충, 새, 짐승, 그리고 사실 지구상에 사는 모든 생물에게 사랑이 있지만 그 안에 있는 사랑의 특징은 육감적이며 단순하고 순수합니다. 이 세 번째 측면의 사랑을 동물적 사랑이라고 합니다. 육감적인 사랑은 단순히 개인적인 욕망과 열정을 충족시키는 것을 목표로 합니다. 예를 들어 배고픈 호랑이가 사슴을 발견하면 어떻게 될까요?

　　사슴에 대한 사랑은 잔인한 육욕의 소유를 가져옵니다.
　　그 사슴을 잡는 방법은 그의 삶의 일시적인 목표가 됩니다.
　　이것이 사랑이지만 얼마나 낮은 형태의 사랑입니까!

Just as a lover is all restless and thinks only of reaching the beloved, so the tiger in this case, too, is very restless and remains so until he catches hold of the deer and becomes one with it. Like the human lover, the tiger leaves no stone unturned to succeed in his aim.

The second aspect: As inanimate things have love, it goes without saying the human beings have love too. In human beings love is in a higher aspect in comparison with love in inanimate objects and animals. This love in its second aspect is termed human love. This human love has four subdivisions: carnal love, which is the lowest; greedy love; selfish love; and selfless love, which is the highest aspect of human love.

The four sub-aspects of human love may be described as follows:
Carnal human love: All beings have more or less of this kind of love. We have already seen that the object of carnal love is to gratify desires and passions. In human beings it manifests itself in the same way as in mute creation.

When a person becomes hungry and thinks of a cake, love for the cake arises in him at once. In such circumstances, if he actually catches sight of a cake, what will be the result? The love for the cake in that person will be intensified. Like a lover, he will become impatient and will be eager to catch hold of that cake and become one with it. The same can be said of any vulgar desire in the man - his restlessness for its fulfilment and his satisfaction after becoming one with the desired object. This is also love, but, mind you, the lowest form of love in the human being.

Greedy human love: This form of love is imbued with desires for revenge, publicity, money. Think of a usurer and his love of money. Until he succeeds in collecting just as much money as his ambition claims, he can enjoy neither sleep nor food. His beloved is money. His passion for money is generally termed avarice, but it is love in a lower form.

마치 연인이 안절부절못하고 사랑하는 사람에게 다가갈 생각만 하는 것처럼, 이 경우의 호랑이도 사슴을 붙잡고 사슴과 하나가 될 때까지 매우 안절부절못하고 그렇게 지내게 됩니다. 인간 연인과 마찬가지로 호랑이는 자신의 목표를 달성하기 위해 모든 노력을 아끼지 않습니다.

두 번째 측면: 무생물에도 사랑이 있듯이 인간에게도 사랑이 있다는 것은 말할 필요도 없습니다. 인간에게 있어서 사랑은 무생물이나 동물의 사랑에 비해 더 높은 측면에 있습니다. 이 두 번째 측면의 사랑을 인간적 사랑이라고 합니다. 이 인간의 사랑은 가장 낮은 측면인 육체적 사랑, 탐욕적 사랑, 이기적 사랑, 그리고 인간 사랑의 가장 높은 측면인 이타적 사랑 등 네 가지로 세분화됩니다.

인간 사랑의 네 가지 하위 측면은 다음과 같이 설명할 수 있습니다:
육체적 인간 사랑: 모든 존재는 이런 종류의 사랑을 어느 정도 가지고 있습니다. 우리는 이미 육체적 사랑의 목적이 욕망과 정열을 만족시키는 것임을 살펴보았습니다. 인간에게는 말없는 창조에서와 같은 방식으로 나타납니다.

어떤 사람이 배가 고파서 케이크를 생각하면 케이크에 대한 사랑이 한꺼번에 생깁니다. 그런 상황에서 그가 실제로 케이크를 본다면 어떤 결과가 나올까요? 그 사람의 케이크에 대한 사랑은 더욱 강해질 것입니다. 연인처럼 그는 조바심이 나고 그 케이크를 붙잡고 케이크와 하나가 되고 싶어 할 것입니다. 사람의 저속한 욕망에 대해서도 마찬가지입니다. - 그 성취에 대한 그의 불안과 원하는 대상과 하나가 된 후의 만족감에 대해 말할 수 있습니다. 이것도 사랑이지만 인간의 가장 낮은 형태의 사랑입니다.

탐욕스러운 인간의 사랑: 이러한 형태의 사랑은 복수, 유명세, 돈에 대한 욕망으로 가득 차 있습니다. 고리대금업자와 그의 돈에 대한 사랑을 생각해 보세요. 그는 자신의 야망만큼 많은 돈을 모으는 데 성공하기 전까지는 잠도 음식도 즐길 수 없습니다. 그의 사랑은 돈입니다. 돈에 대한 그의 열정을 일반적으로 탐욕이라고 부르지만, 그것은 더 낮은 형태의 사랑입니다.

The condition of a fame-craving man is the same as that of an avaricious man. You may call him ambitious, but it cannot be gainsaid that he is in love with publicity. And what an ardent lover he is! He will give garden parties for officials; he will lavish gifts upon pressmen to promote him and, of course, he will do such public service as will bring him great fame.

One more example: Suppose A calls B bad names without any adequate reason. What will B suddenly get in his head or heart? Anger, yes, but anger is reversed love and nothing else. The hand of B will feel the same twitches and twinges that a restless lover feels to become one with the most unguarded portion of the person of A. And only when the fists of B have become one with the neck of A will B become satisfied.

Both the above aspects of human love require a beloved in the gross form. The object must be tangible. Hence these two sub-aspects of human love are connected directly with gross objects.

Selfish and selfless human love: These two aspects of human love differ from the two preceding ones in one respect. Unlike carnal and greedy love, selfish and selfless human love pertain to the mind and therefore it matters little whether the beloved is a gross or a mental object. Consider the love of a father for his son. The father loves the son and is devoid of vulgar desires to beat the boy. But suppose he loves the boy with the idea that the boy, when he grows up, will work and earn money for him and thus be a support to him in his old age.

Now if the boy grows into an idle, pleasure-loving and troublesome youth, the father will most probably turn him out of the house. True, he loves the boy, but his love is essentially selfish. The father is in love, not so much with the son as with the hope of gain through the son.

명성을 갈망하는 사람의 상태는 탐욕스러운 사람의 상태와 동일합니다. 당신은 그를 야심 차다고 부를 수 있지만 그가 홍보를 좋아한다는 것은 당연한 일입니다. 그리고 그는 얼마나 열렬한 애호가입니까! 그는 관리들을 위해 정원 잔치를 열고, 자신을 홍보하기 위해 언론인들에게 선물을 아낌없이 주며, 물론 그에게 큰 명성을 가져다 줄 공공 서비스를 할 것입니다.

한 가지 예를 더 들어보겠습니다: A가 적절한 이유 없이 B에게 욕설을 했다고 가정해 봅시다. B의 머리나 가슴에는 갑자기 어떤 생각이 들까요? 분노, 네, 하지만 분노는 거꾸로 된 사랑이지 다른 것은 아닙니다. B의 손은 안절부절못하는 연인이 A의 가장 부주의한 부분과 하나가 되기 위해 느끼는 것과 동일한 경련과 아픔을 느낄 것입니다. 그리고 B의 주먹이 A의 목과 하나가 되었을 때만 B는 만족하게 됩니다.

위의 두 가지 인간 사랑의 측면 모두 물질적 형태의 사랑하는 사람이 필요합니다. 그 대상은 실체적이어야 합니다. 따라서 인간 사랑의 이 두 가지 하위 측면은 물질적 대상과 직접적으로 연결됩니다.

*자애적(自愛的)*이고 이타적인 인간 사랑: 이 두 가지 인간 사랑의 측면은 앞의 두 가지 측면과 한 가지 점에서 차이가 있습니다. 육체적이고 탐욕스러운 사랑과 달리 자애적이고 이타적인 인간 사랑은 마음과 관련이 있기 때문에 사랑하는 사람이 육체적인 대상인지 정신적인 대상인지는 거의 중요하지 않습니다. 아들에 대한 아버지의 사랑을 생각해 보세요. 아버지는 아들을 사랑하고 소년을 때리려는 저속한 욕망이 없습니다. 그러나 그가 소년이 자라서 그를 위해 일하고 돈을 벌어서 노년기에 그를 부양할 것이라는 생각으로 그 소년을 사랑한다고 가정해 보세요.

이제 소년이 게으르고 쾌락을 좋아하고 성가신 청소년으로 성장하면 아버지는 아마도 그를 집 밖으로 내쫓을 것입니다. 사실입니다. 그는 소년을 사랑하지만 그의 사랑은 본질적으로 이기적입니다. 아버지는 아들을 사랑하는 것이 아니라 아들을 통해 이득을 얻으려는 희망으로 사랑에 **빠졌습니다**.

Now take the example of mothers love for her child. It is generally seen that the mother's love for her child remains the same whatever happens, even if the child does not rise to her expectations. This is selfless love, but not the highest type, since the mother loves her own child.

There is self in her love. The highest human love is that which is devoid of all hopes, interests, desires and expectations; in other words, that which is perfectly selfless and disinterested. And such love is found only in those whom we call heroes and heroines. Unless a person is spiritually minded, he or she cannot be possessed of this aspect of love.

It will be seen from the above that natural love, animal love and human love, with its four sub-divisions, are but different aspects of the all-pervading Love. Be it noted that all the sub-aspects of human love can be created and controlled by die jivatman [individual soul] in himself.

The first aspect : It must be borne in mind that the highest human love is not the highest love; Divine Love is the highest aspect of all-pervading Love. One who gets Divine Love gets God. Divine Love itself is a mighty Ocean. It enables the jivatman to become Paramatma. Divine Love is beyond reason and intellect and so beyond creation.

Nobody can create this highest aspect of love in himself, unlike the other, lower aspects of love. Divine Love is given and not created. It is a gift from Paramatma in the Shivatman[God-conscious soul] state to the jivatman. Divine Love may be defined as the love for Paramatma by which a jivatman becomes in the end one with Paramatma.

–Teachings, Discourses of Meher Baba, pp.165-167

이제 어머니의 자녀에 대한 사랑의 예를 들어 보겠습니다. 일반적으로 어머니의 자식에 대한 사랑은 자식이 자신의 기대에 부응하지 않더라도 어떤 일이 있어도 변함없이 변하지 않는 것이 일반적입니다. 이것은 이타적인 사랑이지만 어머니가 자신의 아이를 사랑하기 때문에 가장 높은 유형은 아닙니다.

그녀의 사랑에는 자아가 있습니다. 인간의 가장 높은 사랑은 모든 희망, 이익, 욕망 및 기대가 없는 사랑, 즉 완전히 이타적이고 무관심한 사랑입니다. 그리고 그러한 사랑은 우리가 영웅과 여걸이라고 부르는 사람들에게서만 발견됩니다. 영적인 마음을 가진 사람이 아니라면 이러한 사랑의 측면을 소유할 수 없습니다.

이상에서 자연적 사랑, 동물적 사랑, 인간적 사랑은 그 네 가지 하위 부문과 함께 모든 것을 포괄하는 사랑의 다른 측면에 불과하다는 것을 알 수 있습니다. 인간 사랑의 모든 하위 측면은 지바트만[개인의 영혼] 자신에 의해 창조되고 통제될 수 있다는 것을 주목하세요.

첫 번째 측면 : 인간의 가장 높은 사랑이 가장 높은 사랑이 아니라 신성한 사랑이 모든 것을 관통하는 사랑의 가장 높은 측면이라는 것을 명심해야 합니다. 신성한 사랑을 얻는 사람은 하나님을 얻습니다. 신성한 사랑 그 자체는 거대한 바다입니다. 그것은 지바트만[개별 영혼]이 파라마트마[대영혼]가 될 수 있게 해줍니다. 신성한 사랑은 이성과 지성을 초월하여 창조를 초월합니다.

사랑의 다른 낮은 측면과는 달리, 누구도 이 가장 높은 측면의 사랑을 자신 안에서 창조할 수 없습니다. 신성한 사랑은 주어지는 것이지 창조되는 것이 아닙니다. 그것은 쉬바트만[하나님을 의식하는 영혼] 상태의 파라마트마가 지바트만에게 주는 선물입니다. 신성한 사랑은 지바트만이 결국 파라마트마와 하나가 되는 파라마트마에 대한 사랑으로 정의될 수 있습니다.

-메허 바바의 담화, 가르침 165-167페이지

「 Unconditional Love 」

- Eruch Jessawala
  Satara, August 7, 1955

It was a great pleasure to read your joint letter to dear Baba and Baba too, felt no less happy to note all which you expressed in your letter.

Baba was deeply touched by your devotion and whole-hearted resignation to His will and He wants me to convey His love to all of you. Baba is now free from His seclusion work and so He is giving darshan to all His Bombay lovers.

Those who desire to have Baba's darshan or contact, should approach Baba only through their pure love for Him without expectation of any kind, whether material or spiritual. Henceforth, for all future contacts with His old or new devotees, Baba frees Himself from all promises, arrangements, undertakings and bindings. Only on the basis of pure and sincere love for Baba, should any further contacts be based or established.

I send this bit of information to help all Baba lovers in your group to decide for themselves once and for all, whether they would continue to hold fast to Baba's daaman with the tight grip of pure love alone.

『 조건 없는 사랑 』

-에루치 제싸왈라
1955년 8월 7일, 사타라

친애하는 바바에게 보내는 공동 편지를 읽는 것은 큰 기쁨이었고, 바바도 여러분이 편지에 표현한 모든 것에 그렇게 행복할 수 없다고 느꼈습니다.

바바는 여러분의 헌신과 그분의 뜻에 대한 전심 어린 사임에 깊은 감동을 받았으며, 그분은 제가 여러분 모두에게 그분의 사랑을 전하기를 원하십니다. 바바는 이제 은둔 생활에서 벗어나 봄베이에 있는 그분의 모든 러버에게 다르샨을 베풀고 계십니다.

바바의 다르샨이나 접촉을 원하는 사람들은 물질적이든 영적이든 어떤 종류의 기대도 없이 오직 그분에 대한 순수한 사랑으로 바바에게 다가가야 합니다. 이제부터, 바바는 그분의 이전 헌신자들이나 새로운 헌신자들과의 모든 접촉에 대해 모든 약속, 약정, 책임 및 구속에서 자신을 해방시킵니다. 오직 바바에 대한 순수하고 진실한 사랑에 기초해서만, 더 이상의 접촉이 이루어지거나 성립되어야 합니다.

저는 여러분 그룹에 속한 모든 바바 러버들이 순수한 사랑만으로 바바의 다만을 계속 굳게 붙잡을 것인지를 스스로 결정할 수 있도록 돕기 위해 이 정보를 보냅니다.

Many times in the past, Baba had stressed that to hold to Him with a grip containing an admixture of love and expectations, would mar the sublimity of the lover's love for the Beloved. The time has now come when the Beloved issues a direct challenge to all lovers to prove to the world at large that pure love for the Beloved expects nothing in return, while it continues to consume the self in the lover to fulfill the Divine Love of the Beloved.

The pure love of a lover of the Beloved is like the flame of a candle. When the lover becomes like the wick of the candle, the Beloved behaves as the wax and the grace of the Beloved then functions as the agency that sets the wick aflame.

The flame of pure love, aflamed by the grace of the Beloved, spreads the light of hope in the darkness of the heart, and while this flame continues to consume the wick, the wax helps the wick to sacrifice its all and glorifies the suffering through the light of the flame. Thus both the lover and the Beloved sacrifice their all to bring Divine Love to perfection.

When Baba was in the mood for giving discourses in the past, He had given the above example for Divine Love wherein both the Beloved and the lover suffer infinitely until the zenith of such love quenches the thirst of the lover and pacifies the expectations of the Beloved.

–The Ancient One, pp.180–181, ed Naosherwan Anzar

과거에 바바는 여러 번 사랑과 기대가 섞인 손아귀로 그분을 붙잡는 것은 비러벳에 대한 러버의 사랑의 숭고함을 손상시킬 것이라고 강조했습니다. 이제 비러벳이 모든 러버에게 직접 도전하여 비러벳에 대한 순수한 사랑은 대가를 기대하지 않으며, 비러벳의 신성한 사랑을 이루기 위해 러버의 자아를 계속 태워버린다는 것을 세상 전체에 증명할 때가 왔습니다.

비러벳에 대한 러버의 순수한 사랑은 촛불의 불꽃과 같습니다. 러버가 촛불의 심지와 같을 때, 비러벳은 밀랍처럼 행동하고 비러벳의 은총은 심지에 불을 붙이는 대리인 역할을 합니다.

은총으로 타오르는 러버의 순수한 사랑의 불꽃은 가슴의 어둠 속에서 희망의 빛을 퍼뜨리고, 이 불꽃이 심지를 계속 태우는 동안 밀랍은 심지가 모든 것을 희생하도록 돕고, 불꽃의 빛을 통해 고통을 영화롭게 합니다. 따라서 러버와 비러벳 모두 신성한 사랑을 완성하기 위해 모든 것을 희생합니다.

과거에 바바가 담화를 할 분위기에 있었을 때, 그분은 그러한 사랑의 절정이 러버의 갈증을 해소하고 러버의 기대를 진정시킬 때까지 비러벳과 러버 모두 무한히 고통받는 신성한 사랑에 대해 위의 예를 들었습니다.

-에인션트 원 180-181페이지, 나오셰르완 안자르 첨부

「 How Baba Creates Love 」

I met Sam Kerawala when I first went to live at Meherabad as a resident. He has been a great storyteller and would captivate the audience with stories of his interactions with Baba. In addition to this, he would even share Sufi stories he had read and memorized.

He and his entire family had a very close and intimate relationship with Baba. Knowing this, I once asked Sam, "At what point in time in your life did you begin to feel and perceive Baba as God? There are many Baba lovers like you who were born in Baba families, however, their conviction that Baba is God came only years later and in some cases it did not come all."

Sam replied, "I was born into a family that was totally dedicated to Baba. As a child, my parents introduced Baba as God to me and made me pray to Him. We had full faith in our parents and accepted whatever they said as a matter of fact."

I asked him another question.
"We hear many stories of how Baba needled His lovers and often that created a doubt in their minds about His divinity. Did you ever have any such experience around Baba?"

『 바바가 사랑을 만드는 방법 』

저는 메헤라바드에 거주자로 처음 살러 갔을 때 샘 케라왈라를 만났어요. 그는 훌륭한 이야기꾼이었으며 바바와의 교류에 대한 이야기로 청중을 사로잡곤 했습니다. 이에 더해 그는 자신이 읽고 암기했던 수피 이야기를 들려주기도 했습니다.

그와 그의 가족은 바바와 매우 친밀한 관계를 유지했습니다. 이런 사실을 알고 있던 저는 샘에게 "인생의 어느 시점에 바바를 신으로 느끼고 인식하기 시작했나요? 바바 가정에서 태어난 당신과 같은 많은 바바 러버들이 있지만, 바바가 하나님이라는 확신은 몇 년 후에야 생겨났고 어떤 경우에는 전혀 오지 않았습니다."라고 질문한 적이 있습니다.

샘이 대답하기를 "저는 전적으로 바바에게 헌신하는 가정에서 태어났습니다. 어렸을 때 부모님은 저에게 바바를 하나님으로 소개해 주셨고 그분께 기도하게 하셨습니다. 저희는 부모님을 전적으로 믿었고 부모님의 말씀을 사실로 받아들였습니다."

저는 그에게 또 다른 질문을 했습니다.
"우리는 바바가 어떻게 그분의 러버들을 괴롭혔는지에 대한 많은 이야기를 들었고, 그로 인해 종종 그분의 신성에 대한 의구심이 생겼습니다. 혹시 바바 주변에서 그런 경험을 한 적이 있나요?"

Sam replied, "I never ever had any doubts about Baba's divinity. However, there is one particular story which comes to mind about Baba needling me." Sam proceeded to share the following story.

"You know I have a brother Dadi Kerawara whem you have already met. On one occasion, when we were both with Baba attending His Sahavas, He turned to me and said, 'Sam, you love Me but I love Dadi.' I smiled at Baba and said with a nod, 'Baba whatever you say.' The next day again when we were with Him, Baba turned to me and repeated what He had said the previous day. 'Sam, you love Me but I love Dadi.' I smiled again and nodded in affirmation.

When Baba continued doing this for several days, I began to feel upset at the fact that Baba did not love me. He only loved Dadi. I had no idea what needed to be done by me to win over His love. So, one day when Baba said the same thing again, I mustered the courage and asked Him, 'Baba why is it that you only love Dadi and not me? What is it that I have to do to win over Your love?'

Baba smiled and said to me with great affection, 'It's not as you think. You already have love for Me in your heart whereas Dadi does not have it. So, I have to love him, for that will create love in his heart for Me. Because of My love for him, some day he will be able to love Me the way you love Me.'"

"When I heard Baba say that, all the upset feeling in my heart, which I was experiencing for the last few days, disappeared and I felt happy."

–The Real Treasure, pp.11-12, by Rustom B. Falahati

샘은 "저는 바바의 신성에 대해 의심한 적이 한 번도 없습니다. 하지만 바바가 저를 괴롭히는 것에 대해 한 가지 특별한 이야기가 있습니다."라고 말했습니다. 샘은 이어서 다음과 같은 이야기를 들려주었습니다.

"여러분도 이미 알고 있듯이 제게는 다디 케라왈라라는 형이 있습니다. 한 번은 우리 둘 다 바바의 사하바스[봉사활동]에 참석했을 때 그분은 '샘, 넌 나를 사랑하지만 나는 다디를 사랑한다.'라고 하셨어요. 저는 바바를 향해 미소를 지으며 고개를 끄덕이며 '바바 말씀대로 하세요.'라고 대답했죠. 다음 날 다시 그분과 함께 있을 때, 바바는 저를 향해서 전날에 했던 말을 반복했습니다. 전날 하신 말씀인 '샘, 너는 나를 사랑하지만 나는 다디를 사랑한다.'를 반복했습니다. 저는 다시 미소를 지으며 고개를 끄덕였습니다.

바바가 며칠 동안 계속 그렇게 하셨을 때, 저는 바바가 저를 사랑하지 않는다는 사실에 화가 나기 시작했습니다. 그는 오직 다디만을 사랑했습니다. 저는 그분의 사랑을 얻기 위해 제가 무엇을 해야 하는지 전혀 몰랐습니다. 그래서 어느 날 바바가 다시 같은 말을 하셨을 때 저는 용기를 내서 '바바, 왜 저를 사랑하지 않고 다디만 사랑하세요? 당신의 사랑을 얻으려면 제가 어떻게 해야 하나요?'라고 물었습니다.

바바는 미소를 지으며 '네가 생각하는 것과는 다르다'고 큰 애정을 담아 말씀하셨습니다. 너는 이미 가슴속에 나를 사랑하고 있지만 다디는 그렇지 않아. 그래서 내가 그를 사랑해야 나를 향한 그의 가슴에 사랑이 생길 것이야. 그를 향한 나의 사랑 때문에 언젠가는 그도 너가 나를 사랑하는 것처럼 나를 사랑할 수 있을 것이다.'

"바바의 그 말을 들었을 때, 지난 며칠 동안 제가 겪었던 모든 속상함이 사라지고 행복감을 느꼈습니다."

-진짜 보물 11-12페이지, 루스톰 B. 팔라하티 지음

「 Become Soldiers of God 」

Let us become the soldiers of God.
Let us struggle for the Truth.
Let us live not for our own selves but for others.
Let us speak truly, think truly and act truly.
Let us be honest, as God is Infinite Honesty.
Let us return love for hatred and win over others to God.
Let the world know that above everything, most dear to our hearts is God – the Supreme Reality.
I give you my blessings for the attainment of this Truth.

- Meher Baba
Meherabad, 1927

Everyone has weaknesses, but we must put all our weaknesses together and erect a tower of strength out of them.

For example, one thorn here, one thorn there, can be of no use. When scattered they only prick. But thorns put together can make a hedge that no one can enter. The same scattered thorns can become a source of protection when formed into a hedge. Similarly, all weaknesses put together can form a tower of strength*. (February, 1954; Tadepalligudem Andhra)

---

* The meaning of putting weaknesses together is that when one becomes aware of one's weaknesses and they are not put into action, then one builds control and becomes "a tower of strength."

『 하나님의 군사가 되세요 』

하나님의 군사가 되게 하소서.
진리를 위해 투쟁하게 하소서.
우리들 자신이 아닌 타인을 위해서 살게 하소서.
진심으로 말하고, 진심으로 생각하며 진심으로 행동하게 하소서.
하나님이 무한한 정직이시듯 정직하게 하소서.
미움에서 사랑으로 돌아와 다른 이들을 하나님께 향하게 하소서.
무엇보다도 우리의 가슴으로 가장 사랑하는 존재가
바로 지고한 실재이신 하나님임을 세상이 알게 하소서.
나는 이 진리의 성취를 위해 여러분에게 나의 축복을 드립니다.

-메허 바바
1927년 메허라바드

누구나 약점을 가지고 있지만, 우리는 모든 약점을 모아 강점의 탑을 세워야 합니다.

예를 들어 여기에 있는 가시 하나, 저기에 있는 가시 하나는 아무 소용이 없습니다. 흩어져 있으면 가시는 단지 찌르기만 할 뿐입니다. 하지만 가시가 모이면 아무도 들어올 수 없는 울타리를 만들 수 있습니다. 흩어져 있던 가시가 울타리를 이루면 보호의 원천이 될 수 있습니다. 마찬가지로 모든 약점이 모이면 강점의 탑을 이룰 수 있습니다.*(1954년 2월, 안드라 타데팔리구뎀)

---

* 약점을 합친다는 의미는 자신의 약점을 인식하고 그것을 행동으로 옮기지 않을 때 통제력을 키우고 "강점의 탑"이 될 수 있다는 것입니다.

Let us become as soldiers of God. Let us face all difficulties bravely and cheerfully. Let us struggle for the truth. Let us live not for ourselves but for others. Let us speak truly, think truly and act truly. Let us be honest, as God is Infinite Honesty. Let us return love for hatred and win others over to God. Let the world know that, above everything, the most dear to our hearts is God, the supreme Reality.

If we cannot find food for one and all, that should not deter us from feeding as many hungry as we can. Help we must, as much as we can, but it is no help to rob from Peter in order to pay Paul. There is also no point in reaching relief at one end by creating misery at the other. It would be equally unhelpful to think about temporary relief at the cost of a permanent one.

Put an end to all starvation of body, mind and heart once and for all. It is the birthright of every human being. To think and to make others think about humanity as divided into "helpers" and the helpless is to deny the birthright for the helpless and make the achievement all the more difficult for the helpers.

Instead of stressing the limitations of particular men, the emphasis should be placed upon ordinary human beings. Instead of stressing upon the need of "I" instead of ["me"] helping "you," or you helping "me," the emphasis has to be placed on "we" helping "us." Instead of becoming and making others helpless-minded, we should become and help others to become helpful-minded; and the best way out of all helplessness is to become and to make others as much broadminded as possible so that sooner or later we get to know by ourselves and for ourselves as to how infinitely God loves us all.

–Teachings, Discourses of Meher Baba, p42

하나님의 군사가 됩시다. 모든 어려움에 용감하고 명랑하게 임합시다. 진리를 위해 투쟁합시다. 우리 자신을 위해서가 아니라 남을 위해 삽시다. 진실하게 말하고, 진실하게 생각하며, 진실하게 행동합시다. 하나님은 무한한 정직자이신 것처럼 우리도 정직합시다. 증오를 사랑으로 바꾸고 다른 사람들을 하나님께로 인도합시다. 무엇보다도 우리 가슴에 가장 소중한 것은 최고의 실재이신 하나님이라는 사실을 세상에 알립시다.

우리가 모두의 식량을 구할 수 없다고 해서 가능한 한 많은 굶주린 사람들을 먹이는 일을 멈추게 해서는 안 됩니다. 우리는 할 수 있는 한 많이 도와야 하지만, 바울에게 돈을 주기 위해 베드로의 것을 빼앗는 것은 도움이 되지 않습니다. 또한 한쪽에서 불행을 초래하면서 다른 쪽에서 구호를 하는 것도 아무런 의미가 없습니다. 영구적인 구제 비용을 희생하면서 일시적인 구제를 생각하는 것도 마찬가지로 도움이 되지 않습니다.

몸과 마음, 그리고 심정의 모든 굶주림을 완전히 끝내야 합니다. 그것은 모든 인간의 타고난 권리입니다. 인류를 '돕는 자'와 '도움받는 자'로 나누어서 구분하여 생각하고 사고하게 만드는 것은 '도움받는 자'의 타고난 권리를 부정하는 것이며 '돕는 자'의 성취를 더욱 어렵게 만드는 것입니다.

특정인의 능력치를 강조하는 대신 평범한 인간에게 중점을 두어야 합니다. "나"를 돕든 "너"를 돕든 "나"가 아닌 "그대"의 필요성을 강조하는 대신에 우리들"이 "우리"를 돕는 것에 중점을 두어야 합니다. 다른 사람을 도움받는 자의 마음을 갖게 만드는 대신에, 다른 사람이 도움을 주는 자의 마음을 가질 수 있도록 도와야 합니다. 그리고 모든 무력함에서 벗어나는 최선의 방법은 가능한 한 넓은 마음을 가진 사람이 되고 조만간 하나님이 우리 모두를 얼마나 무한히 사랑하시는지 우리 스스로 알게 될 수 있도록, 가능한 한 다른 사람을 그렇게 만드는 것입니다.

-메허 바바의 담화, 가르침 42페이지

⌜ Baba's Divine Love ⌟

"It is not your love for Me that has brought you here, but My Love for you."

"I enjoy and suffer through you to make you aware that you are Infinite Love."

- Thanksgiving
Meher Center, Myrtle Beach, SC
November 27, 1969

When I was asked recently to speak to the New York group, it was a little difficult to decide what aspect of Baba's life to take. I knew many would be very new to Meher Baba's name; a few perhaps would be at a meeting for the first time, whilst others would be long-time members. If I were to ask what they would like, the answer would be: your experiences with Baba! But these are limited and have been already recorded in many of the Awakener magazines. Then one evening, sitting by the wood fire in Montreal, I recalled a saying of Meher Baba's that I came across just as I was leaving Myrtle Beach for Canada. Not knowing why, I slipped the sheet into my handbag and now saw the words: "Experiencing Divine Love is looking upon the Face of God." These words brought back an occasion in 1932 in England when Meher Baba and His men mandali were guests in my parents' London home.

Baba came into my room, sat down beside me, and spelled out on His alphabet board: "Which is greater—My love for you, or your love for Me?" I hesitated, then replied, "I suppose Your love for me."
Baba smiled.

Margaret Craske tells the story that on this first visit of Baba to our home, she was sleeping in the big bed and I on a mattress on the floor.

『 바바의 신성한 사랑 』

"여러분을 여기까지 데려온 것은 여러분이 나를 사랑한 것이 아니라 여러분을 향한 나의 사랑입니다."

"나는 여러분이 무한한 사랑이라는 것을 알리기 위해 여러분을 통해 즐기고 고통받습니다."

-추수감사절
사우스 케롤라이나 머틀 비치 메허 센터
1969년 11월 27일

최근에 뉴욕 그룹에 연설해 달라는 요청을 받았을 때 바바의 삶에서 어떤 모습을 취해야 할지 결정하기가 조금 어려웠습니다. 메허 바바의 이름을 처음 듣는 사람도 많고, 모임에 처음 참석하는 사람도 있을 것이고, 오랜 회원인 사람도 있을 테니까요. 이들에게 무엇을 원하냐고 물어본다면 대답은 '바바와의 경험'이겠죠! 하지만 이런 이야기는 이미 많은 어웨이크너 잡지에 기록되어 있습니다. 그러던 어느 날 저녁, 몬트리올의 장작불 옆에 앉아 있다가 머틀비치를 떠나 캐나다로 향하던 중 우연히 접한 메허 바바의 말이 떠올랐습니다. 이유도 모른 채 핸드백에 그 종이를 슬쩍 넣었는데 그 글귀가 보였습니다: "신성한 사랑을 경험하는 것은 하나님의 얼굴을 바라보는 것이다." 이 글귀는 1932년 영국에서 메허 바바와 그의 남자 만달리가 제 부모님의 런던 집에 손님으로 왔을 때의 일을 떠올리게 했습니다.

바바는 제 방에 들어와 제 옆에 앉더니 알파벳 판에 이렇게 적었습니다: "당신에 대한 나의 사랑과 나를 향한 당신의 사랑 중 어느 것이 더 위대한가요?" 저는 망설이다가 "저에 대한 당신의 사랑입니다"라고 대답했습니다.
바바는 미소를 지었습니다.

마가렛 크라스케는 바바가 우리 집을 처음 방문했을 때 그녀는 큰 침대에서, 저는 바닥의 매트리스에서 자고 있었다는 이야기를 들려줍니다.

In the middle of the night she woke up, suddenly conscious of someone shaking her, and saw me. "Kitty, what is the matter? Why are you crying?" I answered, "He is so beautiful—so wonderful." Next morning I had no recollection of the incident. The time was not ripe.

A few hours later, saying goodbye to Meher Baba as He stepped into the car (I had my hand on the doorknob) to take Him to the ashram outside London already prepared for Him by Meredith Starr, He turned around and, taking His alphabet board, spelled out: "Is there anything you want?" Without time to think or consider, I said, "An increased capacity to love and an increased capacity to serve—and yes," I said, "spontaneous goodness." I do not remember ever having given a thought to what I did want up to that moment. Can this incident have been an unconscious, spontaneous reaction to Baba's Divine Love? Baba again spelled out on His board: "You will have all in a very short while," and then the car departed.

This was thirty-eight years ago, but it seems like only yesterday. In those whom Baba contacts, "He awakens the Love that consumes selfish desires in the flame of the one desire to serve Him."*

The Greater Love. Baba's Divine Love. Let this be our theme for today. We know that be it our love for Baba or the greater Love, Baba's Love for us, both are gifts of Grace and both are contained in the One Divine Love. The Give and Take. But for now let it be the greater—Baba's Divine Love. A lovely thought for Thanksgiving. It is interesting to observe how today the emphasis is concentrated much more on the outpouring and impact of the Beloved's Infinite Love rather than on the personal love of the lover for Baba. This is a change of focus.

---

* "In those who contact [the Avatar] he awakens a love that consumes all selfish desires in the flame of the one desire to serve him." In "The Avatar," Meher Baba, Discourses (6th ed., 1967), vol. 3, p15.

한밤중에 갑자기 누군가 자신을 흔드는 것을 의식하고 깨어난 그녀는 저를 보았습니다. "키티, 무슨 일이에요? 왜 울어요?" 저는 "너무 아름다워요, 너무 멋져요"라고 대답했습니다. 다음날 아침 저는 그 사건에 대해 전혀 기억이 나지 않았습니다. 때가 무르익지 않았기 때문입니다.

몇 시간 후, 메러디스 스타르가 이미 준비한 런던 외곽의 아쉬람으로 데려가기 위해 메허 바바와 작별 인사를 나누며 차에 올라타자(나는 손잡이에 손을 잡고 있었습니다), 그는 뒤돌아서서 알파벳 판을 들고 이렇게 말했습니다: "원하는 것이 있어요?" 저는 생각하거나 고려할 시간도 없이 "사랑할 수 있는 능력과 섬길 수 있는 능력의 확장이요"라고 말했고, "자발적인 선(善)함"이라고 대답했습니다. 그 순간까지 제가 무엇을 원했는지 생각해 본 적이 없습니다. 이 사건은 바바의 신성한 사랑에 대한 무의식적이고 자발적인 반응이었을까요? 바바는 다시 글자판에 이렇게 적었습니다: "당신은 곧 모든 것을 갖게 될 것입니다." 그리고 차는 출발했습니다.

38년 전의 일이지만 엊그제 일처럼 느껴집니다. 바바는 접촉하는 이들에게 "그분을 섬기려는 하나의 욕망의 불꽃으로 이기적인 욕망을 소멸시키는 사랑을 일깨웁니다."라고 말합니다.*

더 큰 사랑. 바바의 신성한 사랑. 이것이 오늘 우리의 주제가 되겠습니다. 우리는 바바에 대한 우리의 사랑이나 더 큰 사랑이든, 우리를 향한 바바의 사랑이든 모두 은총의 선물이며 둘 다 하나의 신성한 사랑 안에 담겨 있음을 알고 있습니다. 주고받는 것입니다. 그러나 지금은 더 큰 바바의 신성한 사랑으로 합시다. 추수감사절을 맞아 좋은 생각입니다. 오늘날 바바에 대한 러버의 개인적인 사랑보다는 비러벳의 무한한 사랑의 부어 주심과 영향에 훨씬 더 집중되어있는 것을 관찰하는 것은 흥미롭습니다. 이것은 초점의 변화입니다.

---

* "[아바타]와 접촉하는 사람들에게서 그는 그를 섬기려는 하나의 욕망의 불꽃으로 모든 이기적인 욕망을 소멸시키는 사랑을 일깨워줍니다." 메허 바바의 『담화』(1967년 제6판), 3권 15페이지 "아바타"에서

This quickening of Baba's Work is especially noticeable since Baba gave up His earthly form. From Europe one person writes: "The Baba lovers feel the intensity of Baba's Love and grace very strongly—a surge of love so great as is now outpouring cannot be ignored." And from London: "It is as if a breathtaking tempo had been speeded up fivefold—Baba seems to have no time to waste a single second in this stage of personal and universal outgoing. His Divine Love is evident everywhere at work."

Another tells how he came to a meeting for the first time in Schenectady, New York. Baba's discourse on Love was being read. The writer relates that it was as though he were enveloped by a great fire. The Love was so powerful. And he had only heard of Baba a short while ago. Many such letters have come to the Center, and I am sure many of you have received letters of this kind. As I remember, it is true that during the two or three early years of our constant association with Baba, the predominant thought was our love for Him. Our emotions, aspects of love which Baba says are not bad yet are quite different from Love, Baba accepted and encouraged.

He took us many times to Europe, wrote us many letters through His mandali, signed by Him, to which we had to reply. We wrote back telling Him how much we missed Him and longed for His return.

Cables went back and forth sending our love to Baba and Baba's reply saying how happy our love made Him, how He understood our longing, and sending all His Love. Many hours were spent with Baba, playing games, laughing and singing, telling jokes, playing charades, and a few serious talks, all parts of Baba's Divine Game to win our love, to prepare us for work ahead.

At this point, Baba was our dearest friend rather than Master. We knew little of Masters or the spiritual path.

이러한 바바 사역의 가속화는 바바가 세속적인 형태를 포기한 이후 특히 두드러집니다. 유럽에서 온 한 사람은 "바바를 사랑하는 사람들은 바바의 사랑과 은혜의 강렬함을 매우 강하게 느낍니다. 지금 쏟아져 나오는 것처럼 큰 사랑의 물결은 무시할 수 없습니다."라고 썼습니다. 그리고 런던에서는 "마치 숨막히는 템포가 5배 빨라진 것 같습니다. 바바는 이 개인적이고 우주적인 발산의 단계에서 단 1초도 낭비할 시간이 없는 것 같습니다. 그분의 신성한 사랑은 사역의 모든 곳에서 분명하게 드러납니다."

또 다른 이야기는 그가 뉴욕 스키넥터디(미국 뉴욕주 동부, 모호크 강에 임한 도시)에서 처음으로 집회에 참석하게 된 계기를 들려줍니다. 그곳에서 바바의 사랑에 관한 담화를 읽고 있었습니다. 작가는 마치 큰 불길에 휩싸인 것 같았다고 이야기합니다. 그 사랑은 너무나 강력했습니다. 그리고 그는 얼마 전에야 바바에 대해 들었습니다. 이런 편지가 센터에 많이 왔고, 여러분 중 많은 분들이 이런 종류의 편지를 받았을 것입니다. 제가 기억하기로는, 우리가 바바와 지속적으로 교제하던 초기 2~3년 동안 지배적인 생각은 그분에 대한 우리의 사랑이었다는 것이 사실입니다. 바바가 아직 나쁘지 않다고 말하는 우리의 감정과 사랑의 양상은 바바가 받아들이고 격려한 사랑과는 상당히 다릅니다.

그분은 우리를 유럽으로 여러 번 데려가셨고, 만달리를 통해 그분의 서명이 담긴 편지를 많이 써 주셨으며 우리는 답장을 보내야 했습니다. 우리는 그분을 얼마나 그리워하고 그분의 귀환을 갈망하는지 답장을 보냈습니다.

전보는 바바와 바바의 답장에 우리의 사랑을 보내며 우리의 사랑이 그분을 얼마나 기쁘게 했는지, 그분이 우리의 그리움을 어떻게 이해하는지, 그리고 모든 사랑을 보내는지를 말해주었습니다. 많은 시간을 바바와 함께 게임을 하고, 웃고 노래하며, 농담을 하고, 캐릭터를 연기하고 진지한 대화를 나누면서 우리의 사랑을 얻고 앞으로의 일을 준비하기 위한 바바의 신성한 게임의 일부로 보냈습니다.

이 시점에서 바바는 스승이라기보다는 우리의 가장 소중한 친구였습니다. 우리는 스승이나 영적인 길에 대해 거의 알지 못했습니다.

Once or twice I recall Baba spelled out on His alphabet board: "I am Krishna, I am Buddha, I am Jesus," and in letters He would end with, "I am Infinite Power, Infinite Love, Infinite Bliss."

We always noted that with Baba there is a constant change in His way of working with His disciples. In 1933 He asked us if we would come to India. We accepted. Our families and friends thought we were fanatics, hypnotized, and would return disillusioned. No matter, we went, and in India faced our first test. Baba had invited us for one year, during which we were to find others to carry on our jobs at home. The visit was to include seeing the women mandali, a visit to the famous Taj Mahal in Agra, then north to Kashmir, returning via Colombo, Ceylon—from where we were to go to China with Baba, visit my brother Herbert Davy, who was working with the League of Nations Exchange Program, and lastly, to Hollywood, California.

It was a trip planned by Beloved Baba, as His secretary Chanji wrote in a letter, for our joy and happiness. In less than three weeks after landing in Bombay, we were back home again in London and New York—back in our old jobs.

This was our first test. In Agra, Baba called each separately to His room and asked if we loved Him, to which we replied individually, "Yes, Baba!"

He then asked, "Will you do something for Me? It might be necessary to send you back to the West earlier than first planned"—to which each of us replied, "Yes, if it is what You want, Baba." Said Baba, "It is for My work."

We were to hear these same words over and over again. "For My work." Our first test. Baba knew now He could rely on our love and that we would obey Him. First love, then obedience. This is Baba's way!

한두 번은 바바가 알파벳 판에 이렇게 적었던 기억이 납니다: "나는 크리슈나입니다. 나는 부처입니다. 나는 예수입니다." 그리고 편지로 "나는 무한한 힘, 무한한 사랑, 무한한 지복입니다."라고 끝맺으시곤 했습니다.

우리는 항상 바바가 제자들과 함께 일하는 방식에 끊임없는 변화가 있음을 주목했습니다. 1933년에 그분은 우리에게 인도에 오겠냐고 물으셨습니다. 우리는 수락했습니다. 가족과 친구들은 우리가 광신도이고 최면에 걸려 환멸을 느끼고 돌아올 것이라고 생각했습니다. 어쨌든 우리는 갔고 인도에서 첫 번째 시험에 직면했습니다. 바바는 우리를 1년 동안 초청했고, 그 기간 동안 우리는 집에서 일을 계속할 다른 사람들을 찾아야 했습니다. 방문 일정은 여성 만달리를 보고, 아그라의 유명한 타지마할을 방문한 다음 북쪽으로 카슈미르로 가서 실론의 콜롬보를 거쳐 돌아와 바바와 함께 중국으로 가서 국제연맹 교류 프로그램에서 일하던 제 동생 허버트 데이비를 방문하고 마지막으로 캘리포니아의 할리우드로 가는 것이었습니다.

비러벳 바바의 비서 찬지가 편지에 쓴 것처럼 우리의 기쁨과 행복을 위해 바바가 계획한 여행이었습니다. 봄베이에 도착한 지 3주도 채 되지 않아 우리는 다시 런던과 뉴욕으로 돌아와 예전 직장으로 돌아갔습니다.

이것이 우리의 첫 번째 테스트였습니다. 아그라에서 바바는 저희를 방으로 따로 불러 사랑하느냐고 물었고, 저희는 "네, 바바!"라고 일일이 대답했습니다.

그런 다음 그분은 "나를 위해 무엇을 해줄 수 있나요?"라고 물으셨습니다. 처음 계획보다 일찍 서방으로 돌려보내야 할지도 모른다고 말하셨고, 우리 각자는 "네, 당신이 원하신다면요, 바바"라고 대답했습니다. 바바는 "그것은 나의 일을 위한 것입니다"라고 말했습니다.

우리는 같은 말을 계속해서 반복해서 듣게 되었습니다. "나의 일을 위해서입니다." 우리의 첫 번째 시험입니다. 바바는 이제 우리의 사랑에 의지할 수 있고 우리가 그분께 순종할 것이라는 것을 알았습니다. 첫사랑, 그리고 순종. 이것이 바바의 방식입니다!

Baba looked so pained and sad to tell us this, but He still had a treat ahead for us. For the next ten days He took us up to Kashmir to see the place on the slope of the mountain where Jesus' body had been carried after the Crucifixion and where Baba Himself had been in seclusion for many months on only water brought to a spot near Him. Then on to Kashmir, where we spent three days in houseboats on the Jammu River.

Yes, we loved Baba, but did we understand or know how much Baba loved us? That we were experiencing extreme restlessness of the heart and ceaseless longing to be with Baba was a fact, and this was visible to our families, of course. Children we were, and children indeed we remained. Baba stated thirty years later, in 1962: "I have been patient and indulgent, for you have been children in My Love. I want to give you my Love. I want you to be more mature in My Love."*

He reminded those who were unable to make it to India in 1962 for the East-West Gathering not to feel disheartened, for His Love was with them as always, and especially so at this time. And to those who were able to be present, He said that they were to feel afresh His love in their hearts: "It is not your love for Me that has brought you here, but My Love for you." The greater love—His Divine Love—beyond comparison. The Real Gift.

Yes, the emphasis was now on His Love for us and on our awakening to a higher consciousness of His Love.

---

*From the message "My Dear Workers," given at the 1962 East-West Gathering: "I have been patient and indulgent over the way you have been doing these things, because you have been very young children in my love, and children must have some sort of games to play. But now you are older, and are beginning to realize that there is a greater work ahead of you than what you have been doing."

바바는 이 말을 하기에 너무 고통스럽고 슬퍼 보였지만, 우리를 위한 대접이 기다리고 있었어요. 그 후 열흘 동안 바바는 우리를 카슈미르로 데려가 십자가에 못 박힌 후 예수님의 육신이 옮겨졌던 산비탈의 장소와 바바 자신이 몇 달 동안 물만 마시며 은둔했던 곳을 보여 주었습니다. 그리고 카슈미르로 가서 잠무 강에서 하우스보트를 타고 사흘을 보냈습니다.

예, 우리는 바바를 사랑했지만 바바가 우리를 얼마나 사랑했는지 이해하거나 알고 있었을까요? 우리가 극심한 마음의 불안과 바바와 함께하고 싶은 끊임없는 갈망을 경험하고 있었다는 것은 사실이었으며, 이것은 물론 우리 가족들에게도 보였습니다. 우리는 어린아이였고, 우리는 정말로 아이들이었습니다. 바바는 30년 후인 1962년에 이렇게 말했습니다: "나는 여러분이 내 사랑 안에서 자녀였기에 인내와 관용을 베풀었습니다. 나는 여러분에게 내 사랑을 주고 싶습니다. 나는 여러분이 내 사랑 안에서 더욱 성숙해지기를 바랍니다."*

1962년 동서 모임에 참석하기 위해 인도에 가지 못한 사람들에게 그분의 사랑이 언제나 그렇듯이, 특히 이때는 더욱 그러하니 낙담하지 말라고 당부하셨습니다. 그리고 그 자리에 참석할 수 있었던 사람들에게 그분은 가슴속에서 그분의 사랑을 새롭게 느껴야 한다고 말씀하셨습니다: "여러분을 여기까지 데려온 것은 여러분이 나를 사랑한 것이 아니라 여러분을 향한 나의 사랑입니다." 그분의 신성한 사랑은 비할 바 없는 위대한 사랑이자 실재 선물입니다.

예, 이제 강조점은 우리를 향한 그분의 사랑과 그분의 사랑에 대한 더 높은 의식에 대한 우리의 각성에 있습니다.

---

* 1962년 동서 모임에서 "사랑하는 일꾼 여러분"이라는 메시지에서 발췌한 내용입니다: "여러분은 내 사랑 안에서 아주 어린 아이들이었고, 아이들은 반드시 어떤 종류의 놀이를 해야 하기 때문에 나는 여러분이 이런 일을 하는 방식에 대해 인내하고 관대했습니다. 그러나 이제 여러분은 나이가 들었고, 여러분이 해온 일보다 더 큰 일이 자신 앞에 있다는 것을 깨닫기 시작했습니다."라고 말했습니다.

In The New Yorker of June 1969, one of the group interviewed by the press on her return from the Great Darshan in India was asked to tell of her trip.*

She paused a very long time to think, and one of her statements was: "The thing that really zapped me was the darshan. You're in the presence all the time of God." She had never seen Baba in human form, because when she had the opportunity in 1962, honesty made her refuse Baba's invitation, since Baba had explicitly said that the 1962 Darshan was for His close ones, His lovers, and she did not feel she was one of these as yet.

She asked herself if she loved Baba, and because she was not sure of the answer she felt she could not go to Him. See what Baba's release of Divine Love had now done.

She now experienced some awareness of His Love. In 1962 she had not been sure of her love for Baba, but she did know how to obey, and Baba says obedience is greater than love in the relation of disciple to Master.

I want to read a few excerpts from a letter I received a few days ago, which bears on our theme: Baba's Divine Love. Here, too, the writer had never met Baba in physical form, and his yearning to see Baba was so great that in a moment of intense feeling and emotion he announced to me one Sunday morning: "I can't go on! I must go to India to see Baba." I persuaded him to write first. He did. The reply came: "We are all waiting to see Baba when He comes out of seclusion. The best thing to do is to go on working and wait for the call."

---

* Dede Mavris, quoted in James Ivory, The Talk of the Town, "Jai Baba!" The New Yorker, June 21, 1969, p31.

1969년 6월호 뉴요커에서, 인도의 그레이트 다르샨에서 돌아온 후 언론과 인터뷰한 일행 중 한 명이 여행에 대해 이야기해 달라는 요청을 받았습니다.*

그녀는 한참을 생각에 잠기더니 이렇게 말했습니다: "저를 정말 깜짝 놀라게 한 것은 다르샨이었습니다. 당신은 늘 하나님의 임재 안에 있습니다."라고 말했습니다. 그녀는 1962년에 기회가 있었을 때 바바가 1962년 다르샨은 그분의 가까운 사람들, 그분의 러버들을 위한 것이라고 명시적으로 말했기 때문에 정직하게도 바바의 초대를 거절했기 때문에 인간의 모습으로 바바를 본 적이 없었고, 그녀는 아직 자신이 여기에 해당하지 않는다고 느꼈기 때문입니다.

그녀는 자신이 바바를 사랑하는지 스스로에게 물었고, 그 답을 확신할 수 없었기 때문에 그분께 갈 수 없다고 느꼈습니다. 이제 바바의 신성한 사랑의 방출이 어떤 결과를 가져왔는지 보십시오.

그녀는 이제 그분의 사랑에 대해 어느 정도 알게 되었습니다. 1962년에 그녀는 바바에 대한 사랑을 확신하지 못했지만 순종하는 법을 알았고, 바바는 제자와 스승의 관계에서 순종이 사랑보다 더 크다고 말했습니다.

며칠 전에 받은 편지 중 몇 가지를 발췌하여 오늘 주제와 관련된 바바의 신성한 사랑에 관한 내용을 읽어드리고자 합니다: 여기서도 작가는 바바를 직접 만난 적이 없었고, 바바를 만나고 싶은 열망이 너무 커서 어느 일요일 아침 강렬한 느낌과 감격의 순간에 저에게 이렇게 말했습니다: "더는 못 참겠어요! 바바를 만나러 인도로 가야겠어요!"라고 말했습니다. 저는 그에게 먼저 글을 써보라고 설득했습니다. 그는 그렇게 했습니다. 답장이 왔어요: "우리 모두는 바바가 은둔에서 나올 때를 기다리고 있습니다. 가장 좋은 방법은 일을 계속하면서 부름을 기다리는 것입니다."

---

* 제임스 아이보리에서 인용한 데데 마브리스의 도시의 이야기, "제이 바바!" 31페이지, 1969년 6월 21일 뉴요커.

Now he writes in October 1969: "I saw darshan as the beginning, not the end, of my relationship with Baba, the Real Baba, who it was now up to me to find. I asked Bhau how we were going to 'follow' Baba; and he said, 'He has left many tracks.' So now I scan this track every day for some hint of 'which way He went.' I have no time to 'look back,' to a Baba that lived and died in India; my business is with the real Baba who lives in the heart, and I am determined, with His grace, to follow Him wherever He leads, even though it seems to be away from Him. For I believe—no, I know—that Baba is leading me toward Him, though the path is winding and full of knots. As Coomaraswamy says, 'even the knots are tied with the one true thread, which, if held to and followed through to the end, without looking back, will lead to God, or the true Self.'"

The Real Baba is the Divine Love of our theme today, which Baba says is His gift to mankind. A fire that burns ever within and expresses itself in spontaneous sacrifice and selfless service. But why did Baba take a human incarnation if it were not to reveal Divine Love as a way of Life, as a way of work and action? We need not necessarily look back, but we must keep before us His egoless life lived in both East and West. Read The God-Man,* The Wayfarers†—learn all we can.

Says Baba: "The book I will give you to read will be My book—the book of the heart. This is all you need to know."‡

---

* C. B. Purdom, The God-Man: The Life, Journeys and Work of Meher Baba with an Interpretation of His Silence and Spiritual Teaching (North Myrtle Beach, SC: Sheriar Press, 1971).

† William Donkin, The Wayfarers: An Account of the Work of Meher Baba with the God-Intoxicated, and Also with Advanced Souls, Sadhus, and the Poor (North Myrtle Beach, SC: Sheriar Foundation, 2001 [1969]).

‡ "The Book that I shall make people read is the Book of the Heart which holds the key to the mystery of life." Message to Reporters and Press Representatives Given on board the S.S. Bremen in New York on May 19, 1932.

이제 그는 1969년 10월에 글을 씁니다: "나는 다르샨을 실재 바바인 바바와의 관계의 끝이 아니라 시작이라고 생각했고, 이제 그 바바를 찾는 것은 나에게 달려 있다고 생각했습니다. 저는 바우에게 어떻게 하면 바바를 '따라갈' 수 있는지 물었고, 그는 '바바는 많은 흔적을 남겼습니다'라고 말했습니다. 그래서 지금은 매일 그 흔적을 훑어보며 '그분이 어느 길로 갔는지'에 대한 힌트를 찾고 있습니다. 저는 인도에서 살다 돌아가신 바바를 '돌아볼' 시간이 없습니다. 제 관심사는 가슴속에 살아계신 실재 바바와 함께하며, 그분의 은혜로 그분이 인도하는 곳이라면 비록 멀리 떨어져 있는 것 같아도, 어디든 그분을 따라가기로 결심했습니다. 비록 그 길이 구불구불하고 매듭으로 가득하지만 바바가 저를 그분께로 인도하신다는 것을 믿기 때문입니다. 쿠마라스와미가 말했듯이 '매듭조차도 하나의 참된 실로 묶여 있으며, 뒤돌아보지 않고 끝까지 붙잡고 따라가면 하나님 또는 참된 자아로 인도할 것입니다.'"

실재 바바는 오늘 우리의 주제인 신성한 사랑이며, 바바는 이것이 인류에게 주는 선물이라고 말합니다. 내면에서 끊임없이 타오르며 자발적인 희생과 이타적인 봉사로 자신을 표현하는 불입니다. 그러나 삶의 방식, 일과 행동의 방식으로서 신성한 사랑을 드러내지 않았다면 왜 바바는 인간의 화신을 취하셨을까요? 우리는 반드시 뒤를 돌아볼 필요는 없지만, 동서양에서 살았던 그분의 이타적인 삶을 우리 앞에 간직해야 합니다. 갓맨*과 여행자†를 읽고 우리가 할 수 있는 모든 것을 배워보세요.

바바가 말합니다: "내가 여러분에게 읽으라고 주는 책은 나의 책, 즉 가슴의 책이 될 것입니다. 이것이 여러분이 알아야 할 전부입니다."╪

---

* 찰스 벤자민 퍼돔의 갓맨: 메허 바바의 삶, 여정, 사역과 그의 침묵과 영적 가르침에 대한 해석 (노스 머틀 비치, SC: 1971년 세리아르 출판).
† 윌리엄 돈킨의 여행자: 신에 도취한 자, 그리고 고급 영혼, 사두, 가난한 자들과 함께한 메허 바바의 사역에 대한 설명 (노스 머틀 비치, SC : 세리아르 출판사 발행 2001년[1969년]).
╪ "내가 사람들에게 읽게 할 책은 인생의 신비에 대한 열쇠를 쥐고 있는 가슴의 책입니다." 1932년 5월 19일 뉴욕의 S.S. 브레멘호 선상에서 기자 및 언론사 대표들에게 전한 메시지.

Divine Love is the book of the heart. You like to hear experiences with Meher Baba—here is one on the present subject. In the year 1933 we were with Baba in Lake Lugano, Italy. Baba had taken us for a day's outing by boat across the lake and a walk up the hillside. We played games, and Ping-Pong was one of them. In the midst of our laughing and happy, carefree mood, Baba quietly put down the Ping-Pong bat, walked across the room, and took down from the hat stand in the corner a black silk top hat. Holding it with the hollow going away from us, and with Dr. Ghani interpreting, He said, "This way you look outward"; turning the hat around, He then said, "Now you look inwards—you must learn to look within. There you will find Me in the heart. You will experience My Real Being—Infinite Love."

Later Dr. Ghani reproved us for our lack of attention and understanding during Baba's explanation. Some had giggled and appeared not interested, and one remarked, I recall, that she loved Baba, wasn't that enough? Dr. Ghani continued that seldom did Baba give explanations anymore, and to spoil the mood was not good. And Baba turned to us and said, "What would you like to do?" We went out and continued walking on the mountain. Sometime later, I asked Adi Sr. how best to serve Baba. He replied, "Not to criticize and backbite, and to study Baba's moods, whether gay or serious."

Now back to the present. It was during my recent visit to Canada that one evening, as I was sitting alone, the thought of current events in India surged up in my mind. Meher Baba's suffering of the last few years, His constant tiredness, His long seclusions and fasts, along with the culminating events of the last year in Meherazad. Baba's words: "My suffering is begotten of my compassion and love of mankind."*

---

* "I expect from you a deep understanding of my self-imposed suffering, which is begotten of my compassion and love for mankind." Charles Purdom, "The American Sahavas with Meher Baba, May 19th–May 30th, 1958," The Awakener Magazine, vol. 5, no. 3 (Special Sahavas Issue 1958), p3.

신성한 사랑은 가슴의 책입니다. 여러분은 메허 바바와의 경험을 듣고 싶어 하는데, 여기 현재 주제에 대한 경험이 있습니다. 1933년에 우리는 이탈리아 루가노 호수에서 바바와 함께 있었습니다. 바바는 우리를 데리고 배를 타고 호수를 건너고 언덕을 산책하는 하루 나들이를 떠났습니다. 우리는 게임을 했는데 탁구도 그중 하나였습니다. 우리가 웃고 행복하고 평온한 분위기 속에서 바바는 조용히 탁구채를 내려놓고 방을 가로질러 걸어가더니 구석의 모자꽂이에서 검은색 실크 모자를 꺼냈습니다. 가니 박사의 통역을 받으며 그 모자를 들고 "이렇게 하면 바깥을 볼 수 있습니다"라고 말씀하신 후, 모자를 돌려서 "이제 여러분은 안을 들여다보아야 하며, 내면을 보는 법을 배워야 합니다. 거기서 여러분은 가슴속에서 나를 발견 할 것입니다. 여러분은 나의 진정한 존재인 무한한 사랑을 경험하게 될 것입니다."라고 말씀하셨습니다.

나중에 가니 박사는 바바의 설명 중에 우리의 주의력과 이해력이 부족하다고 우리를 책망했습니다. 몇몇은 킥킥 웃으며 관심이 없어 보였고, 한 명은 바바를 사랑한다고 말했는데, 그것으로 충분하지 않았나요? 가니 박사는 바바가 더 이상 설명을 거의 하지 않았고, 분위기를 망치는 것은 좋지 않았다고 계속 말했습니다. 그러자 바바는 우리를 향해 "어떻게 할까요?"라고 물었습니다. 우리는 나가서 산을 계속 걸었습니다. 얼마 후 저는 아디 선생께 어떻게 하면 바바를 가장 잘 모실 수 있을지 물어봤어요. 그는 "비판하거나 뒷담화하지 말고, 쾌활하든 따분하든 바바의 기분을 연구하는 것"이라고 대답했습니다.

다시 현재로 돌아와서. 최근 캐나다를 방문했을 때 어느 날 저녁, 혼자 앉아 있다가 인도의 최근 사건들에 대한 생각이 문득 떠올랐습니다. 지난 몇 년 동안의 메허 바바의 고통, 끊임없는 피곤함, 오랜 은둔과 금식, 그리고 작년 메헤라자드에서 있었던 절정의 사건들이 떠올랐습니다. 바바의 말씀: "나의 고통은 인류에 대한 나의 연민과 사랑에서 비롯된 것입니다."*

---

* "나는 인류에 대한 나의 연민과 사랑에서 비롯된 나의 스스로 자초한 고통에 대한 깊은 이해를 여러분에게 기대합니다." 찰스 퍼돔, "메허 바바와 함께하는 미국 사하바스, 1958년 5월 19일-5월 30일," 어웨이크너 매거진, 5권, 3번(특별한 사하바스 1958년) 3면.

When He referred to the crushing weight of His Divine Love and boundless compassion, I thought of those words quoted by C. B. Purdom that Baba had said in 1923: that He would have to shed tears twenty-eight times for His Circle.*

But, said Baba, "I enjoy and suffer through you to make you aware that you are Infinite Love."**

He later said, "Now is the time of My Crucifixion."†

Again a flashback to years earlier before I knew of Baba. I was in New York, studying and living near Carnegie Hall. I recalled reading Giovanni Papini's Life of Christ,‡ the account of Christ's Crucifixion, and as I read, I recall the tears falling. Now suddenly, fifty years later, tears came as I thought of Baba's love and suffering for all—tears that I vowed once in India a long time back never to shed again except for the beauty of Baba's love. Never out of self-pity. The moment had come—not in India, not at darshan, but now, in the stillness and contemplation of Baba's compassionate love for all.

—One Fine Thread, Baba's Divine Love, pp.12-20, by Kitty Davy

---

* Charles Purdom quotes in The Perfect Master (London: Williams & Norgate, 1937) the following statement by Baba in 1923: "For the Circle, I shall have to get ill no less than twenty-eight times, and in each of my illnesses I shall have to shed tears." The Awakener Magazine, vol. 3, no. 1 (Summer 1955), p16

** In "The Questioning Mind," Meher Baba, The Everything and The Nothing (North Myrtle Beach, SC: Sheriar Foundation, 2003 [1963]), p49, Baba says, "I enjoy and suffer through you to make you aware that you are Infinite."

† E.g., "On Friday the 31st of January [1969] Baba said to us, 'Today is my crucifixion.'" Mani S. Irani, 82 Family Letters (North Myrtle Beach, SC: Sheriar Press, 1976), letter no. 81, dated March 14, 1969, p348.

‡ Giovanni Papini, Life of Christ (1923), translated by Dorothy Canfield Fisher.

그분이 신성한 사랑과 무한한 연민의 무게를 언급하실 때, 나는 1923년 바바가 자신의 원을 위해 28번이나 눈물을 흘려야 한다고 말한 찰스 벤자민 퍼돔이 인용한 그 말을 생각했습니다.*

그러나 바바는 "나는 여러분이 무한한 사랑이라는 것을 알리기 위해 여러분을 통해 즐기고 고통받습니다."**

나중에 "지금은 나의 십자가의 시간입니다."†라고 말씀하셨습니다.

제가 바바를 알기 몇 년 전으로 다시 돌아갑니다. 저는 뉴욕에서 카네기홀 근처에서 공부하며 살고 있었습니다. 저는 그리스도의 십자가에 못 박히신 이야기를 다룬 지오바니 파피니의 〈그리스도의 생애〉를 읽었는데, 읽으면서 눈물이 흘렀던 기억이 납니다. 오래 전 인도에서 다시는 눈물을 흘리지 않겠다고 다짐했던 바바의 사랑과 고난을 생각하니 50년이 지난 지금 갑자기 눈물이 흘렀습니다. 결코 자기 연민에서 나온 것이 아닙니다. 인도에서, 다르샨에서가 아니라 지금, 고요한 가운데서 모두를 향한 바바의 자비로운 사랑을 묵상하는 순간이 왔습니다.

-하나의 고운 실 12-20페이지, 바바의 신성한 사랑, 키티 데이비 지음

---

* 찰스 퍼돔은 〈완전한 스승〉(런던: 윌리엄스 앤 노게이트, 1937)에서 1923년 바바의 다음과 같은 말을 인용합니다: "서클을 위해 나는 스물 여덟 번 이상 병에 걸려야하며, 병에 걸릴 때마다 눈물을 흘려야 할 것입니다." 어웨이크너 매거진 3권 1호 (1955년 여름), 16쪽.

** "질문하는 마음", 메허 바바의 유와 무(노스 머틀 비치, SC: 세리아르 출판사 2003년[1963년] 발행), 49페이지에서 바바는 "나는 여러분이 무한하다는 것을 알게 하기 위해 여러분을 통해 즐기고 고통받습니다"라고 말합니다.

† 예: "1969년 1월 31일 금요일 바바는 우리에게 '오늘은 나의 십자가에 못 박힌 날'이라고 말씀하셨습니다." 마니 S. 이라니, 82통의 가족 편지(노스 머틀 비치, SC : 세리아르 출판사 1976년 방행) 348페이지, 1969년 3월 14일자 편지 81번

‡ 지오바니 파피니, 그리스도의 생애(1923년), 도로시 캔필드 피셔 번역.

⌜ The Depth of The New Life ⌟

I've never been too keen on talking about the New Life. I could not sing the New Life Song even now, perhaps because I have had a momentary glimpse of the depth, the awesome depth, of the New Life. How can I describe it to you? Well, say you are boating on a calm ocean, enjoying floating along, and suddenly you look over the edge of the boat and are granted a sight through the fathomless deep, right down to the ocean floor, and you exclaim, 'Oh, my God, what depth!!' Since being in the New Life I'm always aware of its unfathomable depth.

During the New Life when we were so incredibly bound by its conditions, another feeling I had momentarily was the fabulous sense of freedom. It was not related to freedom from the Old Life, freedom from possessions and responsibilities — no, not that kind of freedom. This was a whiff of that real freedom, which made me exclaim, 'If this is the Freedom that Baba talks about, one would do anything to attain it.'

Baba said the New Life will go on living, it is eternal. It will go on living by itself even if there is no one to live it. It is a force. It has already been lived, and will continue to live because it has been lived by the Avatar. Baba walked the New Life — we simply followed in His footprints. Because He lived the New Life it will go on forever. It is not only relating to the mandali, or to Baba-lovers, not only relating to this country or that one, it is relating to the whole world.

I can feel the New Life walking inexorably forward, soon to catch up with all humanity. No one will be able to escape it, any more than one can escape from an advancing flood. At the moment it may be at a distance, but you can see it advancing in the hopelessness and helplessness around the world felt by individuals, groups, nations — it is catching up, Baba's New Life is catching up. But Baba has also told us of the time beyond, of the age to come when brotherhood will be a practical reality, when the lion and the lamb will eat together, when humanity will be one family.

-Lives of Love, Part 2, pp.4-5, by Mani Irani

『 새로운 삶의 깊이 』

저는 새로운 삶에 대해 이야기하는 것을 좋아하지 않았습니다. 지금도 새로운 삶의 노래를 부를 수 없는 것은 아마도 새로운 삶의 깊이, 그 놀라운 깊이를 잠시 엿본 적이 있기 때문일 것입니다. 어떻게 설명할 수 있을까요? 잔잔한 바다에서 배를 타고 물 위를 떠다니며 즐기다가 갑자기 배 가장자리 너머로 헤아릴 수 없는 깊은 곳, 해저까지 보이는 광경을 보고 '오, 세상에, 얼마나 깊은 곳이야!!' 하고 외쳤다고 가정해 보겠습니다.

새로운 삶 동안 저는 항상 그 깊이를 가늠할 수 없다는 것을 알고 있습니다. 새로운 삶에서 우리가 그 조건에 엄청나게 얽매여 있을 때, 제가 순간적으로 느낀 또 다른 느낌은 엄청난 자유로움이었습니다. 그것은 예전 삶으로부터의 자유, 소유와 책임으로부터의 자유, 아니 그런 종류의 자유가 아니었습니다. '바바가 말하는 자유가 이런 것이라면, 그 자유를 얻기 위해 무엇이든 할 수 있겠다'라고 외치게 만드는 진정한 자유의 냄새를 맡았습니다.

바바는 새로운 삶은 계속 살아갈 것이며 영원할 것이라고 말했습니다. 그것은 비록 살아갈 사람이 아무도 없다고 해도 스스로 살아갈 것입니다. 그것은 힘입니다. 그것은 이미 살아왔고 아바타에 의해 살아왔기 때문에 계속 살아갈 것입니다. 바바는 새로운 삶을 걸었습니다. 우리는 그분의 발자취를 따랐을 뿐입니다. 그분이 새로운 삶을 살았기 때문에 그것은 영원히 계속될 것입니다. 그것은 만달리나 바바를 사랑하는 이들뿐만 아니라, 이 나라나 저 나라에만 해당되는 것이 아니라 전 세계와 관련되는 것입니다.

곧 모든 인류를 따라잡기 위해 새로운 삶이 거침없이 앞으로 걸어가는 것을 느낄 수 있습니다. 밀려오는 홍수를 피할 수 없듯이 그 누구도 그것을 피할 수 없을 것입니다. 지금은 멀리 떨어져 있을지 모르지만 개인, 집단, 국가가 느끼는 전 세계의 절망과 무력감 속에서 바바의 새로운 삶이 전진하는 것을 볼 수 있습니다. 그것은 바바의 새로운 삶이 따라잡고 있습니다. 그러나 바바는 또한 형제애가 실질적인 현실이 되고, 사자와 어린 양이 함께 식사하고, 인류가 한 가족이 되는 시대가 올 것이라고 우리에게 말하셨습니다.

-사랑의 삶 2부 4-5페이지, 마니 이라니 작성

「 Provisional Ego 」

Once Baba had us all safely in His "net" He started right in to mold us as He wanted us to be. Many were His talks during this period, emphasizing the need to let go of our individual selves in order to make room within for Himself, the Christ-Spirit in all.

Each day brought to light someone's "sore spots" and Baba, foremost through His example and by His talks given through the alphabet board, gave us the necessary salient and practical suggestions, not without a touch of His ever-spontaneous wit and humor.

For example : "The less you think of yourself and the more you think of Baba, the sooner the ego goes and Baba remains. When you–ego–go away entirely, I am One with you. So bit by bit, you have to go. Today your nose, tomorrow your ear, then your eyes, your hands, everything! So better think of Me when you eat, sleep, see or hear. Enjoy all, don't discard anything, but think it is Baba–Baba who enjoys, Baba who is eating. It is Baba sleeping soundly and when you wake up, remember it is Baba getting up! Keep this one thought constantly with you.

"If you do wrong, then think it is Baba who is doing wrong. If you get a pain, then think it is Baba having a pain. If you do all this sincerely, you will know something. Try to forget yourself and do it all for Baba."

This is a concept that Baba termed the "provisional ego." If we remembered to think that it was Baba doing the action through us, then the results of our actions–failure or success–were His and we neither young, but rarely did a complaint pass their lips. With them there was no asking for favors or special treatment.

–Love Alone Prevails, p151, by Kitty Davy

『 잠정적 에고 』

바바는 우리 모두를 그분의 "그물"에 안전하게 두면 그분은 우리가 원하는 대로 우리를 형성하기 위해 바로 시작하셨습니다. 이 기간 동안 그분은 우리 안에 그리스도 영이신 그분 자신을 위한 공간을 만들기 위해 우리 각자의 개체성을 놓아야 할 필요성을 강조하는 많은 강연을 하셨습니다.

바바는 매일 누군가의 "아픈 부분"을 드러내셨고, 무엇보다도 그분의 모범과 알파벳판을 통한 강연을 통해 우리에게 필요한 명료하고 실용적인 제안을 해주셨으며, 그분의 즉흥적인 재치와 유머도 빼놓지 않으셨습니다.

예를 들어 : "자신을 덜 생각하고 바바를 더 많이 생각할수록 에고는 더 빨리 사라지고 바바는 남아 있게 됩니다. 여러분의 에고가 완전히 사라지면 나는 여러분과 하나가 됩니다. 그러니 조금씩 조금씩 가야 합니다. 오늘은 코, 내일은 귀, 그다음에는 눈, 손, 모든 것으로! 그러니 먹고, 자고, 보고, 들을 때 나에 대해 생각하는 것이 좋습니다. 모든 것을 즐기고 아무것도 버리지 말고 즐기는 이가 바바이고 먹는 이가 바로 바바라고 생각하세요. 잠을 자고 있는 것도 바바이고, 잠에서 깨어날 때는 바바가 일어나고 있음을 기억하세요! 이 한 가지 생각을 계속해서 여러분과 함께하세요.

"당신이 잘못하면 잘못하는 사람이 바로 바바라고 생각하세요. 만약 고통을 받는다면 바바가 고통을 겪고 있다고 생각하세요. 이 모든 것을 진지하게 수행하면 무언가를 알게 될 것입니다. 여러분 자신을 잊고 바바를 위해 모든 것을 하세요."

바바는 이를 "잠정적 에고"라고 불렀습니다. 바바가 우리를 통해 그런 행동을 했다는 것을 잊지 않는다면, 우리의 행동의 결과(실패든 성공이든)는 그분의 것이었고 우리는 나이가 어리지도 않았지만, 불평이 입에 오르내리는 일은 거의 없었습니다. 그들에게는 호의나 특별 대우를 요구하지 않았습니다.

-사랑만이 승리 151페이지, 키티 데이비 작성

「 To Make Your Hearts My Centers 」

What it means "to make your hearts my centers" Baba asked: "Now what do you understand when I tell you to make your hearts my centers?"

Answering himself, Baba stated: "The devotion you express in your bhajan singing and talks about me shape your lives according to what you express. Now I tell you, in your daily lives be more careful of your thoughts, words and actions. If you go against what you express, it would be an insult to me."

I want you all to bear in mind one thing. I now emphasize one point which I emphasized in India also when I called all together at the Andhra meeting [1954]. I said that for me, there is no need for centers for different places, nor different groups, with different heads or names.

My center is the heart of every lover.
Every lover with a heart that loves Baba is a center.

"I want nothing — no surrender, no obedience, no mind, no body, no possessions. I only want love!" Love me wholeheartedly; that is the only thing. Love me, love me, love, and you will find me. What I want is that those who really love me and want to work for me should each become a Baba center... How those who can afford and those who cannot afford can work for me was explained by me last night. In the villages and in your own homes, that is your own concern and not mine. But let everything be done and executed honestly. I will have no concern whatsoever either with the office or publications, whether it goes on or is stopped.

-Lord Meher Online, p4228, p4047, pp.3510-3511

『 여러분의 가슴을 나의 센터로 삼으세요 』

"여러분의 가슴을 나의 센터로 삼는다는 것"이 무엇을 의미하는지 바바가 물었습니다: "이제 내가 여러분의 가슴을 나의 센터로 삼으라는 말이 무슨 뜻인지 이해하겠습니까?"

그분 스스로 대답했습니다. 바바가 말했습니다: "여러분이 바잔을 노래하고 나에 대해 이야기할 때 표현하는 헌신은 여러분이 표현하는 것에 따라 여러분의 삶을 형성합니다. 이제 나는 여러분에게 말합니다. 일상생활에서 생각과 말과 행동에 더욱 주의를 기울이세요. 여러분이 표현하는 것에 어긋난다면 그것은 나에 대한 모욕이 될 것입니다."

여러분 모두가 한 가지를 명심하길 바랍니다. 나는 지금 인도에서도 안드라 회의(1954년)에서 모두 모였을 때 강조했던 한 가지 점을 강조합니다. 나는 나에게 다른 장소나 다른 단체, 다른 수장이나 이름을 가진 센터가 필요하지 않다고 말했습니다.

나의 센터는 모든 러버의 가슴입니다.
바바를 사랑하는 가슴을 지닌 모든 러버가 센터입니다.

"나는 항복도, 순종도, 마음도, 몸도, 소유물도 아무것도 원하지 않습니다. 오직 사랑만을 원합니다!" 나를 진심으로 사랑하세요. 그것이 유일한 것입니다. 나를 사랑하세요. 나를 사랑하고, 사랑하면 나를 찾을 수 있습니다. 내가 원하는 것은 나를 정말 사랑하고 나를 위해 일하고 싶어하는 사람들이 각자 바바 센터가 되는 것입니다... 여유가 있는 사람과 없는 사람이 어떻게 나를 위해 일할 수 있는지는 어젯밤에 내가 설명했습니다. 마을과 여러분의 가정에서 그것은 여러분 자신의 관심사이지 내 관심사가 아닙니다. 그러나 모든 것을 정직하게 수행하고 실행하세요. 나는 사무실이나 출판물이 계속 진행되든 중단되든 전혀 걱정하지 않을 것입니다.

-로드 메허 온라인 4228, 4047, 3510-3511페이지